"《성과 향상을 위한 코칭리더십》은 성과 수준을 한 단계 끌어올렸다."

호르헤 파울로 레만(3G Capital의 공동설립자, 크라프트 하인츠 이사)

"《성과 향상을 위한 코칭리더십》의 개정판은 틀림없이 다음 세대 코칭의 표준이 될 것이다. 지금까지 코칭의 성배로 자리 잡은 그 효과를 측정하는 방법을 제시하며 그 놀라운 투자수익을 증명해보이고 있으니 말이다. 이 책은 항상 손에 끼고 다녀야 할 필수 참고서이다."

카렌 매터(메드트로닉스 엑설런스코칭센터 리더)

"변화의 주체는 사람이다. 우리 회사의 문화는 코칭 덕분에 한 단계 발전했다. 직원들이 함께 일하는 방식을 근본적으로 개선하고 협동의 수준을 높임으로써 회사에 측정 가능한 변화를 일으켰다."

패트 로슈(무그 인더스트리얼 그룹 대표)

"우리 시대의 중대한 도전 가운데 하나는 지속가능성의 원칙을 실현하기 위해 자본주의 체제를 개혁하는 것이다. 저자 존 휘트모어는 이 체제 개혁이 개인의 성과에 달려 있음을 분명하게 보여준다. 그리고 그 선봉에 서 있는 것이 바로 코칭이다. 신선한 아이디어가 번득이는 이 책을 적극 추천한다."

콜린 르 뒤크(제너레이션 투자관리 공동설립자)

"나는 퍼포먼스 컨설턴트의 단골 고객으로서 컨설턴트들의 코칭이 조직의 리더들과 문화를 어떻게 변화시키는지 목격했다. 이 책은 비즈니스맨의 필독서다."
                                    토스텐 클라인(이베이 글로벌 인재 및 조직 개발 담당 이사)

"사람들을 이끈다는 것은 위험을 감수하는 일로서, 그들에게 스스로 길을 찾을 수 있도록 신뢰와 책임을 주는 것이다. 이 책에 그 방법이 들어 있다."
                                    대니얼 퀴리치(에코 캐피탈 유케이 그룹 대표)

"《성과 향상을 위한 코칭리더십》개정판에는 저자 존의 비전이 그대로 녹아 있다. 모든 비즈니스 리더가 일상적으로 마주치는 관리문제를 해결하기 위해 항상 끼고 다녀야 할 책이다."
                                    마이클 해킹(모코 SA의 설립자)

"이 책은 단순한 코칭 서적이 아니라 대단히 귀중한 21세기 전략조직개발 자원이다. 이 책의 통찰과 프레임, 자원은 기업에게 코칭을 통해 얻을 수 있는 투자수익을 보장한다."
                                    바일라 롤린스(런던 비즈니스 스쿨 리더십연구소 소장)

성과 향상을 위한
코칭 리더십

COACHING FOR PERFORMANCE 5TH EDITION
by John Whitmore

성과 향상을 위한 코칭 리더십 개정증보판

1판 1쇄 발행   2007. 10. 10.
1판 18쇄 발행   2018. 8. 27.
2판 1쇄 발행   2019. 9. 11.
2판 5쇄 발행   2023. 10. 1.

지은이 존 휘트모어
옮긴이 김영순

발행인 고세규
편집 권정민 디자인 조명이
발행처 김영사
등록 1979년 5월 17일(제406-2003-036호)
주소 경기도 파주시 문발로 197(문발동) 우편번호 10881
전화 마케팅부 031)955-3100, 편집부 031)955-3200 | 팩스 031)955-3111

값은 뒤표지에 있습니다.
ISBN 978-89-349-9829-7 03320

홈페이지 www.gimmyoung.com   블로그 blog.naver.com/gybook
인스타그램 instagram.com/gimmyoung   이메일 bestbook@gimmyoung.com

좋은 독자가 좋은 책을 만듭니다.
김영사는 독자 여러분의 의견에 항상 귀 기울이고 있습니다.

COACHING for PERFORMANCE

성과 향상을 위한

코칭 리더십

존 휘트모어 | 김영순 옮김

SIR JOHN WHITMORE
PERFORMANCE CONSULTANTS INTERNATIONAL

김영사

변하는 환경에서의 리더의 역할

나는 영광스럽게도 다수의 유수한 세계적 기업들의 개발과정에 참가했다. CEO 또는 회장으로 처음에는 자동차회사를 이끌었고, 나중에는 세 개의 대형 금융기관을 이끌었다. 하지만 어느 경우에도 안정적으로 일해본 적은 없었다. 어떤 때는 급성장하는 상황에서 리더를 맡았고, 또 어떤 때는 기업 회생을 위해 단호하고 급박한 결정을 내려야 했다.

내게는 두 개의 기억이 남아 있다. 첫 번째는 성공의 기억이다. 재정적 측면의 성공이나 시장에서의 성공을 넘어 활기찬 문화를 가진 역동적인 조직을 만들어낸 것이다. 많은 국가에 있는 수천 명의 직원들의 잠재된 에너지를 끌어냄으로써 이룩한 성공이었다. 두 번째는 당혹스러웠던 기억이다. 어떤 기업의 경우에는 조직이 흔들릴 때 문제를 고치는 것만으로는 부족하고 문제가 다시는 발생하지 않도록 근본적인 조치를 취해야 하는 것을 깨달았다.

우리는 기업을 생각할 때, 그 기업의 전략, 시장에서의 리더십, 재정적 성과, 주주 가치에 초점을 맞추는 경향이 있다. 솔직하게 말하면, 그런 요소들은 현실적이고 필수적이지만, 기술적 측면이 강하고 성과도 제한적이다. 내가 회사를 이끌며 장기적인 성공항로의 복잡성과 불확실성에 직면했을 때, 나는 기업이 단지 하나의 사업체에 불과한 것이 아님을 알게 되었다. 기업은 개인들과 다른 기업들과 정부와 사회 전체에 엄청난 영향을 미치는 생태계다.

성공하는 기업이 보여주는 리더십의 특징은 원칙에 기반을 둔다는 것이다. 원칙의 지배를 받는 시스템과 규칙에 의해 통제되는 시스템 사이에는 눈에 띄는 차이가 있다. 원칙은 무게 중심 같은 것으로, 이상적인 상태나 정말로 원하는 것을 규정한다. 반면에 규칙은 용인될 수 있는 한계를 정하는 것으로, 잠재적 성장을 제약하는 경우가 많다. 일반적으로, 규칙에 의해 조직이 운영될 때 조직은 잠재능력을 발휘하기보다는 용인된 한계 내에서 움직이게 된다. 이 책에서 존 휘트모어 경과 퍼포먼스 컨설턴트는 사람들과 조직의 성과와 관련하여, 용인된 한계 내에서만 나오는 능력과 잠재된 능력 사이의 차이를 줄이기 위해 코칭을 어떻게 사용해야 하는지 보여준다.

기업은, 강력한 윤리적·정서적 기초가 형성되어 있고, 성취하려고 하는 목표에 장기적으로 집중할 때 비로소 원칙을 수용할 수 있다. 그러한 기업은 사람들이 배우고, 성공하고, 성장하고, 옳은 일을 하도록 고취하는 환경을 조성한다.

아주 좋은 기업들은 우수한 재정적 성과를 내는 것은 물론이고 모든 이해당사자들에게 장기적이고 지속적인 이익을 주는 데 힘을 쏟는다. 그러한 기업을 이끌어가는 리더들은 상황인식이 명확하다. 직원들이 왜 직장에서 모험을 해야 하는지, 고객이 왜 다른 기업이 아닌 그 기업을 이용해야 하는지, 납품업체들이 왜 그 기업에 우선순위를 둬야 하는지, 지역사회가 왜 그 기업을 신뢰해야 하는지, 투자자들이 왜 그 기업을 선택해야 하는지를 아주 분명하게 알고 있다.

우리는 사람의 중요성을 못 보는 경우가 많다. 훌륭한 기업을 만들기 위해 어떻게 협력해야 하는지에 대해 생각하지 않는다. 그것은 성과를 내는 데 부정적 영향을 미친다. 고객을 섬기고, 제품을 설계·생산·운반하고, 새로운 아이디어를 내는 것은 직원들이다. 혁신하여 성과를 내고, 비전이나 혹은 더 큰 목적에 에너지를 쏟는 것 역시 직원들이다.

나는 은행가로서 기업이 수익을 내야 한다는 것을 인정하지만, 오늘날 조직은 단순히 재정적 목표만을 추구하지 않는다. 활기찬 조직은 끊임없이 시너지를 내며, 조직 내 모든 결정의 기초가 되는 더 큰 목적을 가지고 있다. 있어야 할 자리를 아는 기업들은 그렇지 못한 기업들을 이긴다. 어떤 상황에서도 존재 이유를 잃지 않는 기업들은 그렇지 못한 기업들을 이긴다.

존 휘트모어 경처럼 나도 각자가 살아 있는 동안 세상에 공헌할 것이 있다고 믿는다. 사람들은 존재의 의미를 찾으며, 어떻게 자기만의 공헌을 할지 생각한다. 현대에는 재정적 수익뿐만 아니라 인간과 공동체도 중요하다. 이러한 기초를 찾는 것은 더욱 장기적인 철학을 뒷받침한다.

변함없는 신뢰와 헌신은 지속적인 가치창조의 기초가 된다. 리더로서 우리는 사람들로부터 그러한 신뢰와 헌신을 얻기 위해 필요한 행동을 취해야 한다. 우리의 행동과 결정은 사회적으로 이익이 되어야 하고, 문화적으로 바람직해야 하고, 윤리적으로 정당화될 수 있어야 하고, 경제적으로 실현 가능해야 하고, 생태적으로 책임을 질 수 있어야 하고, 무엇보다도 설득력 있고 투명해야 한다.

리더로서 우리의 책임은 모험을 흥미진진한 동시에 안전한 것으로 만들어, 직원들이 모험에 뛰어들 가치를 느끼도록 하는 것이다. 사람들이 조직의 업무에 대해 어떻게 느끼고, 조직의 의제에 얼마나 열성적이며 적극적인지가 좋은 기업과 더 좋은 기업과 아주 좋은 기업을 구분하는 잣대가 된다. 궁극적으로 우리 내면의 사고방식과 외적인 리더십 스타일이 우리 조직이 얼마나 생명력이 있고, 힘이 있고, 목적의식이 있는지를 결정한다.

이 《성과 향상을 위한 코칭 리더십》 5판에서 존 휘트모어 경과 퍼포먼스 컨설턴트는 높은 성과를 내기 위해, 그리고 코칭의 성과를 둘러싼 오해를 걷어낸다. 우리의 직장생활에 지속적인 영향을 미칠 수 있는 것이 전 세계 수많은 기업의 리더들과 직원들에게는 크나큰 행운이라고 할 수 있다.

존 맥팔레인
바클레이스 은행 회장,
시티유케이TheCityUK 회장

존 휘트모어의 유산

고성과High performance 문화를 원하는 코치, 리더, 조직에 꼭 필요한 책을
제공하는 것이 우리가 개정 5판을 내는 목적이다. 40년 전 성과 향상
을 위한 코칭의 아버지 존 휘트모어 경은 기업이 선善과 인간 진화를 유
발하는 잠재적 힘이라는 것을 밝혀냈다. 그는 개인의 목적과 조직의 목
적을 결합하는 것이 사람, 이윤, 지구촌이라는 '지속 가능한 발전의 3대
축'에 도움이 된다는 것을 깨달았다. 그리고 이후에 이 정신은 존이 공
동설립한 퍼포먼스 컨설턴트를 이끌어가는 힘이 되었다.

　우리는 고객들과 함께 사람들의 잠재적 힘을 개발하고, 자각과 책임
에 기반을 둔 조직문화를 만들어내고 있다. 이 개정판은 글로벌 비즈니
스 코칭의 호전된 환경을 반영한 것이다. 우리는 추천사를 쓴 바클레이
스 회장 존 맥팔레인을 시작으로, 코칭에 의한 행동 변화와 그에 따른 성
과 향상의 사례를 공유하고 그것이 최종 결과에 미치는 이익에 대해 말
할 것이다. 퍼포먼스 컨설턴트는 우리의 철학과 프레임과 도구들을 적용

하여 놀라운 성과를 거두었다. 코칭에 의한 행동 변화가 수익에 미친 효과를 분석한 바에 따르면 평균 투자수익률이 800퍼센트에 이르렀다.

맥팔레인이 말한 대로 최근 직장에서 삶을 바칠 가치가 있는 의미와 목적을 찾는 사람들이 점점 더 늘어나고 있다. 삶의 의미와 목적을 찾는 일이라면 세계 75억 인구 가운데 30억 명이 직장인이다. 글로벌 워크숍에서 우리는 사람들에게 직장에서 얼마만큼의 잠재능력을 발휘하는지 질문한다. 그들은 평균 40퍼센트의 잠재능력을 발휘한다고 대답하는데, 이는 글로벌 생산성 격차가 크고, 아직 개발되지 않은 잠재능력의 보고가 존재한다는 것을 보여준다.

나는 은행에서 성공적인 경력을 쌓았다. 우리 은행은 세계 최고의 파생상품 기관이었으며 재정적 성과 측면에서 계속 홈런을 쳐냈다. 내가 일한 트레이딩룸은 에너지가 넘치고 도전적이며 재미난 곳이었다. 나는 훌륭한 팀의 일원으로서 목표를 달성하는 것에 남다른 자부심을 가졌다. 하지만 어느 날 아침 잠에서 깼을 때 나는 삶의 의미와 목표를 찾고 싶은 강렬한 욕구를 느꼈다.

존 맥팔레인이 ANZ(호주뉴질랜드 은행)에서 이끌었던 놀라운 변화는 여전히 사람들이 직장에서 의미와 목적을 찾을 수 있게 하는 모델이다. 그의 코칭 방식은 지금까지도 잠재능력 개발의 모델이 되고 있다. 그는 3만 5천 명이나 되는 직원들의 잠재능력을 끌어냈고, 고객만족도 측면에서 바닥인 ANZ를 최고 수준으로 끌어올렸다. 기업은 이미 가지고 있는 것, 즉 직원들에게 투자함으로써 훨씬 더 많은 것을 성취할 수 있다.

코칭 업계는 존 휘트모어 경에게 빚진 바 크다. 우리는 그에게 고마워해야 한다. 이 개정판은 그가 사망하기 직전에 완성되었다. 많은 사람들이 그의 죽음을 안타까워했다. 그는 훌륭한 삶을 살았으며, 나는 개인적으로 그가 코칭의 횃불을 밝히고 그 횃불을 우리에게 넘겨주었다는 데 큰 고마움을 느낀다. 그의 비전, 철학, 방법은 수백만 명의 리더와 코치들이 자신과 다른 사람들의 잠재능력을 끌어내도록 영감을 주었다. 그가 남긴 유산의 핵심 부분인 이 책은 20여 개 언어로 번역되어 1백만 부 이상 팔렸다.

이 개정 5판은 코칭의 전문화를 가속할 것이고, 코칭 리더십을 채택한 리더들에게 커다란 이익을 가져다줄 것이다. 그와 동시에 인적 자본에 대한 투자를 비용 활동이 아니라 사업에 가치를 더하는 수익 활동으로 보도록 도울 것이다. 성과 향상을 위한 코칭 리더십을 더 깊이 배우고 싶은 사람들은 우리의 웹사이트(www.coachingperformance.com)에서 e-학습, 공개 프로그램과 사내 프로그램을 이용할 수 있다.

끝으로 세계 40여 개국에서 우리의 프로그램을 이끄는 재능 있는 팀의 모든 구성원에게 고마움을 전한다. 그들이 지식과 기술을 보태주었기에 이 개정판이 미래의 코칭과 기업에 적합한 책이 될 수 있었다.

티파니 개스켈

MBA, CPCC, PCC,

코칭 앤드 리더십 글로벌 이사,

퍼포먼스 컨설턴트

오늘날 그 어느 때보다 기업의 행동 변화에 대한 요구가 크다. 전통적인 기업문화가 시대에 맞게 진화해야 한다는 것은 말할 필요도 없다. 인터넷 기업은 사람들이 일하는 방식을 바꾸어놓았고, 조직과 직원들 간의 관계에도 근본적인 변화를 가져왔다. 그들은 이러한 변화를 통해 개발되지 않은 성과의 보고에 다가서고 있다. 과거에는 대학을 졸업한 유능한 인재들은 보통 골드만삭스 같은 우량기업의 인턴 자리를 얻기 위해 치열한 경쟁을 벌였다. 하지만 지금은 많은 인재들이 일하는 방식이 다르고 직원들에게 의미 있고 신나는 업무를 제공하겠다고 약속하는 구글이나 페이스북 같은 기업에서 인턴사원으로 일하는 것을 꿈꾸고 있다. 이것은 기업이 어떻게 진화해야 하는지를 잘 보여준다. 사업을 기업의 목적과 존재 이유에 맞추는 것이다. 결국, 모든 사업은 필요를 충족시키기 위해 존재하는 것 아닌가?《성과 향상을 위한 코칭 리더십》5판은 조직이 왜 일을 하는 새로운 방식을 수용해야 하는지를 제시하며 어떻게 코칭이 그 중심이 되는지 그리고 그것이 어떻게 사람, 지구촌, 수익 모두에게 승이 되는지를 보여줄 것이다.

1992년 초판을 냈을 때《성과 향상을 위한 코칭 리더십》은 코칭에 대한 선구적인 책이었고, 직장 내 코칭을 다룬 최초의 책으로서 세계적으로 코칭을 규정하는 데 커다란 기여를 했다. 무엇보다도 조직 차원의 코칭에 불을 붙였다. 나는 리더이든 코치이든 조직에서 코칭을 적용하려는 사람들을 위해 이 책을 썼다. 그리고 원래 이 책의 목적은 너무 많은 사람들이 코칭에 뛰어들기 전에 코칭의 기본원칙을 정립하여 코칭의 심리적 깊이와 잠재력을 제대로 이해하지 못하는 일을 방지하는 것이었다. 코칭은 사회적 맥락 속에서 이해되어야 하며, 사람들이 그러한 이해 없이 코칭을 실시하면 코칭의 기본 방법과 적용, 목적, 명예를 쉽게 왜곡할 수 있다.

《성과 향상을 위한 코칭 리더십》은 전 세계의 리더들과 인사HR 부서, 코칭 스쿨로부터 코칭 방법론의 결정판으로 평가받고 있다. 이 분야에서 다른 많은 서적이 나왔지만 우리는 그 공통적인 원칙에 대체로 동감하는 편이다. 코칭 업계는 기대 이상으로 확장했으며, 초기의 어려움을 별 탈 없이 극복했다. 1980년대 초 우리가 퍼포먼스 컨설턴트를 처음 시작했을 때만 해도 유럽에는 코칭 업체가 몇 개 되지 않았다. 하지만 지금은 코칭 업체가 1천 개가 넘고 1만 명 이상의 코치가 기업, 교육 분야, 의료기관, 자선단체, 정부 부서 등 모든 분야에 종사한다. 그리고 우리 퍼포먼스 컨설턴트는 전 세계 40개 국가로 활동 범위를 넓혔다.

코치 협회의 수가 점점 늘어나고 있고 그들이 경쟁보다는 협력하고 있다는 것은 기쁜 일이다. 국제코치연맹ICF, International Coach Federation과 다른 코치 인증 기구들 덕분에 코치 인증, 자격, 기준, 윤리 등이 체계적으로 확립되었고 책임감 있게 잘 관리되고 있다. 코칭은 영세산업에서 존경받는 업종으로 발전했고, 코칭을 전문적으로 다루는 저널도 여러 개 생겨났다. 퍼포먼스 컨설턴트는 코칭의 전문화를 계속해서 추진해나갈 생각이다. 그동안 다져온 조직 내 코칭 역할을 후배들에게 물려주면서, 나는 여전히 갈 길이 멀다는 점을 인정하지만 우리가 지금까지 일구군 성과와 조직에서 이룩한 변화가 무척 자랑스럽다. 이 책이 한국어, 중국어, 러시아어, 일본어 그리고 대부분의 유럽 국가 언어 등 20여 개 언어로 번역되었다는 것이 이를 증명해준다.

하지만 조심할 점도 있다. 코칭을 서투르게 실행하면 코칭이 새로운 개념도 특별한 개념도 아니라는 오해를 받을 수 있고, 심지어 약속을 지키지 못한다는 인식을 심어줄 수 있다. 우리는 이 책에서 그러한 인식을 바로잡고 코칭이 무엇인지 분명하게 설명함으로써 코칭에 대한 오해의 싹을 잘라버리려고 한다. 우리는 코칭이 심리학적 근거를 갖고 있고, 그것이 어디에 사용될 수 있는지, 그리고 성과를 높여주는 조치들을 사려 깊게 취하려고 할 때 코칭이 어떻게 궁극적인 리더십을 창조해내는지 밝힐 것이다.

이 개정판에는 무엇을 새롭게 담았는가? ─────────

이번 개정판은 물론 오랜 기간에 걸친 코칭 경험의 산물이며 무엇보다도 사람들의 태도, 생각, 행동과 의식 그 자체의 진화론적 변화추세에 대한 탐구의 소산이다. 개정판은 이러한 지식과 코칭 업계의 발전을 반영하고 있다.

고성과 문화 창조하기

《성과 향상을 위한 코칭 리더십》이 고성과 문화 창조에 초점을 맞추고 있다는 사실은 너무도 분명해서 설명이 필요하지 않다. 하지만 이 개정판에서는 코칭 원칙들은 모든 종류의 활동에 적용되어 성과 향상의 효과를 가져온다는 점을 강조한다. 내가 말하는 성과는 방해요소를 줄이고 잠재능력을 발휘한 결과로서 얻어진다. 나는 이에 대한 실제 예를 들고, 린Lean 성과 향상을 위한 코칭과 안전 성과 향상을 위한 코칭 같은 구체적인 적용 부분에 관해 자세하게 설명할 것이다.

　또한 조직의 문화지도를 보여주고 그 문화를 저성과, 중간성과, 고성과의 조건과 연결시켜주는 모델인 성과곡선을 보여준다. 성과곡선은 코칭이 어떻게 고성과 문화를 창조하는지 그리고 조직문화에 대한 전통적 접근 방법을 어떻게 혁신하는지 보여준다는 코칭과 리더십 개발의 새로운 개척 영역이다.

연습 활동, 사례연구, 코칭 대화 예시

이 개정판에서 나는 코칭의 실제(3부)를 훨씬 더 실용적으로 만들려고 노력했다. 이 부분에는 원래부터 있었던 질문하기, 듣기, GROW 모델〔문제해결이나 목표설정을 위한 기법〕 외에도 세계적으로 운영되고 있는 '성과 향상을 위한 코칭 리더십 표준 프로그램의 연습 활동'이 포함된 활동 박스가 수정 및 업데이트되었다. 이러한 연습 활동은 경험을 통해 코칭의 기본기술을 개발하는 데 도움이 된다. 그리고 그것은 가장 효과적이라고 입증되었으며 우리가 내세우는 학습 방식이기도 하다. 코칭 이론에 능통했다고 코칭 실무에 밝은 것은 아니다. 나는 코칭이 어떻게 고성과의 조직문화를 창조하는지, 그리고 일상의 리더십에서 실제로 코칭이 어떻게 적용되는지 보여주기 위해 직장에서의 실제 대화 예시와 새로운 사례연구를 소개할 것이다. 이러한 코칭 대화 예시는 이 책의 초판이 나온 이후 퍼포먼스 컨설턴트 동료들과 내가 전 세계 조직들과 함께 일하면서 얻은 경험과 우리 프로그램의 수천 명 참가자에게서 나왔다.

GROW 피드백 프레임워크와 성과관리

나는 의지에 관한 장을 자세하게 점검하면서 피드백을 다루었다. 그 부분이 고성과 문화 창조에 대단히 중요하기 때문이다. 우리의 많은 고객이 성과관리에 대한 전통적 접근 방법을 버리고 지속적인 개선과 학습에 집중하고 있다. 우리가 그들의 리더들에게 GROW 피드백 프레임워크를 소개하는 것에 대해 그들은 고마워하고 기뻐한다. GROW 피드백 프레임워크는 피드백과 성과관리를 완전히 바꾸는 코칭 접근 방법을 적용한다. GROW 모델을 이미 알든 모르든 GROW 피드백 프레임워크를 접하면 누구나 좋아할 것이라고 확신한다.

코칭의 이익과 ROI 측정하기

교육, 동기부여, 관리 분야에서처럼 코칭 분야도 심리학적 발전과 보조를 맞춰 사람들에게서 최대한의 능력을 이끌어내는 방법을 알아야 한다. 나는 오랫동안 코칭이 직장에서 얼마나 놀라운 효과를 낳고 어떻게 최적의 성과를 가져오는지에 대해 대대적으로 홍보해왔다. 하지만 일부 사람들만이 아는 정보나 지식이 대중에게 퍼지는 데에는 시간이 걸린다. 퍼포먼스 컨설턴트는 코칭의 평가와 측정 관련 방법론과 사례를 공개하고 있다. 특히 코칭의 이익에 대한 부분을 완벽하게 업데이트하여 코칭의 이익과 투자수익률을 측정 방법을 공개했다. 우리가 알기로 그 측정 방법은 조직 내에서 코칭의 성배로 폭넓게 인정받고 있다.

코칭 용어집

독자들이 코칭 기술의 세계를 탐구하고 맛볼 수 있도록 코칭 용어집을 포함했다. 용어들은 좋은 평가의 성과 향상을 위한 코칭 리더십 워크숍에서 인용한 것이다. 그 워크숍은 국제코치연맹의 인증을 받았고 리더십 능력을 개발하려고 하는 사람들에게는 워크숍 표준으로 여겨진다.

질문 가방

마지막으로 이 책 뒷부분에 질문 가방 부분이 있다. 이것은 코칭으로 대화를 진행할 때 유용한 자원이 될 것이다. 질문을 준비하는 것이(준비된 답을 갖는 것이 아니다!) 새로운 기술을 배우고 중립적 방법들로 연결시켜주는 가장 빠른 방법이다. 얼마 후에는 당신 입에서 질문이 술술 나올 것이다.

코칭을 해보라! ————

《인생을 단순화하라One Minute Manager》의 그럴듯한 주장과 달리, 비즈니스에 금세 효과가 나타나는 특효약은 없다. 좋은 코칭은 기술로서, 그 놀라운 잠재력을 발휘하기 위해서는 깊은 이해와 풍부한 실습이 요구된다. 이 책에서 나는 코칭이 왜 고성과 문화를 만드는 데 열쇠가 되고 코칭을 어떻게 하는지 보여줄 것이다. 물론 이 책을 읽는다고 전문적인 코치가 되는 것은 아니다. 하지만 이 책을 읽는 것은 코칭의 출발점이 되며, 코칭이 지닌 엄청난 가치와 그 가능성을 인식하는 데 도움이 된다. 또한 당신과 당신 조직의 성공, 운동 및 기타 기술들, 그리고 직장과 가정에서의 인간관계에 큰 영향을 미치는 자기 발견으로의 여정을 떠나는 데에도 도움이 될 것이다.

새로운 기술, 태도, 스타일 또는 신념에서와 마찬가지로, 코칭을 자연스럽게 실시하고 그 효과를 극대화하기 위해서는 헌신적인 노력, 실습, 그리고 다소의 시간이 필요하다. 물론 그 정도는 사람마다 다르고, 아마 다른 사람들보다 더 쉽게 그 방법을 찾는 사람들도 있을 것이다. 이미 코칭 스타일에 익숙한 사람이라면, 이 책이 기존에 하고 있는 것을 더 잘할 수 있게 해주고 직관적으로하는 행동에 대한 충분한 근거를 제공할 것이다. 아직 코칭 스타일을 채택하고 있지 않다면, 이 책이 리더십과 성과와 사람들에 대한 새로운 사고방식을 갖추도록 도와주고 코칭을 실습하는 데에 지침을 제공할 것이다. 나는 코칭 기술을 향상·유지하려면 무엇을 해야 하는지에 관해 자주 질문을 받는다. 나의 대답은 실습하고 또 실습하라는 것이다. 단 자신과 다른 사람들을 보다 분명하게 인식하고 지속적인 자기계발에 헌신하면서 하라는 것이다.

코칭에는 왕도가 없다. 이 책은 목표 설정을 도와주고 그 목표를 달성하는 경로를 소개하는 동반자에 불과하다. 코칭 영역은 스스로 탐구해야 한다. 당신 이외에는 누구도 당신의 삶에서 펼쳐지는 변화무쌍한 인간 상호작용의 지형도를 그릴 수 없다. 그 다채로운 지형도가 코칭과 리더십을 개인적인 독특한 기술 형태로 바꾸어, 그것을 통해 당신의 직장을 꾸미고 감사하고 즐기게 해준다.

개인은 변화할 수 있다. 자기계발의 여정을 시작하겠다고 결심하면 직장과 삶을 바꿀 수 있다. 조직 역시 변화할 수 있다. 조직 개발의 여정을 시작하겠다고 결심하면 사람들의 직장과 삶을 바꿀 수 있다. 코칭의 단계는 매 단계에서 진화를 촉진할 수 있다. 왜냐하면 변화는 내면에서 나오는 것이지 결코 지시받는 형식으로 배우는 것이 아니기 때문이다. 코칭은 가르치는 것이 아니라 배우고 성공할 수 있는 조건을 만드는 것이다. 코칭을 해보라!

이 책은 두 종류의 독자를 위해 쓰였다. 바로 리더와 코치, 그리고 그렇게 되기를 원하는 사람들이다. 이에 대해 간단히 설명하겠다.

리더란 조직의 리더와 관리자를 말한다. 그들에게 이 책은 고성과 리더십 개발을 위한 핸드북이다. 일반적으로 리더들은 인증 코치가 되고 싶어하지 않는다. 하지만 잠재능력을 발휘하게 하고 최고의 성과 수준을 끌어내는 코칭 리더십은 전 세계로 퍼져나가고 있다. 사실 21세기에는 이러한 새로운 유형의 리더와 리더십이 적합하다. 나의 꿈은 이러한 코칭 기술이 규범이 되고 사람들이 잠재능력을 발휘하는 데 장애가 되는 낡은 습관들을 바꾸는 것이다. 코칭 리더십을 수용하는 조직은 계속해서 그 수가 늘어나고 있다. 조직은 사람들이 잠재능력을 발휘하는 플랫폼이 될 것이며 조직과 사람들은 결국 공생관계로 발전할 것이다.

내가 말하는 코치는, 조직 내에서 사람들에게 일대일 코칭이나 임원 코칭이라고 하는 공식적인 코칭을 행하는 사람이다. 이들은 조직에서 전임으로 고용된 내부 코치와 조직과의 계약에 의해 독립적으로 활동하는 외부 코치로 나뉜다. 조직이 그들의 활동 공간이기 때문에 이들은 조직의 맥락 속에서 코칭하는 것을 배우는 것이 중요하다. 이 책은 그들을 위한 것이다. 이 책은 또한 코칭과 사업에 대한 기초적인 사실을 결합함으로써 조직과 코칭받는 사람 모두에게 아주 강력한 경험을 만들어낸다.

나는 이 책에서 '코치'란 용어를 리더와 코치 모두를 지칭하는 말로 사용한다. 왜냐하면 우리가 함께 일하는 조직과 리더는, 그들의 능력을 새로운 차원으로 높이는, 완전히 다른 리더십이나 관리를 실천하고 있다는 것을 보여주기 위해 '리더 코치'란 말을 종종 사용하기 때문이다. 15장은 특별히 내부 코치와 외부 코치를 위해 집필했다. 나는 그 부분에서 모든 기술을 결합하여 공식적인 코칭 세션을 실행하는 방법을 설명했다. 이와는 달리 리더나 코치에게만 적용되는 기술이 나오는 경우에는 본문에서 따로 지적했다.

단순화를 위해 나는 '코칭받는 사람'이란 말을 동료이건 팀원이건 리더이건 혹은 공식적인 코칭을 받고 있는 사람이건 간에 현재 코칭을 받고 있는 사람을 지칭했다.

이 책에서 가르치는 코칭의 질은 상당히 높다. 코칭에서 중요한 것은 기준과 질이다. '직장에서의 대화'는 국제코치연맹, 국제인증코치에서 요구하는 코칭 수준을 반영한 것이다. 다른 코칭 스타일에 익숙한 리더들은 "언제 말하면 돼?"와 같은 질문을 할 것이다. 나는 이 책에서 제시한 도구들에 능숙해질 수 있도록 그것을 많이 사용할 것을 권장한다. 일단 도구 사용에 능숙해지면 자기만의 리더십 접근법을 찾을것이다. 우리와 함께 일하는 리더들은 동료들에게 자신이 리더십 기술을 개발하고 새로운 기술을 시도하고 있다고 말하는 것이 유익하다는 것을 알고 있다. 그러면 동료들은 행동의 변화를 이해하고 지원해주기 때문이다.

당신이 조직에서 리더이건 코치이건, 코칭을 하고 싶다면 이 책은 당신을 위한 책이다!

CONTENTS

1부

코칭은
코칭
그 이상이다

Coaching Is Bigger Than Coaching

1 코칭이란 무엇인가?

코칭은 과거의 잘못이 아닌 미래의 가능성에 초점을 맞춘다.

138개국에 회원을 가진 국제코치연맹이 존재하지만, 사람들은 옥스퍼드사전에서 '코치'나 '코칭'이란 단어를 찾아봐도 코치가 대체 무슨 일을 하는 사람인지 알지 못할 것이다. 거기에는 두 가지 정의가 있다. 첫 번째는 '장거리 여행에 사용되는 버스, 철도차량 그리고 여행'이다. 두 번째는 '스포츠 지도나 훈련, 개인교습, 기타 가르치는 행위'이다. 첫 번째 정의가 이 책에서 말하는 코칭의 의미에 가깝다는 것을 알면 놀랄 것이다. 코칭은 여행에 관한 것이지 교육이나 가르침과는 아무런 관계가 없다. 그것은 일을 해내기 위한 것이며, 또한 일을 해내는 방식에 대한 것이다. 코칭의 성과는 대체로 강력한 협력관계의 형성과 의사소통 방법 및 스타일의 사용을 통해 얻어진다. 코칭받는 사람은 지식이 아닌 코칭에 의한 내면으로부터의 발견을 통해 현실을 파악하고, 새로운 기술과 행동을 개발한다. 물론, 성과 향상이란 목표가 무엇보다 중요하며, 이 책은 최고의 성과를 얻고 유지하는 방법을 알려줄 것이다.

이너 게임

현대 코칭의 탄생을 살펴보자. 티머시 골웨이는 40여 년 전에 간단하지만 포괄적인 코칭 방법을 보여준 최초의 코치였다. 하버드대 교육학자이자 테니스 전문가이기도 했던 그는 1974년 《테니스의 이너 게임The Inner Game of Tennis》이라는 책으로 도전장을 내민 후 《이너 스키》, 《골프의 이너 게임》을 잇달아 내놓았다.

　'이너'라는 말은 선수의 심리적 상태를 가리키는 의미로 사용되는데, 골웨이는 '머릿속의 적이 네트 저편의 적보다 더 무섭다'고 표현했다. 코트에 서서 아무것도 할 수 없는 상황을 경험한 사람이라면 그 말을 이해할 것이다. 골웨이는 코치가 성과를 내는 데 방해가 되는 선수의 심리적 요소들을 제거하거나 줄이는 데 도움을 줄 수 있다면 코치로부터 별다른 기술지원을 받지 않아도 예상치 못한 타고난 학습능력과 경기 수행능력이 발휘될 것이라고 주장한다.

이너 게임 공식

골웨이는 이것을 설명하기 위해 간단한 이너 게임 공식을 만들었다. 나중에 알게 되겠지만, 이 공식을 통해 현대 코칭의 목표를 아주 효과적으로 요약할 수 있다.

$$성과 = 잠재능력 - 방해요소$$

$$P = p - i$$

이너 게임과 코칭은 잠재능력p, potential을 높이고 방해요소i, interference 를 줄임으로써 모두 성과 향상P, Performance에 초점을 맞춘다.

골웨이의 책들이 처음 출간되었을 때, 선수들은 열심히 탐독했지만 코치, 지도자, 스포츠 전문가들은 그의 생각을 받아들이기는커녕 믿으려 하지도 않았다. 코치들과 지

> 내적 장애물이 종종 외적 장애물보다 더 위협적이다.

도자들은 존재 기반이 흔들리고 있었다. 그들은 골웨이가 전통적 훈련 방법을 부정하고, 자신들이 오랜 기간 쌓아온 자존심, 권위, 원칙을 무너뜨리려 한다고 생각했다. 사실 그런 면도 없지 않았지만, 두려움 때문에 그의 의도를 확대해석한 것이다. 골웨이는 그들의 생존을 위협한 게 아니라 단지 접근 방법을 달리하면 더욱 효과적인 코칭을 할 수 있을 것이라고 말했을 뿐이다.

코칭의 본질 ─────

이 모든 사실로부터 골웨이가 코칭의 본질을 정확하게 파악했음을 알수 있다. **사실 코칭에 대한 나의 정의는 이너 게임을 떼어놓고는 생각할 수 없다.** 코칭은 성과를 극대화하기 위해, 개인의 잠재능력을 깨워주는 것이다. 즉, 가르치기보다는 스스로 배우도록 도와주는 것이다. 우

리가 걸음을 어떻게 배웠는지 생각해보라. 어머니나 아버지가 도와줬는가? 우리에게는 타고난 학습능력이 있는데, 강의식 교육 instruction 이 그 능력을 방해한다.

이 개념은 새로운 것이 아니었다. 소크라테스도 2천 년 전에 같은 말을 했다. 하지만 그의 철학은 지난 200년 동안 유물론적 환원주의에 자리를 내주었다. 이제 유물론적 환원주의도 시효를 다했고, 소크라테스 철학이 다시 자리를 찾지 않는다면 앞으로 100년 아니 300년 동안은 코칭이 그 자리를 차지할 것이다. 골웨이의 책들이 출판된 시기는, '인간은 모든 것을 집어넣어줘야 하는 빈 그릇에 불과하다'고 보는 낡은 행동주의적 시각에서 벗어나 인간에 대해 낙관적인 심리학 모델이 나타난 시기와 우연히 맞아떨어졌다. 새로운 모델에 따르면 인간은 거대한 떡갈나무로 성장할 잠재력을 지닌 도토리와 같다. 뻗어 나가기 위해서는 영양분, 격려, 빛이 필요하지만 그 전에 이미 떡갈나무로 성장할 유전자를 가지고 있는 것이다.

우리가 이 모델을 받아들인다면 실제로 이 모델에 대해 이의를 제기하는 사람들이 거의 없지만, 우리가 배우는 방식, 더 중요하게는 가르치는 방식에 대해 의문을 제기해야 한다. 불행하게도 습관은 쉽게 사라지지 않고 낡은 방법들은 끈질기게 존속된다. 우리가 그 한계를 알고 있음에도 불구하고 말이다. 코칭을 배우는 것보다 가르치기를 포기하는 것이 더 어려울 것이다.

도토리 비유에서 조금 더 깊이 들어가보자. 야생에서 자란 어린 떡갈나무는 곧 원뿌리를 뻗어 물을 찾는다. 어린 떡갈나무는 높이가 30센티미터밖에 되지 않지만 원뿌리는 1미터까지 뻗는다. 묘목장에서 상업용으로 기른 떡갈나무는 원뿌리가 화분 바닥에서 코일 모양으로 감기는 경향이 있다. 그런데 이 묘목을 옮겨 심을 때 원뿌리가 잘려 나간다. 원뿌리가 다시 자랄 동안 나무는 심각한 성장 장애를 겪는다. 나무를 기르는 사람들은 원뿌리를 보존하는 데 충분한 시간을 들이지 않고 심지어 원뿌리의 존재나 목적을 알지도 못하는 경우가 많다.

현명한 정원사는 묘목을 옮겨 심을 때 감겨 있는 연약한 원뿌리를 푼 다음, 그 끝에 흙이 뭉쳐진 상태에서 조심스럽게 구멍에 내려놓을 것이다. 옮겨 심는 과정에서 약간의 시간을 투입하면 나무의 생존을 보장하고, 그 나무는 상업적으로 재배된 나무보다 더 빨리, 더 튼튼하게 자란다. 현명한 리더는 현명한 정원사처럼 코칭을 사용한다.

과거에는 새로운 코칭 방법의 성공을 입증하는 보편적인 증거를 보여주기가 어려웠다. 그 방법을 완벽하게 이해하고 사용하는 사람이 거의 없었기 때문이다. 이제는 상황이 변하고 있다. 내가 이 책에 포함시킨 추가적인 모델들이 새로운 코칭 방법의 효과를 뒷받침해줄 것이다. 하지만 많은 코치들은 새로운 방법에서 성과를 얻기 전까지는 입증된 과거의 방법을 쉽게 버리지 못할 것이다. 최근에는 사회적 진보나 필요에 따라, 직원의 참여가 성과에 영향을 미치는 것으로 입증됨으로써, 직원의 참여를 돕는 모든 코칭 행동, 즉 협력, 의미 있는 목표의 설정, 업무위임, 책임부여 같은 행동들이 비즈니스 용어로 자리를 잡았으며 실제로도 나타나고 있다.

멘토링 ——————

코칭을 정의할 때 빼놓을 수 없는 것이 비즈니스에서 흔히 사용되는 '멘토링'이라는 말이다. 이 용어는 그리스 신화에서 유래했다. 오디세우스가 트로이로 떠날 때 친구인 멘토에게 그의 집과 아들 텔레마쿠스의 교육을 맡겼다고 한다. 그때 오디세우스는 멘토에게 "자네가 알고 있는 것을 모두 내 아들에게 말해주게"라고 부탁함으로써 자기도 모르는 사이에 멘토링의 경계를 설정했다.

어떤 사람들은 멘토링이란 용어를 코칭과 구분 없이 사용한다. 하지만 멘토링은 코칭과 엄연히 다르다. 멘토링은 경험이 적은 사람이 더 많은 경험을 가진 사람에게 지식을 전수 받는 것이지만 코칭은 그렇지 않다. 오히려 그렇게 하는 것은 지속적 성과의 기초가 되는 자신감을 약화시킨다. 코칭은 특정한 주제에 대한 전문성이 아니라 코칭자체의 전문성을 요구한다. 바로 그 점이 코칭의 강점이다. 코칭 리더들이 가장 고심하는 것은 지식과 경험을 언제 나누고 언제 나누지 말아야 하는지를 아는 것이다. 그것이 코칭 성공의 비결이다.

마이크 스프레클렌은, 세계 조정계를 석권한 영국의 조정 팀 앤디 홈즈와 스티브 레드그레이브의 코치이자 멘토였다. 오래 전, 그는 성과 향상을 위한 코칭 워크숍을 마친 후에 이런 말을 했다.

"내게는 더 이상 나올 것이 없었다. 내 모든 기술은 이미 그들에게 가르쳐주었다. 하지만 이 교육은 더 나아갈 수 있는 가능성을 열어준다. 그들은 코칭을 통해 내가 보지 못하는 것도 느낄 수 있다."

그는 '그'의 경험과 인식이 아닌 '그들의' 경험과 인식을 통해 함께 발전할 수 있는 새로운 방법을 발견했다. 실제로 좋은 코칭, 좋은 리딩, 좋은 멘토링은 코칭받는 사람이 코치나 리더나 멘토의 한계를 넘어설 수 있게 한다.

이너 기업 ─────

오래 전에 나는 티머시 골웨이에게 훈련을 받은 후 영국에 이너 게임을 설립했다. 우리는 곧 소규모 이너 게임 코치팀을 만들었다. 처음에는 모든 사람이 골웨이에게 훈련을 받았으나 나중에는 우리가 직접 훈련을 실시했다. 우리는 휴일에 이너 테니스 강좌와 이너 스키 강좌를 개설했고, 이너 골프를 통해 많은 골퍼가 자신만의 스윙을 발전시켰다. 얼마 후 우리의 스포츠 고객들은 그들의 회사 문제에 같은 방법을 적용해줄 수 있는지 물었다. 그 첫 번째 기업이 IBM이었다.

그 회사의 리더들은 알프스의 스키장에서 이너 게임을 이용한 혁명적인 스키학습 방법을 발견하고는, 그들의 직장에 이 접근 방법을 적용하도록 도움을 요청했다. 여기서 주목할 점은 간단한 몇 가지 방법들이 거의 모든 상황에서 쉽게 적용된다는 점이다. 물론 그 이후의 이야기는 모두가 아는 바와 같다. 우리는 이 새로운 접근 방법을 기업에 최초로 적용했고, 그것을 '성과 향상을 위한 코칭'이라고 불렀다. 오늘날 기업 코칭의 주창자들은 모두 이 교육과정을 거쳤고 골웨이 코칭스쿨로부터 지대한 영향을 받았다.

1982년 이후 퍼포먼스 컨설턴트는 그 방법들을 오늘날의 기업환경과 실제적 문제에 맞게 체계화시켰다. 실제로 우리 팀은 고객의 파트너가 되어 직원 참여, 린 생산방식, 산업안전 등의 다양한 주제에 코칭을 적용하기에 이르렀다. 우리는 리더들에게 조직을 코칭하고 변화시키도록 가르치고, 임원들과 비즈니스 팀들에게 전문적 코칭을 제공하는 데 주력했다. 코치들은 시장에서는 서로 경쟁해야 하지만 종종 친구가 되어 서로 협력하기도 한다. 이런 점은 코칭의 성격을 잘 드러낸다. "테니스에서 상대 선수가 당신이 팔을 뻗치고 코트 안을 달리게 만들어준다면 그는 사실상 당신의 친구"라고 말했다. 만일 상대가 공을 약하게 넘겨준다면 그는 친구가 아니다. 당신의 경기 능력을 향상시키는 데 도움이 되지 않기 때문이다. 우리가 다른 분야에서 하려고 하는 것이 바로 그런 게 아닐까?

비록 골웨이와 퍼포먼스 컨설턴트의 선배들 그리고 비즈니스 분야 코치로 활동하는 많은 사람이 스포츠에서 처음 코칭을 시작했지만, 스포츠 내에서의 코칭은 별로 변한 것이 없다. 오늘날 기업에서 보편적으로 사용하는 코칭 방법들이 오히려 앞서 있다. 그 이유는 40년 전 우리가 기업에 코칭을 도입했을 때 비즈니스 분야에서는 코칭이라는 용어 자체가 완전히 새로운 개념이었고, '오랜 관행'이라는 짐이 없었기 때문이다. 우리는 낡은 편견이나 코칭 관행과 싸우는 과정 없이 새로운 개념을 도입할 수 있었다.

그렇다고 기업 코칭에 저항이 없었던 것은 아니다. 우리는 여전히 변화와 담을 쌓고 변화를 모르는 사람들의 저항을 받고 있다. 하지만 코칭과 관련한 가치, 신념, 태도, 행동이 모든 사람의 규범이 되어 코칭이라는 말 자체가 사라진다 하더라도 코칭은 비즈니스에서 실제적으로 계속 존재할 것이다. 이 개정 5판이 그러한 상황을 앞당기는 계기가 되기를 희망한다.

사고방식과 매슬로 ─────

골웨이는 다른 사람들의 연구를 바탕으로 코칭 체계를 세웠는데 그들 가운데 한 사람은 미국의 심리학자 에이브러햄 매슬로였다. 1940년대에 매슬로는 병리학적 접근을 통해 인간의 본성을 이해하려고 하는 전통적 연구 방법을 거부했다. 그는 성숙하고 완전하며 성공을 이루어 성취감을 느끼는 사람들을 연구한 끝에 모든 사람이 그렇게 될 수 있다는 결론을 내렸다. 태어날 때부터 원래 그렇다고 그는 주장했다. 그에 따르면, 우리는 단지 자신의 발전과 성숙을 방해하는 내부의 장애를 극복하기만 하면 된다. 칼 로저스 등과 함께 매슬로는 당근과 채찍으로 동기를 부여하는 행동주의 방식을 대체하면서 새롭게 등장한 낙관주의 심리학의 선구자였다. 만일 코칭을 미래의 리더십 스타일로 받아들인다면 이러한 심리적 낙관주의는 리더의 필수요소가 될 것이다.

비즈니스 분야에서 매슬로는 욕구단계설로 유명하다. 이 모델에 따르면 인간의 가장 기본적인 욕구는 음식과 물에 대한 것이며, 인간은 그 생리적 욕구가 충족될 때까지는 다른 것에 신경 쓰지 못한다(휴대폰은 빼고!). 일단 음식과 물에 대한 욕구가 충족되고 나면 주거, 의복, 안전 같은 것에 관심을 갖기 시작한다. 이 욕구가 충족되면 그 다음에는 사회적 욕구로 눈을 돌린다. 그것은 기본적으로 집단에 속하고자 하는 욕구이다. 이러한 욕구는 가족에 의해 부분적으로 충족되지만 나중에는 술집이나 클럽, 자신이 속한 팀을 통해 충족된다.

그림 1 | 매슬로의 욕구 단계

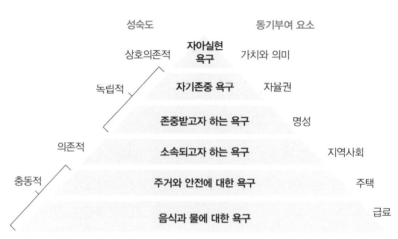

다음 단계에서 우리는 자신을 드러내고 권력, 승리, 인정을 얻기 위해 경쟁하면서 다른 사람들로부터 존중과 칭찬을 받으려는 욕구를 갖는다. 이러한 감정적 욕구에는 미묘한 변화가 일어나 궁극적으로 자기존중 욕구로 대체되는데, 나는 이것을 '자기 신뢰'라고 부르고 싶다. 이 자기 신뢰는 코칭의 기초가 되는 요소로서 고성과의 전제조건이기도 하다. 이 단계에서는 자신에게 더 높은 기준을 요구하고, 다른 사람이 자신을 어떻게 보느냐보다는 자신이 설정한 자기평가 기준에 의존한다. 사고방식 측면에서는 **'독립 단계'**에 이른다.

매슬로의 욕구 단계에서 상위 단계는 자아를 실현하는 것이다. 내적,

외적 존중 욕구가 충족되고 더 이상 누구에게도 자신을 증명하고 싶은 욕구가 사라질 때 그러한 최상의 상태에 이르게 된다. 상위 두 단계는 개인적 차원의 욕구이며 어떤 외적 의존성도 갖지 않는다. 매슬로는 마지막 단계를 '자아가 실현된 단계'가 아닌 '자아를 실현하는 단계'라고 했다. 자아실현을 끝없는 과정으로 보았기 때문이다. 자아실현을 추구하는 사람들은 기본적으로 삶의 의미와 목적을 찾고자 하는 욕구가 있다. 그들은 자신의 일, 활동, 존재가 가치를 지니고 다른 사람들에게 기여하기를 원한다.

그들은 이제 **'상호의존 단계'**에 이른다. 독립 단계에서 상호의존 단계로 올르는 과정에서 성과 향상이 비약적으로 이루어지는 부분에 대해서는 다음 장에서 다루도록 하겠다.

직장에서의 동기부여

사람들은 욕구를 충족시키는 활동에 참여하고 싶어한다. 그러나 이 과정을 잘 의식하지는 못한다. 일은 자연스럽게 그런 욕구를 충족시키는 방향으로 발전해왔으며, 이제 그 다음 단계로 발전해야 한다.

직장은 기본적으로 사람들이 경제적 보상을 통해 가족에게 음식과 물과 옷과 주택을 제공할 수 있게 함으로써 기본욕구를 충족시킨다. 더나아가 승진, 명성, 급여는 물론이고 다른 사람들의 존중을 불러일으키는 회사 차량도 제공한다. 직장에서 일반적으로 사용하는 동기부여 수단인 경제적 보상은 생존 욕구와 소속되고자 하는 욕구, 내적·외적으로 존중받고자 하는 욕구를 부분적으로 충족시킨다. 지금까지는 그래도 괜찮았다.

하지만 오늘날의 사회는 의미와 목적을 포함한 더 높은 차원의 욕구 만족을 추구한다. 기업은 이러한 욕구충족 수준의 변화를 반영하기 시작했다.

자기 신뢰

매슬로는 '존중받고자 하는 욕구'를 집합적 용어로 사용하고 다른 사람들로부터의 존중과 자기존중을 구분했지만, 나는 다른 사람들로부터의 존중은 '지위와 인정'으로, 자기존중은 '자기 신뢰'로 나누어 사용하고 싶다.

자기 신뢰는 명성과 특권에 의해 형성되는 것이 아니다. 명성과 특권은 실질적이기보다는 상징적이다. 자기 신뢰는 그 사람이 선택할 능력이 있다고 인정받을 때 만들어진다. 선택할 권한이 부여되지 않고 잠재능력을 발휘할 기회가 주어지지 않는 승진은 역효과를 낼 뿐이다. 할 일을 지시하는 것은 선택을 부정하고, 권한을 빼앗고, 잠재능력을 제약하고, 동기를 빼앗는다. 하지만 코칭은 그 반대다.

밀레니얼 세대는 의미와 목적을 추구한다

일부 직원, 특히 젊은 직원들은 자아실현 욕구를 강하게 드러낸다. 그들은 자신의 일이 가치 있고 의미와 목적을 갖기를 원한다. 전통적인 조직들은 그런 직원들을 붙잡지 못하고 있다. 이제는 주주들의 주머니를 채워주는 것을 의미 있는 일로 인식하는 시대가 아님을 깨달아야 한다. 기업은 직원과 고객 등 모든 이해당사자들의 윤리, 가치, 욕구뿐만 아니라 지역사회와 환경도 고려해야 한다.

이것은 우리의 워크숍에 참가한 리더와 직원들이 제기하는 문제이기도 하다. 기업은 리더십 스타일의 변화를 모색하고 있으며, 직원들은 그것을 요구하고 있다. 이러한 젊은 직원들, 매슬로 식 표현으로 보다 성숙한 직원들이 불만을 품지 않게 하려면 기업은 즉시 변화에 나서야 한다. 이 문제는 아주 중요할 뿐만 아니라, 성과 향상과 궁극적으로는 사람, 수익, 지구촌이라는 3대 목표에 미치는 영향이 너무도 크기에 이 개정판에서 그 문제를 보다 자세히 다루었다.

리더의 행동 선택

밀레니얼 세대는 이러한 리더십 변화를 요구하고 있지만, 리더들은 변화의 방법을 알지 못하고 있다. 우리의 경험에 따르면, 리더의 행동 변화를 일으키는 네 가지 기준 가운데 직원의 발전은 우선순위가 가장 낮았다. 우선순위가 가장 높은 것은 시간 압박이고, 두 번째는 두려움, 세 번째는 업무의 질, 네 번째가 직원의 발전이었다. 리더들은 시간 압박과 두려움 때문에, 명령하고 통제하는 방식을 선호한다. 반면에 업무 수준의 향상과 발전에 대한 욕구는 코칭을 필요로 한다.

이런 현실을 고려하면, 코칭이 단기적 성과와 주주 이익을 우선하는 방침에 밀려나는 것은 놀랍지 않다. 하지만 젊은 직원들의 기대가 리더들을 깨우고 있다. 취업 면접에서 그들은 어떤 교육·개발 기회가 주어지는지, 그리고 리더십 스타일은 어떤지 알고 싶어한다. 그들은 더 이상 평생직장을 찾지도 원하지도 않는다. 그들은 코칭 리더십 스타일같은 '자기 신뢰'를 갖게 해주는 것들에 대한 욕구를 충족하지 못하면 미련 없이 떠날 것이다.

리더십 스타일은 진화해야 한다 ————

오늘날 기업 리더들은 대부분 매슬로의 '지위와 인정' 욕구를 충족시키는 단계에 있다. 이 단계의 리더는 대단히 위험한 사람일 수 있다. 그들은 종종 거만하고, 단정적이고, 자기만 알고, 횡포를 부린다. 더 많은 보수를 받기 위해 무슨 짓이든 할 것이다. 그런 지위가 필요하지도 않고 그런 지위를 누릴 자격도 없지만, 그런 방식으로 자신들의 지위를 확인하고 권위를 내세운다.

하지만 기업 리더가 그런 덫에서 벗어나 다음 단계인 '자기 신뢰 욕구'로 나아갈 때 리더십은 한 단계 업그레이드될 것이다. 이 단계로 올라가기를 열망하거나 그 단계에 올라와 있는 리더는 옳은 일을 하는 척하거나 일을 올바르게 하는 척하는 게 아니라 정말로 옳은 일을 하려고 할 것이다. 진정성을 가질 때만이 자기 신뢰를 수반하는 만족감을 얻기 때문이다. 이것은 물론, 경영할 때 자기 자신보다는 다른 사람들을 더 생각하게 함으로써 이타적 가치관의 확대를 가져온다.

이보다 낮은 단계의 욕구를 가진 리더들은 그들의 다른 성품과 관계없이 이기적 측면이 있다. 그들의 리더십은 같은 열망을 가진 직원들에게만 도움이 된다. '자기 신뢰 욕구' 단계에 있는 리더들은 동기부여가 잘되어 있지만, 그 윗 단계인 '자아실현 욕구'에 이른 리더보다 더 주목받기를 원할 것이다. 자아실현 욕구 단계는 때때로 '섬김 욕구' 단계라고 불린다. 섬김은 종종 의미와 목적의 추구에 대한 해답으로 여겨진다. 과거에는 사람들이 종교에서 봉사 욕구를 충족시켰지만 지금은 다른 곳, 즉 직장 같은 곳을 찾아다닌다. 다른 사람에 대한 봉사는 다양한 형태로 나타나며 높은 성취감을 안겨준다. 봉사는 자기 신뢰 욕구를 충족시키는 가장 보편적인 방법이다. 글로벌 리더들을 위한 우리의 사내 교육 프로그램에 참가한 한 다국적기업 리더는 이렇게 말했다. "매일 사람들을 개발하는 것이 나의 일이라는 것을 깨달았고, 나는 그 일이 좋습니다!" 그는 코칭 스타일을 배움으로써 직원들이 잠재능력을 발휘할 수 있게 해주었다.

매슬로는 말년을 향해 가면서 '자아실현 욕구'를 추가했다. 하지만 이미 말했듯이 발전은 목표가 아니라 여정이다. 최근 일부 연구자들은 '자아실현 욕구' 단계를 보다 폭넓게 정의하여 기업 리더들이 이 욕구 단계에 있다고 주장한다. 하지만 나는 그 견해에 동의하지 않는다. 리더라는 타이틀을 얻으려면 '지위와 인정 욕구' 단계와 '이기적 욕구' 단계를 넘어서야만 한다. 더 발전하고자 하는 리더는 낮은 단계에 있을 때 리더십 기술을 연마할 것이다. 하지만 그들은 충분히 성장할 때까지 다른 사람들을 지배하는 힘을 제한해야 한다.

다행히 변화가 일어나고 있다. 저항이 예상됨에도 불구하고 진화가 이루어지고 있다. 환경에 대한 관심이 형식적 요식행위를 넘어 기업의 전략에 반영되는 추세다. 그리고 기업투명성에 대한 소비자와 대중의 요구로 이러한 경향은 더욱 강화되고 있다. 특히 인터넷을 통해 기업의 무절제를 감시하는 데 굉장한 효과가 있다. 21세기의 도전을 극복하려면 변화된 상황에 맞게 진화해야 한다. 코칭이 바로 변화의 방법이다.

현대사회의 상당 부분이 자기 신뢰와 독립의 욕구 단계로 옮겨가고 있다. 상호의존과 자아실현 욕구를 가지고 있는 사람들은 여전히 소수다. 의존성을 키우는 명령과 통제의 관리 방식과 전통적인 기업은 이러한 욕구를 충족시키지 못한다. 그런 방식은 바꾸어야 한다. 리더들이 그렇게 하지 못하는 것은 어떻게 해야 하는지 배우지 못했기 때문이다. 주입식으로 배운 결과다. 성인학습이론에 따르면 성인은 아이들과는 완전히 다른 방식으로 배운다. 코칭은 실제적인 성인학습이다. 이는 리더에게 필요한 것과 리더십이 가야 할 방향을 알려준다.

코칭은 본질적으로 협력관계, 협동, 잠재능력에 대한 믿음을 다룬다. 나는 2부에서 코칭의 원칙들을 자세하게 살펴보고, 코칭과 고성과는 **자각**과 **책임**에서 나온다는 중심 전제에 대해 설명할 것이다. 이를 위해서는 **강력 질문**과 **적극적인 경청 기술**과 코칭의 나침반 역할을 하는 **GROW 모델**이 필요하다. 3부에서 이 모든 것을 설명할 것이다. 다음 장에서는 먼저 고성과 문화의 속성에 대해 살펴보도록 하겠다.

2 고성과 문화 창조하기

코칭 문화로 고성과 내기

리더가 코칭 리더십을 채택하거나 일대일 코칭을 실시하는 조직은 어떤 결과를 얻는가? 그 리더는 분명히 고성과 문화를 창조하는 조건을 조성할 것이다. 진화의 여정에서 인류는 과거의 위계질서가 위임 리더십과 집단책임이라는 새로운 형태로 대체되는 단계에 이르렀다. 코칭계가 그렇게 빨리 성장할 수 있었던 것은 점점 증가하는 자기 책임에 대한 욕구를 충족시켰기 때문일까? 코칭계가 새로운 시대의 산파로 부상할 수 있을까? 아니면 그것은 너무 지나친 기대일까? 비전과 자기 제한적 신념의 크기만이 우리를 제약하는 유일한 요소일까?

코칭은 코칭보다 더 크다 ————

미국의 대표적인 경제조사기관인 컨퍼런스 보드Conference Board의 'CEO

Challenge 2016' 조사에 따르면, 글로벌 리더들의 가장 시급한 관심사는 최고의 인재를 끌어와 보유하는 것과 차세대 리더를 키우는 것이라고 한다. 이것은 변화가 일어날 징조다. 인적 자본은 기업의 지속 가능한 성장과 성과의 핵심 요소로 인정받는다. 이 시대의 사회적, 환경적 문제로 시야를 조금 더 넓혀보면 부와 영향력으로 보면 기업이 정부보다 더 강력하다고 할 수 있을 정도다. 영국의 컨설팅 회사 씨앤드이 어드바이저리C&E Advisory의 CEO 매니 아만디는 다음과 같은 말로 이 문제를 강조한다.

"정부는 국가경제의 기초 여건에 대한 부담이 너무 커서 사회적 의무를 다할 여력이 없다. 반면에 국가경제에서 기업이 갖는 힘과 영향력은 엄청나게 크다."

당연한 말이지만 기업 리더들은 아주 훌륭한 역할을 맡고 있다. 하지만 나는 이 말을 약간 다른 각도에서 이해하고 싶다. 기업 리더들은 진화 경로를 따라 이기적 청소년에서 존경받는 어른으로 성장하기를 기대받고 있다. 기대란, 그들이 접촉하는 사람들의 삶과 세계와의 관계 속에서 긍정적이고 정말 중요한 역할을 하는 것이다. 그리고 구조적 변화의 책임을 이끌어가는 것이다.

무엇에서 무엇으로 변화해야 하는가?

우리에게는 시스템 전체에 접근할 수 있는 역량이 필요하다. 그러한 역량은 자기계발의 산물이며, 두려움이라는 과거의 패러다임에서 신뢰의 패러다임으로, 인간이 사회적·정신적으로 진화하고 있음을 인정하는 패러다임으로 전환한 결과다. 코칭은 변화를 가능하게 하며, 코칭 문화는 고성과를 낼 수 있는 조건을 형성한다. 이에 대해서는 이 장 뒷부분에서 성과곡선을 소개할 때 자세히 설명할 것이다. 기업문화는 변해야 한다. 하지만 무엇에서 무엇으로 변해야 하는가?

새로운 문화는 항상 더 높은 성과를 내야한다. 또한 이전보다 훨씬 더 큰 사회적 책임감을 보여야 할 것이다. 기업은 변화를 위한 변화만을 위해, 또는 단지 직원들에게 더 잘해주기 위해 위험을 떠안고 격변을 감수하지는 않을 것이다. 문화의 변화는 성과 중심이 될 것이고 또 그래야 하지만, 오늘날의 성과는 그 의미가 훨씬 더 넓어졌다. 경쟁과 성장은 힘을 잃고 안정, 지속가능성, 협력이 힘을 얻고 있다. 과거에 받아들여졌던 것이 미래에도 받아들여질 것으로 생각하고 지금껏 해오던 방법을 바꾸지 않는 기업과 개인은 경쟁자가 넘쳐나고, 혼란스럽고, 불안한 시장에서 살아남지 못할 것이다. 대부분의 부문에서 승진과 임금인상의 기회가 줄어들고 있는데 기업은 어떻게 직원들을 유지하고, 관리하고, 동기부여하는가?

'사람이 최고의 자원이다', '모든 직원에게 힘을 실어줘야 한다', '잠재능력 개발', '다운사이징과 업무위임', '사람들에게서 최고의 능력 이끌어내기' 같은 말들은 이제 진부해졌다. 이 말들은 처음 세상에 나왔을 때처럼 오늘날에도 여전히 유효하지만 대개 공허하게 사용된다. 말만 하고 행동이 따르지 않기 때문이다. 성과 향상을 위한 코칭은 말 그대로 최고의 성과를 얻는 방법이다. 이것은 태도, 리더의 행동, 그리고 조직구조의 근본적인 변화를 요구한다.

물론, 변해야 할 실제적인 이유도 있다. 전 세계적으로 심화되고 있는 경쟁 속에서 조직은 업무체계를 간소화, 효율화하고 순발력과 대응 능력을 키우지 않을 수 없게 되었다. 기술혁신의 가속화로 리더들은 자신이 속한 팀의 기술을 배울 시간도 부족하다. 세계화, 인구구조 변화, 끝나지 않은 유럽의 통합과 해체 문제, 이민, 그리고 인터넷과 즉각적인 의사소통의 확대는 기업의 변화를 강요한다.

하지만 내가 볼 때 기업이 직면한 가장 큰 도전은 기후변화에 대한 법적·사회적 책임의 증가이다. 현실로 다가온 기후변화가 인간이 자초한 것이라는 전문가들의 일치된 견해에 따른 불가피한 결과다. 기업은 지구와 조화를 이루며 성공할 수 있는 방법을 찾는 것이 시급하다. 조직의 활동과 성공은 이제 세계적·사회적·심리적·환경적·경제적 요인들과 떼어놓고 생각할 수 없게 되었다. 게다가 기업의 상업적·경제적 수요와 그 힘은 주변 문화에 엄청난 영향을 미치며, 그 문화가 점점 더 소비자 권력을 행사하고 기업에 대한 대응력을 높여가고 있다.

새로운 스타일

우리의 고객들은 대부분 성과 향상을 위해 우리를 찾아온다. 그들은 이미 기본적인 변화과정에 돌입해 있거나 적어도 변화하고자 하는 의지는 가지고 있다. 그들은 진짜로 성과 향상을 이루려면 리더가 코칭 스타일을 도입해야 한다는 것을 안다. 이러한 기업들은 코칭이야말로 변화된 문화에 맞는 리더십 스타일이며, 지시 방식에서 코칭 방식으로 바뀔 때 리더십 스타일이 조직의 문화가 바뀐다는 점을 이해한다. 그러한 문화에서는 수직적 질서가 협력관계와 협동으로, 비난의 풍조가 학습과 정직한 평가로 외부에 의한 동기부여가 자기 동기부여로 바뀐다. 팀이 성장하면서 개인 간 보호벽은 무너지고, 변화를 두려워하기보다는 환영하게 되며, 사장보다 고객을 만족시키려 한다. 비밀주의와 검열은 공개주의와 정직성으로 대체되고, 업무의 중압감은 업무에 대한 도전으로 바뀌며, 단기적인 반응과 임시처방은 장기적이고 전략적인 사고로 대체된다. 표 1은 새롭게 부상하는 기업문화의 특징들을 정리한 것이다. 이 특징들은 모든 기업에 공통적이지는 않으며, 기업은 각기 서로 다른 특징들의 배합구조와 우선순위를 가지고 있다.

표 1 | 고성과 문화의 특징

기존의 문화	새로운 문화
성장	지속가능성
강요된 규칙	내부 가치관
두려움	신뢰
양	질
과잉	충분함
가르치기	배우기
독립적·의존적	상호의존적
성공	공헌
본성의 통제	본성 시스템
질적 저하	재창조

참여

성과 향상 공식에는 또 하나의 요소가 있다. 그 요소는 조금 더 미묘하지만 너무 만연해서 눈에 띄지 않는다. 일단은 그것을 '포퓰리즘'이라고 해두자. 사람들의 의식이 높아지면서 직장에서, 공장에서, 지역에서, 국가에서, 지구촌에서 자기들의 삶에 영향을 미치는 결정이 내려질 때, 참여를 요구하는 목소리가 커지고 있다. 과거에는 도전받지 않았던 당국자, 정부, 기타 기관들의 결정에 대해 의문을 제기하고 때로는 언론, 압력단체, 관련된 개인들이 그런 결정에 대해 해명을 요구한다. 1989년에서 1991년까지 구소련과 동유럽 공산권 국가들에서 이러한 일들이 일어나 공산주의의 몰락을 가져오지 않았는가? 2010년 튀니지에서 시작된 아랍의 봄(또는 민주주의 봄)의 혁명의 물결은 체제 타도를 원하는 사람들에 의해 확산되었다.

오늘날 사회에서는 그 어느 때보다 목소리를 내기가 쉬워졌고, 수상쩍은 존경심으로 쌓아올린 난공불락의 요새에 균열이 나기 시작했다. 그런 약점이 있는 사람들은 소극적으로 저항하지만 대다수의 의식 있는 사람들은 불안감이 있어도 변화를 환영한다. 물론 대중의 목소리가 커지는 것은 예기치 않은 결과를 낳을 수 있다. 예를 들면 2016년 대서양 한쪽에서는 소외계층이 영국의 EU탈퇴, 즉 브렉시트Brexit에 찬성표를 던졌고, 그 반대편에서는 도널드 트럼프를 미국 대통령으로 선출했다.

비난의 문화 끝내기

기업은 '비난의 문화'를 청산해야 한다고 말은 많이 하지만 행동으로 보여주는 경우는 별로 없다. 비난은 기업과 독재적인 관리문화에서 주로 나타나지만 사실 인간은 원래부터 그러한 경향을 가지고 있다. 그러나 비난은 역사와 두려움과 과거에 초점을 둘 때 나타난다. 우리는 그러한 부정적 속성을 떨쳐버리고 열망, 희망, 미래로 눈길을 돌려야 한다. 비난에 대한 두려움은 무사안일을 낳을뿐 아니라, 시스템상 비효율에 대한 솔직한 인지, 식별, 인정을 가로막는다. 비난은 방어적 태도를 야기하고, 이는 자각 능력을 떨어뜨린다. 정확한 피드백이 없으면 제대로 고칠 수 없다. 피드백에 비난이 섞여 있으면 근본적인 문화개혁을 이루지 못할 것이다. 그럼에도 대부분의 기업과 사람은 비난의 유혹을 떨치지 못할 것이다.

스트레스 줄이기

직장에서 자기 책임이 커지는 데에는 또 다른 이유가 있다. 직장에서 업무 관련 스트레스가 심각한 수준에 이르렀다고 한다. 유럽재단과 유럽직장보건안정청의 '삶과 업무환경 개선을 위한 공동보고서'에 따르면, 업무 자율성이 높은 공무원은 자율성이 적은 공무원보다 스트레스를 덜 받는다고 한다. 이 보고서는 업무관행이, 개인적 책임을 북돋아주는 방식으로 시급하게 변해야 한다는 것을 보여준다.

스트레스와 개인적 권한 부재 사이에 이런 상관관계가 존재하는 이유는 무엇인가? 자존감은 개인의 생명력이다. 자존감이 억압받거나 줄어들면 개인도 억압받고 위축된다. 스트레스는 장기간에 걸친 억압의 결과다. 직장에서 사람들에게 선택권과 업무 권한을 부여할 때 그들의 능력과 자존감은 되살아난다. 반대로 그렇게 하지 못하는 리더십 스타일은 스트레스를 증가시킨다. 캐나다 공무원노조에 따르면 '코칭의 부재'와 '낮은 자존감'이 업무 스트레스의 주요 원인이다.

개인적 책임이 생존의 열쇠이다

하지만 많은 사람이 여전히 변화에 대해 두려움을 느낀다. 아이들에게 그들이 살아갈 세상을 준비하게 하려 해도 변화에 대해 생각하지 않다 보니, 우리가 해줄 수 있는 일이 거의 없다. 미래의 세상은 우리가 알던 세상과는 분명히 다를 것이다. 우리는 미래가 어떻게 변할지 모른다. 하지만 변화는 외적인 것뿐만 아니라, 어떤 상황에도 대처할 수 있는 유연성과 적응력을 길러줄 내적인것까지 포함한다. 아이들에게 우리가 알고 있는 많은 것을 제공하고 사랑으로 대할 때 그들은 비로소 개인적 책임을 전폭적으로 수용할 것이다. 그리고 그것이 미래에 생존하기 위한 신체적, 심리적 필수조건이다.

성과곡선 ————

과거에 나는 개인의 심리적 발달과정이 기업, 지역사회, 문화가 변화해 나갈 방향 그리고 그 과정에서 거칠 단계에 관계가 있으므로 이에 대한 연구가 필요하다고 주장한 바 있다. 이것을 아주 간단하게 정리한 것이 퍼포먼스 컨설턴트 동료들이 만든 '성과곡선' 모델이다. 여기서 그것을 소개하겠다.

　경영학 교수 피터 드러커는 '문화는 전략을 아침으로 먹는다'는 말을 남겼다. 나는 이 말에 전적으로 동의한다. 문화가 핵심이지만, 문화를 창조하고 측정하는 데에 주도적인 접근을 취하는 조직은 거의 없는 것이 현실이다. 컨퍼런스 보드의 'CEO 챌린지' 또한 '전반적으로 경영 효율성에서 고객 서비스 향상, 인재 영입과 유지, 성과 향상과 혁신에 이르기까지 조직의 문화적 DNA는 성공하는 데 대단히 중요하다'는 것을 확인해준다.

성과곡선은 문화의 집단적 사고방식에 초점을 맞춰서, 그것이 어떻게 성과를 내는 환경을 만드는지 보여준다(그림 2). 조직문화에 가장 큰 영향을 미치는 요소는 리더이다. 헤이그룹 등의 연구에 따르면 리더의 행동은 수익성과에 최고 30퍼센트까지 영향을 미치는 것으로 나타났다. 성과를 지키는 것은 리더의 몫이다. 이 책에서 지렛대 역할을 하는 리더의 행동을 집중적으로 살펴볼 것이다.

성과곡선에서 네 개의 단계는 각각 문화의 전체적인 사고방식을 나타낸다. 이 성과 향상 발전 모델을 보면 1장의 매슬로의 욕구단계론이 생각날 것이다. 또한 골웨이의 이너 게임 등식도 생각날 것이다. 곡선 윗부분은 장애 요소의 감소를 나타내고, 아랫부분은 성과 향상에 따른 잠재능력의 증가를 나타낸다. 각 사고방식은 조직의 뚜렷한 특징을 만들며, 특정 성과 수준과 관계가 있다. 모델을 보면서 자신이 일상적으로 어떤 사고방식으로 행동하는지 생각해보라.

물론 성과곡선에서 보여주는 것은 조직의 관리 시스템 성숙도가 아니라 조직 행동의 성숙도이다. 하지만 우리가 무엇을 발견할지 추론할 수 있는데, 표 2는 그렇게 해서 만들어졌다.

우리가 해야 할 질문은 이렇다. 당신의 팀이나 조직의 문화는 어떠한가? 답을 생각할 때, 조직이나 팀 내의 지배적 사고방식을 찾는 것이 중요하다. 조직의 다양한 부분들이 곡선의 각기 다른 부분에서 작동할 것이다. 성과곡선은 코칭받는 사람들과 함께 코치들이 지배적인 조직문

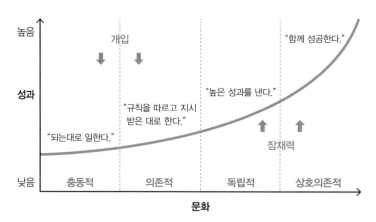

그림 2 | 성과곡선

곡선이 우상향하면서 수익이 올라간다.

화와 사고방식을 탐구하는 유용한 도구다. 현재 자신의 사고방식을 알고 사고방식과 성과 사이의 직접적 연관성을 인식할 때 한결 쉽게 변화를 선택할 것이다. 자각에는 치유력이 있다. 이에 대해서는 2부에서 살펴보도록 하겠다.

코칭 사고방식이 고성과를 낳는다

그렇다면 코칭이 어떻게 고성과를 가져오는가? 고성과가 상호의존적이고 통합적인 문화와 상관관계가 있다는 것을 어떻게 아는가? 이 모든 것을 어떻게 입증하는가?

이 질문들에 대한 답은 다국적기업 고객들과 함께 일한 우리의 경험에서 얻을 수 있다. 최근의 컨설팅 사례를 소개하겠다. 세계 유수의 가스 설비회사인 린데 AG에서 우리에게 그들의 시설 전반에 걸쳐 안전

표 2 | 성과곡선: 조직 발전의 4단계

	충동적	의존적	독립적	상호의존적
요약	• "되는대로 일한다." • 시스템과 구조 결여 • 우발적이고 일관성 없는 리더십	• "규칙을 따르고 지시받은 대로 한다." • 수직적 질서 • 명령하고 통제하는 리더	• "높은 성과를 낸다." • 개인의 목표를 지원하는 시스템 • 위임하는 리더	• "함께 성공한다." • 의미와 목적의 결합 • 자율적 팀
성과	매우 낮음	다소 낮음	다소 높음	매우 높음
매슬로의 동기부여 요소	생존	소속	존중	자아실현
이너 게임	• 장애 요소 많음 • 낮은 잠재력	• 장애 요소 다소 많음 • 다소 낮은 잠재력	• 장애 요소 다소 적음 • 다소 높은 잠재력	• 장애 요소 매우 적음 • 매우 큰 잠재력
문화는 어떤 모습인가?				
지배적 사고방식	"되는대로 일한다."	"규칙을 따르고 지시받은 대로 한다."	"높은 성과를 낸다."	"함께 성공한다."
특징	• 자각과 책임이 매우 낮다. • 조직은 무계획적으로 상황에 대응한다. 예측이 불가능하다. • 소통, 참여, 발전이 거의 없다. • 생존 심리.	• 자각과 책임이 다소 낮다. • 조직은 안정 유지와 규칙을 따르는 데 초점을 맞춘다. 개인은 자율적 업무처리 기회가 거의 없고 프로세스와 업무 완수에 초점을 맞춘다. 집단 정체성이 강하다. 사람들은 집단에 적응하려는 욕구를 가지고 있다. • 소통이 일방적으로 이루어지고 인정 수준이 다양하다. 참여와 신뢰가 낮다. • 위험 회피 심리.	• 자각은 다소 높고 자신의 성과에 대한 책임은 매우 높다. • 조직은 혁신과 개인의 자기계발을 지원한다. 사람들은 자신의 행동으로 변화를 이룰 수 있다고 믿는다. 개인은 팀이나 조직의 목표를 넘어 자신의 목표를 달성하는 데 초점을 맞춘다. 일과 삶의 균형을 맞추기가 어려울 수 있다. • 쌍방향 소통과 참여. • 성취 심리.	• 자신과 다른 사람들에 대한 자각과 책임이 매우 높다. • 강력한 코칭 문화. 팀은 높은 성과에 대해 책임감과 주인의식을 갖는다. 그 성과가 팀에 의해서만 이뤄질 수 있다고 믿는다. 다른 사람들과 함께 참여하며 다양한 견해를 이해하고 높은 신뢰와 배려와 협동심을 보여준다. • 진정한 소통과 피드백이 계속된다. • 집단잠재력 심리.

조직의 시스템	• 기본 시스템이 갖춰져 있지 않다. 역할과 책임이 정해져 있지 않다. • 조직에 한 방향으로 정렬하는 요소들이 없다.	• 시스템과 프로세스는 효율성에 초점이 맞춰져 있고 유연하지 못하다. 규칙이 엄격하게 적용된다. • 규칙과 목표가 조직의 방향을 정한다.	• 시스템은 지속적 개선과 학습, 개인의 목표를 지원한다. • 가치와 기준이 조직을 한 방향으로 정렬한다.	• 원칙 주도의 적응성 뛰어난 시스템이 모든 차원에서 유연성과 지속적·집단적 학습을 보강하고 성과를 지원한다. • 비전과 의미, 목적과 방향이 조직을 한 방향으로 정렬한다.
조직의 비전, 목적과의 연결 관계	• 전혀 연결되어 있지 않다. • 일관된 비전이 없다.	• 조금 연결되어 있다. • 비전의 범위가 수익 추구까지 확장된다. 비전에 사람들을 포함시키면 비전이 강화될 것이다. 예) "우리는 세계에서 가장 큰 전기통신 회사가 될 것이다."	• 다소 많이 연결되어 있다. • 비전이 사람들과 수익을 모두 포괄한다. 비전의 범위가 지구촌까지 확대되면 비전이 강화될 것이다. 예) "우리는 연결을 통해 고객들의 삶을 향상시키는 데 헌신한다."	• 매우 많이 연결되어 있다. • 비전이 사람들과 수익과 지구촌을 포괄한다. 예) "우리는 음식에 대한 무한한 사랑과 그 기쁨을 찬양하면서 담대한 용기와 성실성과 사랑으로 우리 각자와 우리의 지역사회와 지구촌이 번영할 수 있는 세계를 함께 창조할 책임을 받아들인다."*
리더는 어떻게 하고 있는가?				
리더십 스타일	• 즉흥적이고 일관성이 없다. • 리더는 열정적일 수 있지만 단기적 성공을 위해 필요한 일만 한다. 사사건건 개입하는 경우가 많다. 장기적 비전과 방향이 없다.	• 명령과 통제. 업무적이다. • 리더는 수직적 질서에 초점을 맞춰 일을 해내고 안정과 일관성을 유지한다. 자기 영역에 대한 의식이 강하고 다른 리더들과 경쟁을 벌인다. 비난하는 경향이 있다.	• 업무를 위임함 – 개인에 의한 변화 • 리더는 코칭 사고방식을 취하고 개인들이 성과를 내도록 이끌어 주며 효율적인 고성과 창출, 적응력 제고, 지속적 학습에 집중한다.	• 협력관계를 갖고 지원함 – 협력과 집단에 의한 변화 • 리더는 지지자·하인 역할을 하고, 코칭 문화를 만들고, 공동선에 초점을 맞춰 자율적 고성과 팀을 개발한다.

* 홀푸드마켓의 예이며 다른 비전들은 설명을 위해 임의로 만들었다.

리더의 영향	• 리더의 행동이 혼란을 일으키고 스트레스를 불러온다.	• 리더는 자기도 모르게 사람들의 잠재능력을 제약한다. • 실패의 두려움이 주도성과 창의력을 위축시키고 참여를 저해할 수 있다.	• 리더는 개인이 목표를 달성하고 책임을 질 수 있게 한다. 팀워크를 북돋아준다.	• 리더는 팀워크를 발휘하고 헌신할 수 있게 해준다. • 조직은 더 높은 목적을 생각하고 조직 내에 공동체 정신이 퍼져 있다.
리더의 장애물과 그 극복 방법	• 단기 대응 • 이 리더는 두려운 마음으로 각 상황에 대응하고, 이것은 일관성 없는 단기적 경험을 낳는다. • 이 리더는 기본이고 전략적인 관리와 리더십 기술을 개발해야 함은 물론 자각 능력을 높이는 데 집중해야 한다.	• 판단 및 신뢰 부족 • 이 리더는 자신을 전문가로 생각하고, 다른 사람들이 옳은지 그른지 판단하여 구성원들을 구분한다. • 사람들이 좋은 의도를 가지고 있다고 믿고 판단을 배제하고 탐구적 태도를 갖는다면 문화가 두려움에서 신뢰로 바뀌고 곡선의 다음 단계로 발전해나갈 수 있을 것이다.	• 통제 • 이 리더는 항상 개입하고 자신의 개인적 의제에 집착한다. • 사람들을 통제에서 풀어주고 자신의 개인적 의제를 제쳐놓고 공동의 선을 위해 노력해야 한다. 그러면 상호의존과 집단적 성과의 단계로 넘어가는 것에 초점을 맞출 수 있을 것이다.	• 자만 • 이 리더는 일반적으로 유지하고 있는 높은 수준의 의식 상태에서 깜박하는 실수를 범할 수 있다. 예를 들면 지나친 자신감으로 스스로 권위자가 된 듯한 착각에 빠져 피드백을 듣지 않거나, 윤리적 기준을 실천할 때 일관성을 잃을 수 있다. • 이 리더는 이전 단계로 되돌아가지 않도록 균형을 유지하고, 감정에 흔들리지 않으며, 피드백에 열린 자세를 보여야 한다.
일대일 코칭이나 코칭 리더십 스타일이 성과를 향상시킬 것이다.	• 개인적 영향에 대한 인식과 책임을 높이기 위한 코칭. 핵심 관리기술의 개발.	• 유연성과 적응력을 향상시키기 위해 말단 직원까지 임파워해주고 주인의식을 가질 수 있게 하기 위한 코칭.	• 시각을 넓히고 협력을 고무하는 코칭.	• 집단적 성과, 단결, 사회적 책임을 위한 코칭. – 균형을 유지하면서 의식적으로 방향을 잡고 지속적으로 개발하고 개선하기 위해 어느 정도의 시간을 갖는다.

성과 문화Safety performance culture를 정착시켜 달라고 요청했다. 우리 팀은 린데에서 일하는 방식을 조사한 후 그 기업의 깊이 있는 문화평가 방식에 깊은 인상을 받았다. 퍼포먼스 컨설턴트인 우리가 모든 조직이 보편적으로 해야 한다고 오랫동안 생각했지만 실제로 하는 기업은 거의 없는 일을 린데가 하고 있었다. 팀은 린데가 왜 그렇게 꼼꼼하게 문화를 평가하는지 조사해 답을 찾아냈다. 그 이유는 사람들의 생명이 걸려 있기 때문이었다.

린데 같은 기업을 '고신뢰 조직HRO, High Reliability Organization'이라고 한다. 즉, 실수가 생사를 가르는 파국적 결과를 낳을 수 있는 복잡하고 위험한 상황에 상시적으로 노출되어 있음에도 실수 없이 성과를 유지하는 조직을 말한다. 고신뢰 조직에 포함되는 다른 조직으로는 석유회사, 항공사, 통제 조직, 핵발전소 건설사, 석유화학회사 등이 있다.

우리 팀은 '안전문화 성숙도' 분야에서 고신뢰 조직과 다른 조직들의 성과를 비교 및 조사하고, 고신뢰 조직이 안전을 위해 철저하게 노력하게 했음을 알게 되었다. 안전문화 성숙도 모델은 조직의 안전문화를 평가함으로써 안전행동 성숙도를 살펴본다. 포스터와 홀트의 보고에 따르면 안전문화 성숙도 모델에는 3단계에서 8단계까지 다양하게 안전관리 결과를 보여주는 여러 형태가 있다. 코칭을 통해 들여다보면 각 단계는 직원 개발과 매슬로의 욕구단계론(1장을 보라), 윌리엄 슐츠의 대인행동이론(7장을 보라)과 관계가 있음을 알 수 있다. 또한 리더의 감성지능과도 관계가 있다. 개인과 마찬가지로 문화도 단계적으로 발전한다.

안전문화 성숙도 모델은 안전에 초점을 맞추지만, 우리 팀은 그 안에서 골웨이의 이너 게임 원칙들을 발견했고, 안전에 대한 일의 영역을 확대하면 조직의 전체적 성과가 높아질 수 있다는 것을 깨달았다. 골웨이의 공식은 장애 요소를 줄일 때, 즉 두려움, 의심, 자기비판, 신념 제한이나 가정 같은 내적 장애 요소들을 극복할 때 성과가 높아진다는 것을 말한다. 명령과 통제라는 전통적 관리 방식은 장애 요소로 작용한다. 사람들이 하는 일이라고는 규칙을 따르는 것에 불과하기 때문이다. 잠재능력을 발휘할 기회가 주어지지 않는다. 당연히 성과는 낮아지고 일하는 즐거움도 생기지 않는다. 하지만 톱다운 방식의 명령과 통제의 접근법이 코칭 리더십으로 대체될 때 장애 요소는 줄어들고, 잠재능력이 발휘되고, 성과는 향상될 것이다.

이것이 성과곡선이 안전문화 모델과 다른 점이다. 우리는 그 초점을 안전 성과에서 하나의 종합적 핵심지표인 '성과'로 옮겼다. 조직이나 개인은 '이것은 나의 조직문화다' 혹은 '이것은 내가 만드는 문화다'라는 관점에서 성과곡선을 보고 현재 자신이 어느 단계에 있는지 즉시 알 수 있다. 또 그러한 인식을 통해 성과를 향상시키려면 무엇을 바꿔야 하는지 알 수 있다.

아마 가장 유명한 안전문화 성숙도 모델은 듀퐁의 브래들리 곡선 Bradley Curve일 것이다. 그 곡선의 탄생 이야기를 들으면 조직의 문화 성숙도가 어떻게 전체적인 성과에 직접적인 영향을 미치는지 알 수 있다. 1990년대에 거대 화학기업 듀퐁은 왜 지역마다 안전 성과가 다르게 나타나는지 의문을 품었다. 조사 팀은 전 세계에 흩어져 있는 듀퐁 공장에서 각각 500~1천 명의 직원들과 대화를 나누었다. 조사 결과 그룹의 문화는 안전도, 생산성, 수익성과 직접적인 상관관계가 있었다. 그들은 문화가 성숙할 때 전반적으로 성과도 향상된다는 것을 발견했다. 듀퐁의 보몬트 공장 책임자 벌론 브래들리는 스티븐 코비의 7가지 습관에서 영감을 얻어 각 지역 공장에서 확인된 행동과 코비의 '의존, 독립, 상호의존의 프레임' 간에 연관성이 있을 것이라고 생각했다. 코비는 자기계발 모델을 탐구하고 있었고, 천재성을 발휘하여 이것을 아주 실용적이고 정교하게 리더에게 효과가 있는 원칙으로 전환시켰다. 2009년에 듀퐁은 41개국 64개 회사를 대상으로 10년에 걸쳐 수집한 데이터에 기초해 연구를 시작했다. 그 결과 조직의 안전문화와 재해율과 지속가능한 안전 성과 사이에는 서로 밀접한 관계가 있는 것으로 밝혀졌다. 브래들리 곡선의 예측과 정확하게 일치하는 결과였다. 안전에 대한 2009년의 연구는, 문화 성숙도가 조직의 높은 성과와 상관관계가 있다는 초기 조사의 결론을 강화시켜주었다.

린데는 듀퐁의 브래들리 곡선을 이용, 6만 5천 명의 직원을 대상으로 전사적인 문화조사를 실시해 회사가 '의존적 단계'에 머물러 있음을 발견했다. 린데 설비팀의 글로벌 HSEHealthy-Safety-Environment 매니저 제임스 티메는 퍼포먼스 컨설턴트 공개 워크숍에 참가한 후 코칭 리더십 접근 방법이 상호의존적 문화가 요구하는 행동을 반영하고 있다는 것을 깨달았다. 그는 역시 그 연관성을 보았던 컨스트럭션앤드커미셔닝 Construction & Commissioning HSE의 회장 카이 그란제를 사내 프로그램 후원자로 확보한 이후, 우리에게 그의 팀과 협력하여 이 행동들을 그의 조직에 도입해줄 것을 요청했다. 임원들에 대한 직접적 워크숍과 관리자들에 대한 자기주도 e-학습을 통해 그 팀은 린데 직원들에게 안전에 대한 코칭 접근 방법을 가르쳤다. 이것이 실제로 어떤 내용인지 살펴보겠다.

수직적 질서가 코칭 문화로 바뀔 때 학습과 책임이 향상된다

린데와 같이 의존적 문화에서 사람들은 규칙을 따른다. 관리자의 지배적인 사고방식은 '내가 말한 대로 그들이 하기만 한다면'이다. 그러면 비난과 판단이 난무하게 된다. 누군가 잘못했다고 생각할 때 가장 먼저 어떻게 반응하는가? 자연스러운 반응은 비판하거나 비난하는 것이다. 심리학자 존 고트만에 따르면 비판이 넘치면 관계는 실패한다. 사실 비판은, 요한계시록에 나오는 네 명의 기사 중 첫 번째 기사에 비견되는 부정적인 소통 방식이다. 네 명의 기사는 성경 속에서 세상의 종말을 예고하는 비유적 인물들이다. 결혼생활에 대한 고트만은 연구에서 그 이유를 이렇게 설명한다. 비난과 비판이 지배적인 소통 방식이 되고 이것이 변하지 않을 때 결혼생활의 실패 가능성은 90퍼센트가 넘는 것으로 예측된다.

조직에서는 비난이 관계를 단절시키고 학습을 방해한다. 이 점에 대해 앤드류 홉킨스는 노동자 15명이 사망하고 170명 이상이 부상을 당한 2005년의 BP 텍사스시 정유시설 폭발사고에 대한 그의 책《학습실패Failure to Learn》에서 이렇게 적었다. "인간심리에서 흥미로운 점은 비난할 사람을 찾으면 더 이상 실패 이유에 대한 설명을 요구하지 않는다는 것이다." 이런 경우 왜 실패했는지 아무도 알아낼 수 없기 때문에 이것은 잘못된 결론이라고 그는 덧붙인다. 사람들이 더 이상 알려고 하지도, 알 필요성을 느끼지도 못하게 된다는 것이다. 그러므로 리더의 지배적인 사고방식이 저성과 환경을 만들어낸다고 분명하게 말할 수 있다.

이런 상황에서 리더가 할 수 있는 일은, 배우겠다는 자세로 코칭 기술을 사용하는 것이다. 이는 비난의 해독제 역할을 한다. 비난과 같은 행동을 멈출 때 두려움과 자기의심 같은 장애 요소들은 사라진다. 린데에서 전체적인 코칭 원칙과 실제 적용 방법을 가르칠 때 우리는 학습 장애를 불러오는 판단과 비난 같은 행동을 강조했다. 그리고 그 대안으로 잠재능력을 이끌어내는 학습태도와 협력관계에 의한 상호의존적 행동을 제시했다. 이 예에서도 골웨이의 이너 게임 등식이 작용하는 것을 볼 수 있다. 린데가 채택한 상호의존적 행동은 '사고율 74퍼센트 감소'라는 믿기 어려운 효과로 사람들과 수익성, 지구촌 모두에 이익을 가져다주었다. 성과곡선 측면에서 보면 상당히 가시적인 성과 개선이다. 사고방식이 상호의존을 향해 점진적 이동할 때 성과가 향상된다.

타이어 제조업체 미쉐린 역시 의식적으로 의존적 문화에서 벗어나려고 노력했다. 그들은 6개국의 생산시설에서 수직적 질서의 문화를 신뢰의 문화로 바꾸는데 성공했다. 〈파이낸셜 타임스〉의 앤드류 힐에 따르면 프랑스 르퓌앙벌레이Le Puy-en-Velay의 팀원들은 리더를 코치로 인식한다. 생산 라인의 팀장 올리버 듀플레인은 명령을 내리지 않아서 힘을 잃은 것 같은 느낌이 든다고 인정하면서 이렇게 말한다.

"하지만 우리는 팀에서 열 배나 돌려받았습니다."

CEO 장 도미니크 세나르는 17개국에 있는 공장의 10만 5천 명이 넘는 직원 모두를 포함하는 그룹 전체의 계획을 발표했는데, 권한부여와 책임을 기반으로 고객에 대해 보다 기민하고 대응력이 뛰어난 조직으로 변화시키겠다는 것이었다.

상호의존적 사고방식이
고성과 사고방식이다 ————

끝으로 성과곡선은 인적개발부서의 많은 사람들이 익숙한 문제를 다룬다. 코칭 리더십 스타일은 조직의 사고방식을 상호의존적으로 바꿈으로써 고성과 문화를 창조한다. 매슬로는 욕구단계론에서 자아실현의 조건을 설명했는데, 그것은 상호의존성과 연관이 있다. 스티븐 코비는 《성공하는 사람들의 7가지 습관》에서 이렇게 말했다.

"앞을 내다보면 우리가 완전히 새로운 차원에 들어서고 있음을 알 수 있다. 회사 사장이든 건물 관리인이든 독립성에서 상호의존성으로 넘어오는 순간 리더의 역할에 발을 들여놓게 된다."

리더는 직원들이 성장하고 잠재능력을 발휘하는 상호의존적 조직을 이끌 수 있도록 자기 자신을 개발한다. 조직은 상호의존적 문화를 통해 모든 직원의 잠재능력을 끌어내고 직원과 조직 간의 관계를 바꿀 수 있다. 이것이 코칭과 조직개발의 핵심 요소이다.

나는 아직 한 가지 의문이 남아 있다. 왜 모든 조직은 그 문화를 적극적으로 평가하지 않는 것일까? 린데와 같은 고신뢰 조직은 그들의 문화에 주도적인 접근 방법을 취할 수밖에 없다. 그것이 말 그대로 생사가 달린 문제이기 때문이다. 내 생각에 미래에는 모든 기업이 그들의 문화를 평가하고 문화에 대해 주도적인 접근 방법을 취할 것이다. 결국 측정하지 않는다면 관리도 할 수 없다.

코칭이 얼마나 중요하고 어째서 코칭이 코칭 이상인지 알았으니, 코칭의 원칙들, 즉 고성과를 내는 태도와 행동에 대해 살펴볼 것이다.

2부

코칭의
원칙

The Principles
of Coaching

3 코칭은 감성지능을 구현하는 것이다

성과예측에서 감성지능(EQ)은 인지능력(IQ)보다 두 배나 중요하다.
_대니얼 골먼

코칭은 존재의 방식이다 ————

코칭은 특정 상황에 대한 해법으로서 그 상황에 엄격하게 적용하는 기법이 아니다. 그것은 조직을 이끌고 관리하는 방식, 사람들을 대하는 방식, 사고방식, 그리고 존재의 방식이다. '코칭'이라는 말이 용어집에서 완전히 사라지고 우리가 직장이나 다른 곳에서 서로 관계를 맺는 방식이 되었으면 좋겠다. 우리는 왜 코칭이 기본운영 방식이라고 주장하는가? 리더들이 코칭을 받고 코칭 기술을 수용하여 코칭 리더십을 만들어내는 것이 왜 그렇게 성과에 큰 영향을 미치는가?

변혁적 코칭은 감성지능을 구현하는 것이다. 그것이 무엇을 의미하는지 살펴보기 전에 간단한 활동을 먼저 해보기 바란다. 당신의 삶에 긍정적 영향을 미쳤던 핵심적인 사람들이 감성지능이 높다는 것을 알면 감성지능의 힘을 이해하는 데 도움이 될 것이다. 다음 활동은 우리의 워크숍에서 사용하는 활동이다. 당신은 이 활동을 통해 감성지능이 당신에게 미치는 영향을 경험할 수 있을 것이다. 활동 내용을 읽고 바로 자신의 답을 적어보기 바란다.

활동 | 감성지능 경험하기

어린 시절 같이 있고 싶었던 사람을 생각해보라. 부모 말고 할아버지나 할머니, 선생님, 역할 모델을 생각해보라. 이 사람과 함께 있을 때:

1. 그 사람은 무엇을 했기에 당신이 그렇게 좋아했는가?
2. 당신은 어떤 느낌이었는가?

그 사람의 태도와 행동을 생각해보라. 당신의 답을 적어라.

이 활동을 전 세계 사람들에게 실시해보면 거의 모든 사람들이 같은 대답을 한다. 사람들이 기억하는 특징과 성질은 국가와 문화에 관계없이 공통점이 있다. 당신의 대답은 다음 열거된 내용과 비슷하지 않은가?

그 사람은…	나는…
• 내 말을 경청했다.	• 특별한 기분을 느꼈다.
• 나를 믿었다.	• 소중한 사람임을 느꼈다.
• 나의 도전의식을 깨웠다.	• 자신감을 느꼈다.
• 나를 신뢰하고 존중했다.	• 안심하고, 관심받고 있다고 느꼈다.
• 내게 시간을 주고 관심을 보였다.	• 나를 응원하고 있다고 느꼈다.
• 나를 동등하게 대해줬다.	• 재미있었고 열의를 느꼈다.
	• 스스로에 대한 믿음을 느꼈다.

물론 다른 대답들도 있지만 일관성 있게 이런 대답들이 나왔다. 감성지능을 드러내거나 적절한 행동을 선택하는 것은 당신의 역량과 행동이 이론적 이상형에 맞는지 확인하는 것이 아니다. 그것은 실행하기가 훨씬 더 간단하다. 당신은 과거의 특별한 인물을 떠올리고 이러저러한 상황에서 자신을 그 사람의 생각이나 행동과 비교하면 된다. 그들은 높은 감성지능을 가지고 있었다. 그러니 그들을 역할모델로 삼아라. 그리고 이런 질문을 생각해보라. 사람들은 당신에 대해 무어라고 말하겠는가? 당신은 사람들을 어떻게 느끼게 만드는가?

　감성지능은 두려움이 아닌 신뢰의 패러다임으로, 다른 사람들과 관계를 맺는 능력이다. 따라서 감성지능은 고성과를 창출하는 성과곡선의 상호의존 단계에 위치한다. 대니얼 골먼의 감성지능이 기업에서 필수요소로 받아들여진 것은 1995년 이후다. 골먼의 연구는 높은 감성지능(그는 EQ 또는 EI라고 명명했다)을 가진 리더들이 성과 향상에 상당히 유리하다는 것을 보여주었다. 연구에 따르면 직장에서 성공하는 데 감성지능은 학문적이거나 전문적인 지식과 비교해 66퍼센트 대 34퍼센트로 두 배나 중요한 것으로 나타났다. 리더들뿐 아니라 모든 사람이 대인관계와 생산성의 측면에서 그러한 결과를 보였다. 리더의 경우에는 그 비율이 훨씬 더 높아서 CEO들 성과의 85퍼센트가 감성지능 덕분이었다고 한다. 그래서 모든 사람이 감성지능을 개발하려 하고 있다. 감성지능은 전문 코치의 전제조건이며 훌륭한 리더가 되는 열쇠이다.

　감성지능은 대인관계지능 또는 더 간단히 말하면 개인적 사회성 기술이라고 할 수 있다. 골먼 등은 자신감, 공감, 적응력, 변화촉매제 등 감성지능의 여러 가지 역량들을 제시했는데 이것은 대체로 자기 인식, 자기관리, 사회적 의식, 관계관리의 네 개 영역으로 나눌 수 있다. 별로 복잡해 보이지는 않는다. 사실 우리는 모두 이러한 기술들을 어느 정도 가지고 있다. 감성지능이 발달한 사람들은 다른 사람들보다 그러한 기술들을 충분하게 발휘하는 것뿐이다.

삶의 기술로서의 감성지능

감성지능이 삶에서 그렇게 중요한 기술이고 아이들의 삶을 준비시키는 곳이 학교인데, 학교에서 그것을 수업에 포함시키지 않는 것은 용서할 수 없는 잘못이다. 물론 그러한 사회적 기술은 친구들이나 어른들과의 사회적 상호작용을 통해 배울 수 있으므로 특별히 학교에서 배울 필요가 없다고 할 수도 있다. 하지만 그것은 틀린 생각이다. 실제로 학교는 어린 학생들이 놀이, 구조화된 쌍방향 활동, 코칭을 통해 감성지능을 개발할 수 있는 이상적인 환경을 제공할 수 있다.

자기 인식 ─────

감성지능 성과를 높이는 데 도움이 된다. 감성지능을 개발하는 가장 효과적인 방법은 리더 집단이 변혁적 코칭 스타일을 채택하도록 일대일 코칭을 하는 것이다. 이는 코칭의 핵심축 가운데 하나인 자기 인식(그림 3)에서 시작된다. 그 이유는 자기 인식에는 치유력이 있기 때문이다. 인간은 타고난 학습 시스템을 가지고 있다. 우리는 무언가를 인식할 때 그 변화를 선택할 수 있다. 자기 인식은 다양한 측면을 갖는다.

그림 3 | 변혁적 코칭은 감성지능의 구현이다

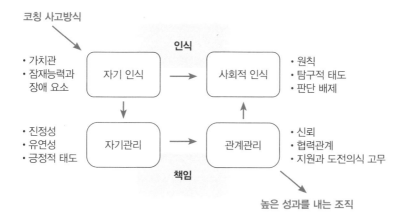

- **자기 인식: 자신이 무엇을 왜 하는지 이해하는 것.** 자각 능력이 있는 사람은 반사적으로 행동하기보다 의식적으로 대응 방법을 선택하기 위해 자신의 성향, 내적 장애 요소, 편향성을 인식한다. 이것은 잠재능력을 발휘하는 데 장애가 되는 내적 요소를 극복하고 자기관리 능력을 향상시켜줌으로써 성과 향상을 낳을 것이다.

- **타인 인식: 성과 뒤에 사람이 있다는 것을 인식하는 것.** 개인 또는 팀과 일할 때, 관계를 정리하고 그들과 협력하기 위해 사람들의 강점, 장애 요소, 동기부여 요소를 찾는다. 배우겠다는 자세로, 함께 일하는 사람들과 협력하고 그들의 말을 경청함으로써 사회적 기술을 향상시킨다.

- **조직 인식: 문화에 긍정적 영향을 미치는 것.** 개인, 팀, 조직의 목표를 한 방향으로 정렬하고 고성과, 학습, 즐거움을 가져다주는 코칭 스타일을 개발한다.

영적 지능 ─────

우리가 감성지능의 효과를 정리한 직후 영적 지능의 장점을 옹호하는
책이 여러 권 출판되었다. 여기서 사용한 '영적'이란 말은 종교적 개념
이 아니다. 이안 미트로프와 엘리자베스 덴턴은 이것을 '자기 삶의 궁극
적인 의미와 목적을 찾고 통합된 삶을 살고자 하는 기본적 욕구'로 정
의했다. 의미와 목적은 매슬로의 자아실현 욕구와 상호의존적 사고방
식의 핵심 동인이다. 두 사람은 영적 지능에 관한 그들의 책에서 직장
생활에서 의미의 위기를 맞은 36세의 한 비즈니스맨의 말을 전했다.

> 나는 여기 스웨덴에서 성공한 대기업을 경영하고 있다. 건강하고, 화목한
> 가정을 가지고 있고, 지역사회에서도 나의 역할을 하고 있다. 나는 '힘'이
> 있다고 생각한다. 하지만 여전히 내가 인생을 어떻게 살고 있는지 잘 모른
> 다. 내가 올바른 길을 가고 있는지 잘 모르겠다.

그는 세상에 대해 걱정이 많다고 했다. 특히 병든 지구환경과 공동체
붕괴에 대해 걱정이 많았다. 그는 우리가 직면한 문제의 심각성을 사람
들이 회피하고 있다고 생각했다. 그리고 그의 회사와 같은 대기업들이
그런 문제에 대응하지 않는 것에 죄책감을 느꼈다. 그는 계속해서 이렇
게 말했다. "이 문제에 대해 내가 무언가를 할 수 있으면 좋겠다. 문제해
결에 나의 삶을 바치고 싶지만 그 방법을 모르겠다. 나는 문제를 일으
키는 것이 아니라 문제 해결에 보탬이 되고 싶다는 점만 말할 수 있을
뿐이다."

존 맥팔레인이 추천사에 썼듯이 "우리의 책임은 조직에서 사람들이 삶을 바칠 만한 가치가 있는, 신바람나면서 안전한 모험을 만들어내는 것이다." 사람들은 문제 해결에 참가하고 삶에 의미 있는 일을 하고 싶어 한다. 조직은 리더들의 코칭 스타일 개발을 도와주는 방식으로 이 문제에 접근할 수 있다. 외부 코치들은 일대일 코칭을 통해 감성지능이 높은 리더의 육성을 도와줄 수 있다.

그렇다면 리더와 코치는 어떤 기술이 필요한가? 그들은 **자각**과 **책임**을 높이기 위해 효과적으로 질문하고, 경청하고, GROW 모델을 따르는 것과 같은 기본적인 기술을 배워야 한다. 이러한 기술들에 대해서는 3부에서 설명하도록 하겠다. 효과성을 높이기 위해서는 코칭 수준을 높여야 한다. 코칭에는 리더와 코치, 그리고 그들의 조직을 한 차원 높은 수준으로 끌어올려줄 수 있는 것들이 아주 많다. 고급 코칭에 대한 깊이 있는 설명은 이 책의 범위를 벗어나는 일이지만, 고급 코칭을 뒷받침해주는 배경과 개념은 5부에서 간단하게 소개할 것이다.

다음과 같은 상상 활동은 사람들이 그들이 되고 싶은 리더와 만나는 것을 도와줄 것이다. 그들이 미래의 자기 자신으로 그려보는 리더는 대개 감성지능을 구현한다. 당신의 미래 자화상은 내가 설명한 감성지능의 어떤 특징들을 가장 많이 구현하고 있는가? 현재를 생각해볼 때 당신은 이러한 특징들을 얼마나 많이 구현하고 있는가? 집중할 특징을 한 가지 골라서 직장에서 시도해보라. 자기계발을 위해 코칭을 받고 싶으면 코칭 질문 툴키트의 자기코칭 연습을 마쳐보라(질문 가방 1).

양발을 바닥에 디딘 상태에서 편안한 자세로 의자에 앉아라. 발밑의 바닥을 느껴
보라. 어깨를 돌려서 풀어줘라. 호흡에 집중하며 숨을 들이쉬고 내쉬어라. 숨을
들이쉴 때는 명료함과 신선한 공기를 흡입하고 있다고 상상하라. 숨을 내쉴 때는
걱정과 우려를 내뱉고 있다고 상상하라. 그렇게 심호흡을 세 번 하라.

이제 맑은 날 길을 걷고 있다고 상상하라. 주변을 둘러보면서 거리가 어떤 모습
이고 그 거리를 걷는 기분이 어떤지 생각하라. 잠시 후 당신은 반대쪽에서 걸어
오고 있는 사람을 발견한다. 이 사람은 미래의 당신이다. 당신이 꿈꾸는 미래의
당신은 리더가 되는 꿈을 이루었다. 당신은 걸어가면서 미래의 당신이 다가오는
것을 본다. 당신은 그 사람을 만나서 인사를 건넨다. 그 사람은 당신에게 어떤 인
사를 건넬까? 그 사람을 유심히 관찰하라. 무엇이 보이는가? 그 사람은 어떻게
행동하는가? 그 사람은 당신에게 어떤 느낌을 주는가? 그 사람에게 물어보고 싶
은 것이 있는가? 그러면 지금 물어보고 그 대답을 들어라.

이제 이 사람에게 작별인사를 하고 오늘 만나러 와줘서 고맙다고 말하라.

이제 현실로 돌아오라. 당신이 앉아 있는 현재의 상태로 의식을 되돌려라. 그 다
음에 손가락과 발가락을 움직여보라. 마지막으로 상쾌함과 새로운 활력과 자신
의 존재를 느껴보라. 상상을 마치면서 상상한 내용 가운데 기억하고 싶은 것을
적어라.

지배 원칙

감성지능이 뛰어난 리더들이 사람들에게 의미와 목적이 있는 삶을 만
들어주는데 도움이 되는 지배 원칙은 무엇인가?

- **미래의 성공하는 리더들은 명령과 통제가 아닌 코칭 스타일로 사람들
  을 이끌 것이다.** 유능한 인재를 보유하는 것은 대단히 중요하며, 대
  우받는 방식에 대한 사람들의 기대는 급격하게 높아지고 있다. 지
  시, 명령, 횡포, 수직적 질서는 힘을 잃고 사람들에게 거부당하고

있다. 유능한 사람들은 그들의 삶 속에서, 직장에서 더 많은 선택과 더 많은 책임과 더 많은 즐거움을 원한다.

- **리더십 스타일은 성과를 결정하고, 코칭 스타일은 최고의 성과를 낳는다.** 성과와 리더십 사이의 관계는 수많은 문헌에서 다뤄졌다. 어떤 기업이 더 좋은 성과를 마다하겠는가? 이는 공적인 분야와 민간 분야의 모든 조직에서 널리 받아들이고 있는 사실이지만, 조직들은 그것을 행동으로 정착시키는 데 여전히 어려움을 겪고 있다. 많은 경우 리더와 직원들이 서로 손을 잡고 변화에 저항한다. 그것이 결코 이익이 되지 않는데도 말이다.

- **다른 사람들이 인식, 책임 그리고 자신감을 갖도록 도와주는 것은 그들의 미래의 리더십 능력에 초석을 놓아주는 것이다.** 리더는 매일 선택하고 결정해야 한다. 그 일을 효과적으로 수행하기 위해서는 이러한 기본적인 개인적 자질이 필요하다. 코칭은 리더십을 강화한다. 오늘날 모든 분야, 모든 기관, 모든 국가에서 리더십 부재 사태가 나타나고 있다.

- **주로 기업이나 국가가 통제할 수 없는 상황으로 인해 기업의 외적 환경은 급속하게 변화하고 있다.** 세계화, 인스턴트 메시지, 경제위기, 기업의 사회적 책임, 환경 문제 등은 외적 환경의 일부에 불과하며 그 밖에도 아주 많은 요소가 있다. 이처럼 빠르게 변화하는 외적 환경에 대처하기 위해서는 새로운 리더십 스타일이 요구된다.

다음 장에서는 코치로서의 리더 역할이 **고성과 문화를 창조하는 데** 어떻게 도움이 되는지를 살펴볼 것이다.

4 코치로서의 리더

팀에게 리더는 두려운 사람이 아니라 지지자가 되어야 한다.

코칭 리더십이라는 말에는 모순이 있다. 왜냐하면 리더는 전통적으로 임금 결정과 승진에 핵심적인 역할을 하고 해고의 칼자루도 쥐고 있기 때문이다. 동기부여 방법이 당근과 채찍밖에 없다고 하면 맞는 말이다. 하지만 코칭이 효과를 발휘하기 위해서는 코치와 코칭받는 사람이 서로 신뢰할 수 있고 안전하고 부담이 거의 없는 협력관계를 유지해야 한다. 이런 관계에는 임금, 승진, 해고가 들어설 자리가 없다. 이러한 것들은 협력관계에 방해만 될 뿐이다.

리더는 코치가 될 수 있는가? ─────

그럼 과연 리더는 코치가 될 수 있는가? 그렇다. 하지만 이전 장에서 이야기했듯이 코칭은 감성지능을 구현하는 것이며, 리더에게 여러 가지

덕목을 요구한다. 직원들에게 완전히 새로운 접근 방법을 취해야 함은 물론 공감, 성실성, 균형도 요구된다. 코칭 리더들은 또한 그들에게 롤 모델이 될 만한 사람이 거의 없기 때문에 스스로 방법을 찾아야 한다. 처음에는 전통적 관리 방식에 길들여진 직원들의 의심과 저항에 부딪힐 가능성도 있다. 리더의 입장에서는 리더십에 코칭 역할이 추가됨으로써 늘어난 개인적 책임이 두려울 수도 있다. 이러한 문제들은 예상 가능하고 일반적으로 코칭을 통해 쉽게 해결된다. 하지만 코칭 리더들에게는 그 밖에도 여러 가지 행동이 요구된다.

전통적 관리 방식 ————

우리에게 익숙한 관리 방식이나 소통방식은 전통적 관리 방식 스펙트럼의 양쪽 끝에 위치한다. 한쪽 끝에는 전제적 접근 방식이 있고, 그 반대쪽 끝에서는 방임적 · 낙관적 접근 방식이 있다. 전통적 관리 방식은 성과곡선의 의존 단계와 독립 단계에 위치하며 그림 4와 같이 표시할 수 있다.

지시형

내가 어렸을 때, 부모님은 내게 해야 할 일을 말해주고 그 일을 하지 않으면 야단을 쳤다. 학교에 들어가서는 선생님들이 내게 할 일을 말해주고 그 일을 하지 않으면 회초리로 때렸다. 군대에 들어가서는 병장이 내게 할 일을 말해주었고 내가 그 일을 하지 않으면… 그 다음 일은 상

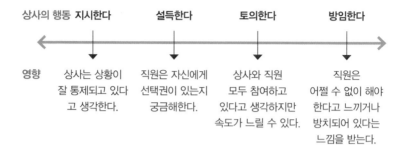

그림 4 | 전통적 관리 방식

상사의 행동	지시한다	설득한다	토의한다	방임한다
영향	상사는 상황이 잘 통제되고 있다고 생각한다.	직원은 자신에게 선택권이 있는지 궁금해한다.	상사와 직원 모두 참여하고 있다고 생각하지만 속도가 느릴 수 있다.	직원은 어쩔 수 없이 해야 한다고 느끼거나 방치되어 있다는 느낌을 받는다.

상하기도 싫었다. 그래서 어쩔 수 없이 그 일을 했다! 처음 직장을 얻었을 때는 상사가 역시 내게 할 일을 말해주었다. 그럼 내가 책임 있는 자리에 올랐을 때 나는 어떻게 했을까? 사람들에게 할 일을 말해주었다. 나의 롤 모델 모두 그렇게 했기 때문이다. 우리들 대부분이 그렇다. 우리는 지시를 받으면서 자랐고 지시를 아주 잘한다.

우리가 말해주거나 지시하는 방식에 끌리는 것은 그 방식이 빠르고 편하다는 이유도 있지만, 상황을 통제하고 있다는 느낌을 주기 때문이다. 하지만 이것은 잘못된 생각이다. 지시하는 사람은 직원들을 불쾌하게 만들고 일에 대한 의욕을 떨어트린다. 직원들은 불만을 드러내지도 의견을 말하지도 못한다. 설사 말을 한다 해도 듣지 않을 것이다. 그 결과 직원들은 지시자의 면전에서는 복종하는 모습을 보이지만 돌아서면 태도가 돌변한다. 원망하고 일손을 놓거나 태업을 하여 낮은 성과를 보여줄 것이다. 지시자는 결코 상황을 통제하고 있는 것이 아니다. 그들은 자신을 속이고 있다.

전통적 관리 방식의 극단에 위치한 지시형의 또 다른 문제는 기억력이다. 우리는 지시받은 것을 잘 기억하지 못한다. 그림 5는 교육하는 사람들이 자주 사용하는 자료인데, 이 문제를 설명하는 데 적절할 것 같아 소개해본다.

이 자료는 얼마 전 IBM에서 처음 실시한 연구의 일부로서 그 후 같은 연구가 여러 번에 걸쳐 실시되었고, 그 결과는 다른 연구들에 의해 확인된 바 있다. 사람들을 임의로 세 그룹으로 나눈 다음 서로 다른 교수법을 사용해 각 그룹에게 동일한 내용으로 간단한 것을 가르쳐주었다. 그 결과는 자명했다. 사람들이 경험을 통해 배운다는 성인학습이론이 다시 한 번 확인되었다. 하지만 여기서 우리의 관심을 끌었던 점은 듣기만 한 사람들은 기억력이 크게 떨어진다는 것이었다.

나는 이 결과를 몇 명의 낙하산 훈련 교관에게 보여주었던 것으로 기억한다. 그들은 내 조언을 들은 후 비상조치 방법을 말로만 가르쳤다며

그림 5 | 교육받은 후의 기억력 점수

	듣기만 한다	듣고 본다	듣고 보고 경험한다
3주 후 기억함	70%	72%	85%
3개월 후 기억함	10%	32%	65%

크게 걱정했다. 그러고는 손을 쓸 수 없는 수직 낙하 사고가 발생하기 전에 서둘러 훈련 방법을 개선했다.

설득형

전통적 관리 방식 스펙트럼을 따라 오른쪽으로 이동하면 설득형이 나온다. 설득형 상사는 아이디어를 내놓고 그것이 얼마나 좋은지 설득하려고 한다. 직원들은 그에게 도전할 만큼 어리석지는 않기 때문에 조용히 미소를 지으며 지시를 따른다. 약간 사기성이 있기는 하지만 그래도 지시형보다는 나을 것이다. 이 방식이 조금 더 민주적이라는 인상을 준다. 그러나 정말 그럴까? 직원들은 결국 상사가 원하는 것을 그대로 실행하고 상사는 직원들로부터 아이디어를 얻지 못한다. 별로 달라진 것은 없다.

토의형

설득형에서 오른쪽으로 조금 더 이동하면 토의형이 나온다. 토의형 상사는 자원을 진심으로 공유한다. 좋은 리더는 자신과 생각이 다르더라도 옳은 방향이라면 다른 사람들의 의견도 기꺼이 받아들인다. 데이비드 에머리의 저서인 《스포츠 잘하기Sporting Excellence》에서 영국의 기업인 존 하비 존스 경은 팀 리더십에 대해 이렇게 말했다.

모든 사람의 방향이 내가 생각하는 방향과 다르다면, 나는 그 방향을 따를 것이다. 우리는 실행 도중에 방향을 바꿀 수 있다. 그들이 옳을 수도 있고, 그들이 옳은 방향이 아니라는 것을 깨닫고 내가 원하는 방향으로 바꿀 수도 있다. 아니면 모두 틀렸다는 것을 인정하고 함께 제3의 대안을 찾을 수도 있다. 우리는 조직에서 그러한 마음과 정신으로 움직일 뿐이다.

민주적 토의는 매력적이긴 하지만 시간이 많이 걸리고 아무런 결론에 이르지 못할 수 있다는 약점이 있다.

방임형

전통적 관리 방식의 오른쪽 끝에는 방임형이 있다. 방임형 리더는 직원들에게 일을 넘긴다. 자신의 책임을 포기하고 직원들에게 선택의 자유를 준다. 하지만 이것은 리더에게도 직원들에게도 위험하다. 모든 책임이 리더에게 있지만 그는 자신의 책임을 포기한다. 직원들은 업무 내용을 잘 모르기 때문에 업무를 제대로 수행하지 못할 것이다. 리더는 직원들이 더 많은 책임을 소화할 수 있게 한다는 좋은 뜻으로 책임을 포기할 수도 있지만 이런 전략은 성공하기 어렵다. 직원이 자신의 선택이 아니라 타의에 의해 책임을 지는 입장이라면 책임감이 낮을 것이기 때문이다. 그러면 리더가 기대했던 동기부여의 효과는 나타나지 않는다.

코칭

대다수 리더는 양극단 사이의 어딘가에 위치할 것이다. 하지만 코칭은 완전히 다른 차원에 존재한다. 코칭은 양극단의 위험은 피하고 이점만을 취한다(그림 6).

직원은 리더의 코칭 질문에 대답하면서 업무의 모든 측면과 필요한 행동을 파악하게 된다. 직원은 이렇게 업무를 분명하게 파악할 때 성공에 대한 확신이 들고 자신의 책임을 선택할 수 있다. 리더는 코칭 질문

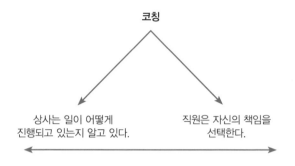

그림 6 | 코칭 리더십

코칭

상사는 일이 어떻게
진행되고 있는지 알고 있다.

직원은 자신의 책임을
선택한다.

에 대한 대답을 들음으로써 실행계획은 물론 그 생각도 알게 된다. 리더는 이제 지시를 내릴 때보다 훨씬 더 많은 정보를 얻고 리더와 직원은 한 방향으로 행동하게 된다. 코칭에서 이루어지는 대화와 관계는 위협적이지 않고 지원적이기 때문에 리더가 없더라도 행동이 바뀌지 않는다. 코칭은 두 사람 사이에 형성된 공통된 이해를 통해 리더에게는 실질적인 통제력을, 직원에게는 실질적인 책임을 부여한다.

리더의 역할 ————

리더의 역할은 무엇인가? 많은 리더는 긴급한 일들을 처리하느라 바쁘다. 그들은 일을 완수하려고 애쓴다. 스스로 인정하고 있듯이 장기계획 수립, 비전 만들기, 전체적 상황 점검, 대안 연구, 경쟁력 강화, 신제품 개발 등에 시간을 내야 한다고 생각하면서 그렇게 하지 못하고 있다. 무엇보다도 직원들을 키우는 데 시간을 내지 못한다. 직원들에게 한두 번 교육을 받게 하고 그것이 효과가 있을 것이라고 자신을 속인다. 이런 식의 교육은 투자가 아니라 낭비다.

리더의 업무는 단순하다. 그것은 해야 할 일을 해내고 직원들을 개발하는 것이다. 시간과 비용이 직원 개발의 발목을 잡는다. 코칭 과정을 이용하면 두 가지 효과를 모두 거둘 수 있다.

그렇다면 리더는 어떻게 직원들을 코칭할 시간을 낼 수 있는가? 그냥 지시하는 것이 훨씬 빠르지 않은가? 그렇지 않다. 역설적이지만 코칭을 해주면 직원들에게 더 많은 책임을 부여함으로써 시급한 불끄기에서 벗어나 리더로서 책임져야 할 중요한 문제들을 다룰 수 있게 된다. 또한 더 많은 코칭을 해줄 수 있게 된다. 사람을 발전시키는 활동은 가치 창조에 도움이 되지 않는 이상론이 아니라, 열린 눈을 가진 사람만이 할 수 있으며 자신에게 이익이 되는 활동이다. 사람들을 발전시키는 데 온통 매달려야 하는 때도 있고 미묘한 문제들로 곤란을 겪을 때도 있을 것이다. 그러나 사람들이 배려를 받고 있다고 느끼는 문화에서는 그런 문제는 충분히 용인된다. 리더들은 종종 언제 코칭을 해야 하는지, 그리고 코칭을 할 것인지 지시를 할 것인지를 어떻게 결정해야 하냐고 내게 묻는다. 그 답은 아주 간단하다.

• 만일 어떤 상황에서 **시간**을 가장 우선적으로 고려해야 한다면(예를 들면 위기상황에서), 자신이 직접 일을 처리하거나 다른 사람들에게 할 일을 정확하게 지시하는 것이 가장 빠른 방법일 것이다. 하지만 이런 행동은 단기적으로만 시간 절약 효과가 있고, 장기적으로는 의존성을 높일 것이다.

- 만일 결과의 **질**이 가장 중요한 요소라면(예를 들면 구체적이고 완전한 보고서를 작성하는 일), 그러한 상황을 인식시키고 책임감을 불어넣는 코칭이 적절할 것이다.
- 만일 **학습**의 극대화가 가장 중요한 요소라면(예를 들면 처음으로 일을 맡은 사람), 코칭이 학습과 학습성과를 최대화시킬 것이다.
- 만일 동참과 **헌신**이 필요한 상황이라면(예를 들면 서비스 개선), 지시하는 것보다 코칭하는 것이 성공 가능성이 훨씬 높다. 이 상황에서 지시하는 것은 무조건적인 복종과 저항을 불러오고 책임의식을 떨어뜨릴 것이다.
- 만일 **참여**와 직원들을 붙잡아두는 것이 중요한 요소라면(예를 들면 잠재능력이 높은 사람, 밀레니얼 세대), 코칭이 직원들 스스로 자신의 필요, 욕구, 기대를 조직의 사명과 맞추어 직장에서 의미와 목적을 찾도록 해주기 때문에 가장 효과적인 접근 방법이 될 것이다.

직장에서는 거의 모든 상황에서 시간, 질, 학습이 모두 시간과 관련이 있다. 안타까운 점은 대부분의 기업에서 시간이 질에 우선하고 학습이 가장 경시된다는 것이다. 그 결과 리더는 지시 방식을 포기하지 못하고, 충분히 낼 수 있고 내야 하는 성과를 내지 못한다.

리더가 코칭 원칙에 따라 관리한다면 더 높은 성과를 내면서 직원들도 성장시킬 수 있을 것이다. 일 년에 자기 업무를 수행하는 데 250일을 쓰고, 동시에 직원 개발에도 250일을 쓸 수 있는 것이다. 코칭 리더가 얻는 이익이 바로 그것이다.

직업 현장에서의 직원 개발 ────────

매일 직업 현장에서의 직원 개발 기회가 찾아온다. 한 직원의 예를 살펴보도록 하자. 그녀의 이름을 편의상 수Sue라고 해두자. 수는 지난주에 리더와 토의하여 합의한 일을 하고 있다. 그녀는 문제가 생겨서 리더인 모Moe를 찾아간다.

수   우리가 합의한 일을 하는데 잘 안 되고 있어요.

모   그러면 이렇게 해보세요.

이 대화에는 코칭이 없다. 수는 모에 의존해 답을 구하고, 모는 의존적 문화를 만들어내고 있다. 이번에는 상호의존성의 코칭 원칙에 기반을 둔 코칭 대화를 살펴보자.

수   우리가 합의한 일을 하는데 잘 안 되고 있어요.

모   그것이 되게 하려고 많은 궁리를 한 것 같군요. 다음에 해야 할 일은 무엇이라고 생각합니까?

수   음, 비슷한 일이 생겼을 때 그 장애가 정확히 언제 나타나는지 확인하기 위해 돌아볼 수 있겠네요.

모   그러면 되겠네요. 또 다른 건요?

수   지금 단계에서는 아니지만, 그게 안 된다면 원래 계산했던 것을 살펴봐야 할 것 같습니다.

모   좋은 생각입니다. 지금은 문제를 해결하지 못하고 있다고 생각하겠지만 결국 해낼 겁니다. 해보고 진행상황을 알려주십시오.

다음날 아침, 모가 수와 함께 확인한다.

모 어떻게 됐습니까?

수 아주 잘됐어요, 실제로. 문제는 타이밍이었다는 것을 찾아냈어요. 이제 그것을 작동시키기 위해 뭘 바꿔야 하는지 알았어요.

모 잘됐네요! 디테일에 집중해서 열심히 하더니 성공했군요. 이제 무엇을 해야 하죠?

수 가능하면 빨리 그 코드를 바꾸라고 산지브를 설득해야겠어요. 그런데 그는 지금 일이 많은 것 같아요.

모 산지브에게 이것을 우선적으로 처리하도록 설득하려면 어떻게 하는 게 효과가 있을까요?

수 팀장님이 산지브에게 부탁해주시면 좋을 것 같아요.

모 먼저 산지브와 이야기를 나눠보는 것이 어떻겠습니까? 당신은 스스로 생각하는 것보다 더 설득력 있게 말을 할 수 있거든요. 점심시간 전에 다시 확인해봅시다.

수 알겠습니다. 제가 해보겠습니다.

점심시간 직전에 수는 모에게 산지브와 대화한 내용을 알려준다

수 산지브가 즉시 코드를 변경하게 했어요. 이제 모든 것이 잘되고 있습니다.

모　좋은 소식입니다. 잘했어요. 산지브를 어떻게 설득했나요?

수　그에게 도와줄 수 있는지 묻고, 오늘 그 일을 하는 게 얼마나 중요한지 설명했습니다.

모　이전에 몇 차례 예고 없이 찾아가서 산지브에게 일을 해달라고 요청한 적이 있었는데 이번은 그때와 어떻게 달랐나요?

수　그것을 해야 한다고 말해주는 대신에 그에게 물어봤어요. 말해주는 것만큼 간단했어요.

모　당신이 한 일은 간단했지만 아주 큰 효과가 있었습니다. 이 모든 과정에서 무엇을 배웠나요?

수　일을 단순하게 만들고, 사람들에 대해 가정하지 말아야 한다는 것을 배웠습니다.

이 예에서, 모는 인식과 책임이라는 코칭의 두 가지 핵심원칙을 실천한다(이 원칙에 대해서는 6장에서 살펴볼 것이다). 이 짧은 대화에서 모는 비난하거나 짜증을 내지 않고 수가 스스로 문제를 해결하도록 도와주었다. 즉, 그녀 자신을 믿고 경험에서 배우도록 도와주었다.

또한 모는 수가 동료들과 더 튼튼한 관계를 쌓도록 지원함으로써 상호의존성의 고성과 문화를 만드는 데 기여했다.

코칭의 적용 ──────

코칭 접근 방법은 언제, 어디서, 왜 사용하는가? 이미 살펴보았듯이 코칭은 직업 현장에서의 직원 개발이다. 코칭 사고방식은 존재의 방식이기 때문에 어떤 일을 하건 코칭은 유효하다. 다음 장에서 살펴보겠지만 코칭 사고방식은 코칭받는 사람을 당신과 동등하게 보고, 장벽을 극복하고 잠재능력을 실현할 수 있다고 생각한다. 그러한 사고방식을 가진 사람은 주제가 무엇이든 상대와 정직하게 소통할 수 있다.

직장에서 코칭 접근 방법을 사용할 경우 대화의 생산성이 확실하게 높아지는 상황을 몇 가지 소개하겠다.

- 목표 설정
- 전략계획 수립
- 참여 끌어내기
- 동기부여와 의욕 고취하기
- 위임하기
- 팀워크
- 문제 해결
- 계획 수립과 검토
- 팀 개발과 직원 개발
- 경력 개발
- 성과관리
- 성과 평가
- 피드백과 평가
- 관계 정렬

열거하려면 끝이 없는데, 고도로 구조화된 접근 방법을 사용하거나 코칭 리더십 접근 방법을 사용하여 기회를 잡을 수 있다. 코칭 리더십 접근 방법의 경우 겉으로 보기에는 토의가 보통의 대화처럼 들릴 수 있고 코칭이란 말이 사용되지 않을 수 있다는 점을 알아야 한다. 사실 코칭 리더십 접근 방법은 일상 속에 스며들어 있고 그러한 것이 훨씬 더 중요하다. 왜냐하면 리더와 직원 사이에 일어나는 일상적인 짧은 대화 중에 코칭의 원칙을 계속 인식하고 사용하고 있기 때문이다. 현장에서의 직원 개발도 그렇게 이루어진다. 다음 장에서 이러한 코칭 방식에 대해 설명해보겠다.

5 코칭 방식: 협력관계와 협동

협력관계와 협동은 자신감과 자율적 팀을 낳는다.

코칭에 필요한 기본원칙부터 점검해보자. 코칭 방식의 중요한 특징은 명령과 통제가 아니라 협력관계와 협동이다. 코칭은 동등한 두 사람 간의 대화다. 국제코치연맹은 코칭을 '개인적, 직업적 잠재능력을 최대한 이끌어내기 위해 서로 협력하며 생각을 자극하는 창의적 과정'이라고 정의한다. 코칭 사고방식은 이렇게 상호의존의 문화를 즉시 창조한다. 전통적 관리 방식이 의존의 문화를 만드는 것과는 대조적이다. '최소 작업으로 최대 효과'를 신봉하는 글로벌 환경 속에서, 조직을 직접 운영해나가고 모든 해답을 내놓아야 한다는 압박감에서 벗어나 협력관계와 협동을 통해 직원들의 잠재능력과 지혜를 이끌어내는 방법을 배운다는 것은 리더에게 다행스러운 일이다. 코칭 워크숍에 참가한 리더들은 "어깨에 짊어진 짐을 내려놓은 기분이었고 스트레스가 줄어드는 느낌이었다"고 말한다.

코칭의 정신 ————

자신과 다른 사람들의 능력, 창의력, 잠재능력에 대한 믿음이 곧 코칭의 정신이며, 코칭은 이러한 정신에 뿌리를 둔 존재 방식이다. 그러한 믿음이 있을 때 리더는 직원들의 약점과 문제와 과거의 성과가 아닌 강점과 해결방안과 미래의 성공에 집중할 수 있다. 코칭 리더십은 업무관계에 그치지 않고 사람들과 연결될 것을 요구한다. 일보다 사람을 우선하는 것이다. 코칭 리더십은 또한 리더가 모든 것을 알고 있고 모두에게 일하는 방법을 가르쳐주는 '전문가'라는 사고방식에서 벗어날 것을 요구한다. 코칭은 신뢰, 믿음, 비판단에 기반을 두고 있다. 그것은 '모범사례'가 당신이 알고 있는 것과는 달리 학습에 즐거움이 따르고 '짜증나는 일'이 '쉽게 할 수 있는 일'이나 기회로 다시 설정되는 문화다. 코칭 관계에서는 모든 것이 가능하고 궁극적으로 협력이 그것을 주도한다.

성과 향상을 위한 코칭 공개 워크숍에 참가했던 시큐렉스의 CEO 루크 데플렘은 말했다.

"그것이 우리가 일하는 방식, 상호작용하는 방식을 바꾸어놓았다. 개인적 관계가 매우 튼튼해지고 경영자들 간의 상호작용 방식이 바뀌었다."

이러한 것들이 파트너십과 협동의 코칭 사고방식을 세우고 유지하는 기본적인 내용이다.

자기 동기부여 ————

동기부여의 비결은 모든 기업 리더가 몹시 찾고 싶어 하는 성배이다. 대표적인 외부적 동기부여 수단인 당근과 채찍은 점점 더 효과를 잃어 가고 있다. 자기 동기부여가 더 좋다는 것을 의심하는 리더들은 거의 없다. 하지만 스스로 동기부여가 되도록 강제한다는 것은 그 말 자체가 모순이다. 자기 동기부여는 각 개인의 마음에 속한 문제라서 CEO들도 접근할 수 없다.

리더들은 사람들로부터 원하는 것을 얻기 위해 겁주기와 보상에 의존해왔다. 두려움은 강력한 동기부여 요소이지만, 창의력과 책임감을 억제시킨다. 노예제에는 채찍만 있고 당근은 없다. 당근은 한동안 사람들이 더 좋은 성과를 내도록 도와주지만, 사람들을 당나귀처럼 대하면 그들은 결국 당나귀와 같은 성과를 낼 것이다. 우리는 당근을 씻어서 요리하기도 하고, 더 큰 당근을 주기도 했으며, 채찍이 없는 것처럼 채찍을 천으로 싸서 숨기기도 했다. 하지만 필요하면 다시 채찍을 꺼내들었고 그러면 성과가 조금 올라갔다.

세계 금융위기 이후 근로자들은 임금인상의 제약과 승진 기회의 감소에 직면해 있다. 세계경제가 내리막길을 걷는 상황에서 고용이 유지되는 것만으로도 고마워할 지경이다. 우리는 더 높은 성과를 얻기 위해 필사적으로 노력하지만 당근이 바닥나고 있다. 그런 동기부여 방법이 실패하면 기본적으로 동기부여에 대한 생각을 바꿔야 한다. 사람들이 정말로 성과를 내게 하려면 그들 스스로 동기부여가 돼야 한다. 코칭 사고방식을 채택한 리더는 그렇게 할 수 있을 것이다.

스스로 동기부여가 되는 진정한 협동의 문화를 이룩하기 위해서는 조직은 모든 직원이 충분한 능력이 있고 창의적이라는 믿음을 가져야 한다. 이 믿음에는 '내가 상사다'라는 생각이나 '자신 혹은 다른 사람들의 성공사례에 답이 있다'는 생각이 들어갈 여지가 없다. 협동의 문화는 '내가 상사다'라는 생각이나 '우리는 이런 방식으로 한다'와 같은 사고방식과 양립할 수 없다. 미국의 높이뛰기 선수 딕 포스베리는 코치가 모범사례를 따를 것을 고집하지 않은 덕분에 잠재능력을 발휘할 수 있었다. 포스베리는 학교 다닐 때 머리가 먼저 바를 넘어가는 배면뛰기 방식으로 전통적인 스트래들 기법을 사용하는 선수들보다 더 높이 뛰었다. 그가 1968년 올림픽에서 금메달을 딴 이후 10년도 되지 않아 가위뛰기는 낡은 기법이 되었고, 대부분의 올림픽 높이뛰기 선수들이 '포스베리 플롭'이라는 배면뛰기를 하고 있다.

잠재능력에 대한 믿음 —————

코치나 리더로서 업무의 효율성은 상당 부분 사람의 잠재능력에 대한 믿음에 달려 있다. '사람들에게서 최대의 능력을 이끌어낸다', '숨겨진 잠재능력' 같은 표현은 개인의 내부에 아직 깨어나지 않은 능력이 많이 있다는 것을 뜻한다. 사람들이 현재 보여주는 능력보다 더 많은 능력을 가지고 있다고 믿지 않으면 사람들이 그런 능력을 표출하도록 도와줄 수 없다. 리더는 과거의 성과가 아닌 아직 드러나지 않은 능력의 측면에서 직원들을 생각해야 한다. 이러한 이유로 대다수 평가체계는 심각한 결함을 안고 있다. 사람들은 그들이 보기에도 리더들이 보기에도 탈출이 거의 불가능한, 성과라는 상자 안에 갇혀 있다.

다른 사람들의 능력에 대한 믿음이 그들의 성과에 직접적인 영향을 미친다는 사실은 교육 분야의 많은 실험에서 충분히 입증되었다. 이 실험들에서 교사들은 평균적인 학생 그룹이 장학금 후보자이거나 학습장애를 가지고 있다는 잘못된 정보를 듣는다. 그들은 일정 기간 동안 그 학생들에게 몇 개의 과목을 가르친다. 그런 다음 이어진 시험에서 학생들의 성적은 늘 그들의 능력에 대한 교사의 잘못된 믿음을 반영한다는 것을 보여주었다. 마찬가지로 직원들의 성과가 리더들의 믿음을 반영하는 것도 사실이다. 직원들과 충분하게 협력하기 위해서는 직원들의 과거 성과가 아닌 그들의 잠재능력을 보아야 한다.

신뢰의 문화 만들기 ──────

리더가 직원들의 잠재능력을 인식하고 그들에게 그에 합당한 대우를 해주는 것의 중요성은 아무리 강조해도 지나치지 않다. 직원들이 자신의 숨겨진 잠재능력을 인식하고 스스로에 대한 믿음을 갖는 것 역시 중요하다. 우리는 더 잘할 수 있을 것이라고는 생각하지만 무엇을 할 수 있는지 정말로 알고 있을까? "그녀는 자신이 생각하는 것보다 훨씬 더 유능하지"와 같은 말을 얼마나 자주 하고 또 얼마나 자주 듣는가?

예를 들면 프레드는 자신이 잠재능력이 별로 없다고 생각한다. 그는 자신이 정한 능력 범위 안에서 일을 잘할 때만 안정감을 느낀다. 이것은 스스로를 껍질 안에 가두는 것이다. 그의 상사 루스는 프레드에게 껍질 안에 갇힌 능력만큼의 업무만 맡길 것이다. 그녀는 A 업무를 줄 것이다. 프레드가 그 업무를 잘해낼 것이라고 자신하고 실제로 잘 해낼 수 있기 때문이다. 하지만 B 업무는 프레드에게 주지 않을 것이다. 그 업무가 그의 능력 범위를 넘어선다고 보기 때문이다. 그녀가 그 업무를 프레드가 아니라 경력자 제인에게 준다면 일의 진행이 빠르고 서로 이해하기도 쉽겠지만, 그녀는 프레드의 껍질을 강화하거나 인정하는 셈이 된다. 그 껍질은 더 두껍고 단단해질 것이다. 프레드가 껍질 밖으로 과감하게 나오는 것을 도와주기 위해, 루스는 그에게 현실적으로 가능한 선에서 B 업무를 맡기고 그가 성공하도록 지원하거나 코칭해야 한다. 프레드에게 한계가 있다는 믿음을 거두고 그가 과거에 보여주었던 성과 이상을 해낼 수 있다고 믿어야 한다.

감성지능과 신뢰의 능력을 개발하는 것은, 잠재능력 측면에서 자신과 다른 사람들을 볼 수 있고 잠재능력 발휘를 방해하는 내부와 외부의 장애물을 처리할 수 있는 능력이다.

다음 활동의 세 가지 질문을 생각해보기 바란다. 질문을 읽은 후 바로 답을 적어보자.

활동 | 무엇이 당신의 잠재능력을 방해하는가?

1. 당신은 직장에서 얼마나 많은 잠재능력을 발휘하는가? 질문을 당신 마음대로 해석하고 그 퍼센티지를 적어라.
2. 당신의 잠재능력을 발휘하는 데 방해가 되는 것은 무엇인가?
3. 당신이 잠재능력을 발휘하는 데 방해가 되는 내부의 장애물은 무엇인가?

사람들은 직장에서 평균 몇 퍼센트의 잠재능력을 발휘하는가?

성과 향상을 위한 코칭 워크숍 대표자들의 개별 응답은 한 자리 수에서 80퍼센트까지 다양하지만, 첫 번째 질문에 대한 응답의 평균은 40퍼센트이다.

우리는 또한 사람들에게 그 수치를 뒷받침하는 증거가 무엇인지 물었다. 가장 일관성 있는 응답은 다음과 같았다.

- 나는 내가 훨씬 더 생산적일 수 있다는 것을 알고 있다.
- 사람들은 위기에 얼마나 잘 대응하는가.
- 사람들이 직장 밖에서 아주 잘하는 것들.

그 나머지 잠재능력을 발휘하는 데 장애가 되는 내부와 외부의 장애물은 무엇인가?

외부의 장애물로는 대체로 이런 것들을 꼽았다.

- 조직과 리더의 지배적 관리 방식
- 격려와 기회의 부족
- 회사의 규제적 구조와 관행

일관되게 내면의 장애물로 꼽은 것은 두려움이었다. 두려움은 실패의 두려움, 확신의 부족, 자기의심, 자신감 부족 등으로 표현되었다(그림 7). 내가 이 내면의 장애물이 사실이라고 생각하는 데에는 충분한 이유가 있다. 안전한 환경에서 사람들은 자신에 대한 진실을 말한다. 자신감 부족이 사실로 여겨지면 그들은 진짜로 자신감을 갖지 못하게 된다. 이에 대한 상식적인 대응은 직원들이 자신감을 쌓도록 모든 노력을 다하는 것이다. 직원들에게 맞춤형 코칭을 해주는 것이다. 하지만 많은 기업인이 관리 행동의 변화 필요성이 제기될 때 합리적으로 행동하지 못한다. 그들은 인적, 심리적 성과 향상을 채택하는 게 아무리 간단해도 그렇게 하기보다는 기술적, 구조적 해결을 희망하고 거기에 돈을 쓴다.

그림 7 | 잠재능력

| 우리는 보통 전체 잠재능력 중에서 얼마만큼을 발휘하는가? | 40% |
| 잠재능력 발휘를 막는 가장 큰 내부의 장애물은 무엇인가? | 두려움 |

코칭 사고방식 ————

성공적으로 코칭하기 위해서는 모든 사람들의 잠재능력에 대해 평소보다 훨씬 더 낙관적인 견해를 가져야 한다. 낙관적인 척하는 것으로는 충분하지 않다. 당신은 은연중에 당신이 정말로 믿는 것을 드러내기 때문이다. 사람들이 자신감을 쌓게 하려면 그들에 대한 생각을 바꿔야 한다. 그렇게 함으로써, 그들을 통제하고 싶은 욕구나 당신이 우월한 능력을 가지고 있다고 믿게 해 그들을 의존적으로 만들고 싶은 욕구를 놓을 수 있다. 아이들에게 가장 기억에 남고 신나는 순간은 기술이 필요한 게임에서 부모를 처음 이겼을 때이다. 그것이 바로 아이들이 어린 시절 부모가 가끔 게임에서 져주는 이유이다. 부모는 아이들이 그들을 따라잡기를 원하고, 그렇게 할 때 자랑스러워한다. 리더도 팀원들이 그렇게 할 때 아주 자랑스러울 것이다! 당신은 팀의 성과가 향상됨으로써, 그리고 그런 모습을 지켜보고 그들의 성장을 돕는 것에 만족함으로써 이익을 볼 수 있다. 하지만 리더들은 자신의 일, 권한, 신뢰성, 자신감을 잃지 않을까 걱정이 많다.

코칭 사고방식을 채택하는 것은 자신감을 찾는 데 도움이 된다

자신감을 쌓으려면 성공의 경험을 쌓는 것 외에 성공이 자신의 노력 덕분이라는 것을 알아야 한다. 또한 다른 사람들이 자신을 믿고 있다는 것을 알아야 한다. 즉, 스스로 선택하고 결정하도록 일이 맡겨지고, 허용되고, 격려되고, 지원받고 있다는 것을 알아야 한다. 그것은 설사 중요하지 않은 일이라도 똑같이 대우받고 있다는 것을 의미한다. 또 말이나 행동으로 깔보이거나, 지시받거나, 무시당하거나, 비난받거나, 위협받거나, 폄하되지 않는다는 것을 의미한다. 불행하게도 일반적으로 리더십 행동은 그런 부정적 측면이 많으며, 결국 직원들의 자신감을 떨어뜨린다고 받아들여진다.

사람들에 대한 생각은 태도로 나타나며, 그것을 말하지 않아도 그들에게 영향을 미친다. 이 분야에 대해서는 앨버트 메라비언의 연구가 가장 유명하다. 그는 언어를 통한 의사소통을 사람들이 신체, 목소리, 표정, 움직임을 통해 주는 무의식적 메시지와 비교해 그 상대적 효과성을 밝혔다. 그의 연구 결과는 매우 단순화된 기초 통계자료 되었다. 그는 감정과 태도와 관련해 다음과 같은 사실을 발견했다.

- 메시지의 7퍼센트가 언어를 통해 전해진다.
- 메시지의 38퍼센트가 말하는 방식, 이를테면 목소리와 리듬을 통해 전해진다.
- 메시지의 55퍼센트가 표정을 통해 전해진다.

다음 활동을 통해 여러 가지 사고방식을 탐구하고 경험해보라.

활동 | 다양한 사고방식을 경험해보라

3분 동안 아무에게 방해받지 않을 곳을 찾아라. 당신과 규칙적으로 함께 일하는 사람을 생각해보라. 그런 후 다음과 같은 사고방식을 차례로 가져보라. 다음 생각으로 넘어가기 전에 각 사고방식에 가능한 한 오랫동안 머물러 있어라. 그리고 마음속에서 어떤 반응이 일어나는지를 보라.

1. 나는 이 사람이 문제라고 생각한다.
2. 나는 이 사람이 문제를 가졌다고 생각한다.
3. 나는 이 사람이 배우는 과정에 있으며, 능력이 있고 창의력이 풍부하고 잠재능력으로 가득하다고 생각한다.

세 가지 서로 다른 사고방식에 대해 무엇을 알았는가?
서로 다른 사고방식은 당신에게서 어떤 다른 기분이나 감정을 일으켰는가?
각각의 경우 그 사람의 잠재능력에 대해 무엇을 믿었는가?
당신의 태도는 어떻게 바뀌었는가?
당신은 매일 어떤 사고방식을 채택하는가?

거의 모든 개인적 상호작용은 감정과 태도를 수반하며, 사람들은 리더의 말에서 겉으로 드러나지 않은 감정과 의미를 읽어낸다. 그래서 리더는 자신이 정말로 생각하고 있는 것을 인식하는 것이 중요하다. 그다음에는 태생적인 회의주의적 또는 염세주의적 인생관을 의도적으로 긍정적 인생관으로 바꿔야 한다.

먼저 당신은 색안경을 선택하듯이 사고방식을 선택하고 싶을 것이다. 당신은 자신과 다른 사람들과 세계를 한 가지 색깔의 색안경을 통해 보는 것이 아니라 많은 색깔의 색안경을 통해 보게 된다. 왔다가 사라지는 색깔도 있고 영원히 머물러 있는 듯한 색깔도 있다. 이 사실을 인식하는 순간 당신은 상황을 통제할 수 있고, 자기관리를 할 수 있고, 코칭 사고방식을 채택하는 의식적인 결정을 내릴 수 있다.

당신은 사람들이 능력 있고, 창의력이 풍부하고, 잠재력이 가득하다는 사고방식을 채택해야 한다. 그것이 코칭 사고방식의 본질이다. 그 사고방식은 그들에게 자신감을 주고, 스스로 동기부여가 되게 하고, 지속적으로 성공할 수 있게 할 것이다. 이러한 사고방식을 가질 때, 그들이 자신 있게 선택하고 성과와 성공에서 즐거움을 찾도록 코칭할 수 있다.

코칭의 기본목표는 업무나 문제의 내용과는 상관없이 언제나 자신감을 키워주는 것이다. 리더가 이러한 원칙을 마음속에 새기고 진심으로, 지속적으로 그렇게 행동하면 관계 개선과 그에 따른 성과 향상에 놀라게 될 것이다. 팀원들의 자신감을 어떻게 키워줄지 생각해보라.

의도 ————

업무관계나 미팅 또는 프로젝트의 성공에 의식적으로 영향을 줄 수 있는 또 다른 방법은 의도성이다. 동료나 팀 전체와 짧은 대화를 원하든, 공식적인 코칭이나 성과평가 미팅을 계획하든, 그 미팅의 의도를 설정해야 한다. 미팅의 결과에 대한 의도가 명확할수록 성공적인 미팅이 될 것이다. 의도란 '중간에 아무 일 없다면, 실현할 수 있는 꿈'이라고 정의할 수 있다. 의도는 분명하고 구체적으로 정하는 것이 중요하다. 그것이 행동의 지침이 되기 때문이다. 다음 활동을 통해 이 기술을 연습해보기 바란다.

활동 | 당신의 의도를 정하라

미팅에 앞서 2분 동안 다음 질문에 대답하며 당신의 의도를 정하라.

• 미팅에서 기대 이상의 결과를 얻으려면 미팅을 어떻게 해야 하는가?

미팅, 사람들, 당신 자신에 대해 제한적인 생각을 놓아버리고 상상할 수 있는 최고의 미팅을 꿈꿔라. 긍정적 결과에 초점을 맞추고 이를 말했다면 미팅의 의도는 정해진 셈이다. 미팅을 마친 후에 당신의 의도를 다시 점검하고 그것이 미팅에서 어떻게 나타났는지 확인하라. 이 활동이 자연스러워질 때까지 이것을 연습하라.

의식적인 업무 약정 ————

의식적으로 업무환경을 조성할 때 생산성이 높아지고 창의력이 발휘되며 팀워크가 향상된다. 업무관계에서 협력이 이루어지려면 정해진 틀이 아니라 의식적으로 창조된 분명한 기대와 합의에 기반해야 한다. 우리는 역할, 책임, 공통의 목표, 최적 업무계약을 분명하게 정하지 않고 성급하게 프로젝트를 시행하거나 새로운 업무관계로 들어가는 경우가 많다. 함께 노력하는 방법을 의식적으로 찾으려고 할 때, 성공하겠다는 분명한 의도를 가지고 이러한 업무관계에 접근할 수 있다. 처음부터 의식적이고 의도적인 업무관계를 설계할 때 협력과 고성과의 필수요소인 존중과 신뢰가 형성되고 합의가 이루어진다.

시한이 촉박할 때는 이런 과정을 모두 생략하고 싶은 유혹을 받을 수 있다. 우리는 그런 습성에 중독되어 있기 때문에, 관계에 의식적이고 의도적으로 접근할 시간을 갖지 못하는 건 지극히 당연하다. 하지만 몇 번만 그렇게 해보라. 그 다음엔 그렇게 하지 않으면 불안해질 것이다.

사람들은 상황에 대해 서로 다른 가정을 한다. 그 가정에 대해 토의하지 않고 팀을 이끌어간다면 부정적인 영향을 피하기 어려울 것이다. 새 팀원과 함께 다음 활동을 해보라. 또는 이미 함께 일하고 있는 사람과 관계를 새롭게 재정립하는 시도로 이 연습을 해보라. 그룹을 강한 팀으로 만들기 위해서도 이 활동을 할 수 있다. 완벽을 기하기 위해 이 책 뒷부분의 코칭 질문 툴키트에도 질문을 실었다(질문 가방 2).

활동 | 당신의 업무 약정을 의식적으로 설계하라

다음 질문들을 생각해보라.

- 우리가 꿈꾸는 업무관계 · 성공적인 업무관계는 어떤 모습일까?
- 악몽 같은 최악의 업무관계는 어떤 모습일까?
- 그 꿈 · 성공을 이루기 위해 함께 협력하는 최선의 방법은 무엇인가?

- 악몽 같은 최악의 상황을 피하기 위해 무엇에 신경 써야 하는가?
- 상대방에게서 어떤 허락을 원하는가?
- 상황이 어려울 때 무엇을 하는가?

이것은 수정 보완할 수 있는 약정이다. 그래서 시간이 지나면 다음과 같은 측면들을 확인해 합의 내용을 다시 검토하고, 필요하면 다시 설계하는 것이 중요하다.

- 무엇이 제대로 되고, 무엇이 제대로 되지 않고 있는가?
- 보다 효과적이고, 생산적이고, 긍정적인 관계를 위해 무엇을 바꿔야 하는가?

허락 ————

협력관계와 협동을 유지하는 또 하나의 핵심요소는 허락을 받는 것이다. 허락은 신뢰와 확신을 강화하고, 개인적 반응의 차이를 존중하며, 주의를 집중시키고, 오해의 발생을 막아준다.

좋아하고 신뢰하는 사람과 대화할 때는 말이나 신체언어로 자연스럽게 허락을 구한다. 이를테면 "우리가 이것을 하면 어떨까요?"라고 질문하는 것이다. 갈등을 빚고 있거나 위협을 느끼고 있는 사람과 대화할 때는 허락을 받지 않는 경향이 있는데, 아마 "우리는 이것을 해야 한다고 생각합니다"라고 말할 수 있을 것이다.

의식적인 업무약정서에도 허락 사항이 포함되지만, 코칭에서도 허락은 반드시 필요하다. 우리는 종종 우리에게 좋은 제안이나 제공할 가치가 있는 경험이 있다고 생각한다. 그리고 그것을 제공할 때 성급하게 "당신이 꼭 해야 하는 건데"라고 말하거나 "나도 같은 문제가 있었는데 이렇게 해결했어요"라고 말한다. 그런 생각을 멈추고, 자신이 알고 있는 것을 나눠도 되는지 물어보라. "내가 성공한 방법을 애기해주면 도움이 되겠습니까?"

허락을 청하는 것의 또 한 가지 이점은 특히 미팅에서 사람들이 귀를 기울이게 만든다는 것이다. "거기에 추가 말씀을 드려도 될까요?"라는 간단한 질문은 두 가지 이유로 사람들이 당신의 말을 주의 깊게 들도록 해준다.

- 허락을 요청함으로써 상대방에게 상황 통제권을 넘겨준다.
- 상대방의 말에 대해 추가할 말이 있다고 제안함으로써 그 사람의 말을 확인한다.

직원들이 코칭 방식에 익숙하지 않으면, 리더십 스타일을 바꾸기 전에 이렇게 허락을 얻는 것이 그들의 동참을 얻어내는 데 도움이 될 것이다.

"우리의 업무 방식에 새로운 코칭 접근법을 사용할 것입니다. 달라지는 건 질문이라는 점을 알아주기 바랍니다. 나는 여러분의 생각을 알아내기 위해 더 많은 질문을 할 것입니다. 여러분, 준비됐습니까?"

이 책 끝에 실려 있는 코칭 질문 툴키트의 질문 가방 3을 보라. 허락을 요청하는 여러 가지 방법이 나와 있다. 그 방법들을 협력관계에 사용해보라. 다른 사람과 관련한 어떤 일을 하거나 자신의 경험이나 관점을 이야기할 때는 먼저 허락을 받는 것이 신뢰와 친밀한 관계 유지에 좋다. 무엇보다도 균형 있는 관계를 유지시켜줄 것이다.

비판적 자세를 버리고 호기심을 가져라 ────────

협동이란 말은 어떤 조직에서는 흔한 말에 지나지 않을 수 있다. 상황이 어려울 때 사람들은 비판과 비난에 의존하기 쉽다. 우리는 2장에서 이것이 관계에 얼마나 해를 입히는지 이야기했다. 우리에게 필요한 것은 비판적 태도가 아니라 호기심이다. 상황이 어려울수록 비판적 태도보다는 호기심을 가져야 협력관계와 협동에 실패하지 않을 수 있다. 호기심을 갖는 것은 그 밖에도 여러 가지 이점이 있다. 리더가 호기심을 가지고 상황에 접근할 때 그는 완전히 새로운 관점, 즉 자신과 함께 일하는 사람의 관점을 접할 수 있다. 이것은 리더와 직원 모두 학습과 발견의 기회가 되고, 궁극적으로 방향을 일치시킨다. 성과에 대한 관점을 공유하는 것을 피드백과 지속적인 학습의 핵심이라고 할 수 있는데, 13장에서 자세하게 다룰 것이다.

다른 사람의 성과를 판단하는 것만이 문제는 아니다. "나에 대해서는 내가 가장 혹독한 비판자야"라는 말을 얼마나 많이 들었는가? 우리는 다른 사람들에게 냉정한 비판자가 될 수 있지만, 종종 자기 자신에 대해 훨씬 더 혹독하다. 자기 내면의 비판적 소리를, 골웨이 식으로 표현하면 '자기 머릿속의 적'을 인식하고 관리하는 것은 코칭의 기본이다. 판단과 비판이 없는 환경에서는 실수로부터 배울 수 있고, 기꺼이 새로운 일에 도전할 수 있다. 코칭 정신은 긍정적이고 의욕을 고취시킨다. 지금까지 잘한 것과 과거로부터의 학습, 그리고 미래에 가능한 최고의 성공에 이르는 길을 조명한다.

판단, 비판, 시정은 사람들을 방어적으로 만든다. 이러한 것들은 비난으로 이어진다. 판단이나 비난에 대한 두려움은 협력과 고성과의 가장 큰 장애물이다. 11장과 13장에서는 판단과 흠잡기에서 벗어나 설명과 객관성을 취하는 것에 대해 자세하게 얘기할 것이다.

지금까지 코칭과 감성지능의 관계를 살펴보았다. 그리고 코칭 스타일은 사람들이 잠재능력을 끌어내기 위해 필요한 자신감을 키워주고 스스로 동기부여를 하도록 하는 것이라고 말했다. 다음 장에서는 높은 성과가 깊은 자각과 책임에서 나온다는 코칭의 기본원칙에 대해 살펴볼 것이다.

6   자각과 책임: 학습 활성화하기

코칭의 본질은 자각과 책임을 불러일으키는 것이며
그것은 자연스러운 깨달음을 가져다준다.

자각과 책임은 성과를 결정짓는 핵심요소이다. 400미터 허들선수로
1968년 올림픽 금메달리스트인 나의 동료 데이비드 에머리는《스포츠
잘하기》를 저술하기 위해 20개 이상 스포츠 종목의 세계 최고의 선수
63명을 조사했다. 그 결과 분야별로 상당한 편차가 있기는 했지만 자각
과 책임이 모든 스포츠에서 공통적으로 가장 중요한 태도 요소로 나타
났다. 마음가짐 혹은 심리상태는 모든 종류의 활동에서 핵심적인 요소
이다. 이들 각 측면의 의미를 살펴보자.

승리하는 마음 ─────

과거의 코치들은 스포츠 코칭에서 해당 스포츠에 상응하는 기술적 능
력과 신체단련에 주력했다. 보편적으로 마음은 그렇게 중요한 요소로

인식되지 않았다. 마음은 타고나는 것이므로 코치가 거기에 대해 할 수 있는 일은 거의 없다고 생각했다. 하지만 틀렸다! 코치들은 선수들의 심리상태에 영향을 미칠 수 있었고, 실제로 미쳤다. 자기도 모르는 사이에 전제적인 훈련 방법과 기술에 대한 집착으로 주로 부정적인 영향을 미쳤다.

코치들은 선수들에게 해야 할 것을 말해줌으로써 선수들의 책임을 인정하지 않았다. 선수들의 자각 능력을 인정하지 않고 자기들이 본 것을 말해줄 뿐이었다. 선수들에게 책임감을 부여하지 않았고 그들의 자각 능력을 말살했다. 일부에서 이른바 코치라는 사람들이 여전히 그런 짓을 하고 있고, 많은 리더들 역시 마찬가지이다. 그들은 선수나 직원의 성공은 물론 그들의 한계를 정하는 데에도 관여한다. 문제는 여전히 그런 방식으로 어느 정도의 성과를 얻고 있다는 것이다. 그래서 새로운 방법을 시도하겠다는 마음이 생기지 않으며, 다른 방법으로 성취할 수 있는데도 그것을 전혀 믿으려고 하지 않는다.

최근에는 스포츠 분야에서 많은 변화가 일어났고, 최고를 지향하는 대부분의 팀들이 선수들의 심리훈련을 위해 스포츠 심리학자들을 고용하고 있다. 하지만 코치가 낡은 코칭 방법을 바꾸지 않는다면 무심코 심리학자의 노력을 부정할 것이다. 성과 향상을 위해 이상적인 심리상태를 유지하는 가장 좋은 방법이 있다. 매일 연습과 기술습득 과정을 통해 지속적으로 자각 능력과 책임감을 기르는 것이다. 그러기 위해서는 코칭 방법에 변화가 일어나야 한다. 지도하는 방식에서 코칭하는 방식으로 바뀌어야 한다. 자각과 책임감을 불러오는 코칭은 단기적으로는 하나의 업무를 완수하는 데 효과가 있고, 장기적으로는 삶의 질을 향상시키는 데 도움이 된다.

코치는 문제해결사도, 상담사도, 선생님도, 조언자도, 강사도, 전문가도 아니다. 의견을 듣는 사람, 퍼실리테이터, 자각을 일으키는 사람, 지원해주는 사람이다. 이런 말들이 코치의 역할이 무엇인지 이해하는 데 도움이 될 것이다.

자각 ————

코칭의 첫 번째 핵심요소는 자각이다. **자각**은 주의력과 집중력과 이해력의 산물이다. 옥스퍼드 콘사이스 사전의 정의에 따르면, 자각은 '의식하고 있는', '모르지 않는', '알고 있는'을 의미한다. 나는 그보다는 웹스터 사전의 정의가 더 마음에 든다. '자각은 보고 듣고 느끼는 것을 조심스럽게 관찰하거나 해석하여 어떤 것을 알고 있는 것이다.'

코칭의 원칙은 자각 능력을 높이는 것이다. 우리는 알고 있는 것에만 대응할 수 있다. 모르는 것에 대해서는 대응하지 못한다. 골웨이가 이너 게임

> 나는 내가 알고 있는 것만 통제할 수 있다. 내가 알지 못하는 것은 나를 통제한다. 자각은 우리를 강화시킨다.

으로 입증했듯이, 무언가에 대한 인식이 우리의 타고난 학습능력을 깨워준다. 그 첫 번째 단계는 자각하는 것이다.

사람에 따라 시력이나 청력이 좋을 수도 있고 나쁠 수도 있듯이 자각 능력에도 정도의 차이가 있다. 사람들은 보통 시력이나 청력은 양호한 편이지만 일상의 자각 능력은 낮은 편이다. 그런데 돋보기나 확성기로

시력과 청력을 정상보다 높일 수 있는 것처럼, 자각 능력도 약에 의존하지 않고 주의집중 연습을 통해 상당 수준으로 높일 수 있다. 자각 수준이 올라가면 돋보기를 사용할 때처럼 보통 이상으로 분명하게 지각할 수 있다. 자각 능력에는 시력과 청력이 포함되지만 그 범위는 훨씬 더 넓다. 그것은 관련된 사실과 정보를 수집하고 분명하게 인식하는 것이며, 관련성을 찾는 능력을 개발하는 것이다. 그 능력은 시스템, 역학 관계, 사물과 사람의 관계를 이해하는 것과 함께 사람들의 심리를 이해하는 것도 포함한다. 또한 자기 인식, 특히 감정과 욕구가 자신의 지각을 언제 어떻게 왜곡하는지를 인지하는 능력도 포함한다.

예를 들면 기분 나쁜 상태로 하루를 시작하면 우리는 직장에서 '부정적 색안경'을 끼고 동료에게 무례하게 행동할 것이다. 그러면 동료 역시 우리를 부정적으로 대하고 관계가 악화될 것이다. 하지만 자신의 상태를 자각하면 나쁜 기분을 떨쳐버리는 선택을 하여 동료에게 불쾌하게 대하지 않을 수 있을 것이다.

자각은 기술을 낳는다

신체기술을 개발할 때는 신체감각을 자각하는 게 중요하다. 예를 들면 대부분의 스포츠에서 개인의 신체적 효율성을 높이는 가장 효과적인 방법은 선수가 경기 중에 신체감각을 자각하게 만드는 것이다. 테크닉만 가르쳐온 스포츠 코치들 대부분은 이 사실을 알지 못한다. 운동감각에 대한 자각이 한 동작에 집중될 때 그 동작의 불편함과 비효율은 줄어들었다가 곧 사라진다. 그 결과 순간 몰입도가 높아지고 효율성이 증가한다. 중요한 점은 그 자각이 '평균적' 신체가 아닌 선수 자신의 신체에 맞춰진다는 것이다.

교사와 강사, 리더들은 그들이 배운 방식 또는 '책'에 나와 있는 방식으로 하라고 가르칠 것이다. 다시 말해서 그들은 학생과 직원에게 그들의 방법을 가르침으로써 전통적 방식을 영속화시킨다. 어떤 일을 할 때 표준 방식이나 '옳은' 방식을 배워서 사용하면 처음에는 성과가 나타난다. 하지만 직원들이 개인적으로 선호하는 방식과 특징은 억압된다. 직원들은 리더를 의존하는 것에서 벗어나지 못하고, 그것은 결국 리더의 자만심을 부추기며 리더에게 권력에 대한 환상을 심어준다.

자각을 깨우는 코칭은 각 개인의 고유한 신체적, 정신적 특징을 드러내주고 돋보이게 하는 동시에 다른 사람의 지시 없이도 발전할 수 있는 능력을 키워주며, 할 수 있다는 확신을 심어준다. 코칭은 자립심, 자신감, 확신감, 책임의식을 길러준다. '여기에 도구들이 있으니 네가 스스로 해결책을 찾아보라'고 하는 것과 코칭을 혼동하지 말아야 한다. 사람들은 자각수준이 비교적 낮다. 뜻대로 하도록 내버려두면 우리는 바퀴를 다시 발명하거나, 나쁜 습관으로 굳어질 수 있는 불완전한 방법을 개발하는 데 평생을 보낼 것이다. 그래서 최소한 우리가 지속적인 자기계발과 자기 발견이 가능할 때까지는 자각 능력을 키워주는 코치의 도움이 절대적으로 필요하다.

마음이나 신체가 똑같을 수는 없다. 그런데 내가 어떻게 당신에게 신체능력을 최대한도로 이끌어내는 방법을 말해줄 수 있겠는가? 그 방법은 자각을 통해서만 발견할 수 있다.

어떤 자각 능력을 개발해야 하는지는 분야에 따라 다르다. 각 활동은 신체의 각 부분과 맞물려 있다. 스포츠는 기본적으로 신체활동이지만 일부 스포츠는 시각적 요소가 강하다. 음악가는 고도의 청각 능력을 필요로 한다. 조각가나 마술사에게는 섬세한 촉각 능력이, 기업가에게는 기억력과 사람 인식 능력이 요구된다. 아마 다른 분야의 사람에게는 또 다른 능력이 요구될 것이다.

판단하지 않고 자각하는 것에는 치유력이 있다. 신경과학에서는 이를 생물학적으로 설명한다. 뇌파는 다양한 진동주파수를 가지고 있으며, 뇌 속의 뉴런 사이에서 상호작용을 일으킨다. 뇌파는 고주파에서 저주파에 이르기까지 네 개의 패턴이 있다. 우리가 직장에서 일할 때는 주로 알파파와 베타파가 나온다. 우리의 자각은 외부의 인지적 업무를 향한다. 자각 능력을 높이고 내면의 잠재능력에 접근하기 위해, 우리는 델타파와 세타파 같은 다른 차원의 뇌파에 마음대로 접근할 수 있어야 한다. 결국 아인슈타인이 말했듯이 "문제를 일으킬 때 가졌던 사고방식으로는 문제를 해결할 수 없다." 우리는 자각을 통해 많은 이익을 얻을 수 있다. 무엇보다도 자각 능력을 높임으로써 자신의 목적을 더 쉽게 발견하고 그 목적에 연결될 수 있다.

자각 능력을 개발하는 방법으로 명상을 적극 권장하고 싶다. 나의 동료 지타 벨린의 명상법은 전 세계 기업에 변혁을 일으켰다. 그 명상법은 리더들이 고성과의 정신을 얻게 하기 위해 고안한 것이다. 그 방법을 우리 웹사이트에 올려놓았다.

자각은 간단한 연습과 적용 그리고 코칭을 통해 짧은 시간 내에 생겨난다. 아마 다음과 같은 일반적인 정의와 관련시키는 것이 더 쉬울 것이다.

- 자각은 주위에서 일어나고 있는 일을 아는 것이다.
- 자기의식은 자신이 경험하고 있는 일을 아는 것이다.

우리는 어떤 것을 자각함으로써 그것을 바꿀 수 있다. 심지어 노력할 필요도 없다. 말하고 걷고 자전거 타는 법을 배우는 것처럼 타고난 학습 시스템이 새로운 정보에 자연스럽게 반응하고 적응한다. 샤워 중에 멋진 아이디어가 떠오르는 것은 그 때문이다. 그들은 바쁜 베타파를 중단하고 다른 뇌파에 접근하여 유레카를 외쳤던 것이다.

인풋

또 다른 용어 '인풋Input'이 자각의 의미를 이해하는 데 도움이 될 것이다. 인간의 모든 활동은 인풋(입력되는 정보)-처리-아웃풋(출력되는 정보)로 귀결된다.

예를 들면 차를 운전하며 출근할 때 우리에게는 수많은 정보가 입력된다. 다른 차량들의 움직임, 도로 상태와 날씨, 속도 변화와 공간 관계, 엔진 소리, 계기판과 신체의 편안함, 긴장, 피로 등의 형태로 인풋이 이루어진다. 우리는 이 입력정보들을 환영할 수도 있고, 거부할 수도 있고, 충분하게 이해할 수도 있고, 세밀한 부분까지 받아들일 수도 있고, 주요 요소를 제외하고는 이해하지 못할 수도 있다.

또, 라디오를 들으면서 운전하고 있다는 것을 의식적으로 자각할 수도 있고, 무의식적으로 안전운행에 필요한 정보를 얻을 수도 있다. 어느 경우든 정보를 받아들이고 있는 것이다. 능숙한 운전자라면 질 높은 정보를 많이 얻을 것이다. 그 인풋은 정확하고 구체적인 정보를 제공할 것이며 운전자는 적절한 아웃풋을 생산하기 위해, 즉 도로 위에서 차의 위치와 속도를 결정하기 위해 그 정보를 처리하고 그 정보에 따라 행동할 것이다. 그러나 아무리 입력정보를 잘 처리하고 그에 따라 올바르게 행동해도 출력정보의 질은 입력정보의 질과 양에 의해 결정될 것이다. 자각 능력을 기르는 것은 입력정보 수용기의 반응성을 강화하며, 종종 우리의 감각을 조율하고 두뇌활동을 촉진시킨다.

높은 성과를 올리려면 높은 자각 능력이 필요하지만, 다행히도 우리는 '그럭저럭 지낼 수 있을 수준'까지 자각 수준을 지속적으로 낮춰주는 메커니즘을 가지고 있다. 그것이 다행이 아니라 불행인 것처럼 들리겠지만, 사실은 정보의 과부하를 막기 위한 불가피한 조치이다. 단점은 우리의 자각 수준과 함께 일하는 사람들의 자각 수준을 모두 끌어올리지 않으면 가장 낮은 수준의 아웃풋만 나온다는 것이다. 코치가 할 일은 필요한 영역에서 적절한 수준으로 자각 수준을 끌어올리고 유지하는 것이다.

나는 자각을 **유용한 고품질의 인풋**으로 정의한다. 그 정의 앞에 '**자동 생성되는**'이라는 말도 덧붙일 수 있겠다. 하지만 인풋은 자동 생성되지 않으면 고품질이 될 수 없으므로 그 말 안에 이미 자발적 생성이라는 의미가 내포되어 있다. 우리가 무언가에 참여할 때는 그 참여행위 자체에 의해 인풋의 품질이 결정된다. 내가 "저 꽃은 빨간색이다"라고 하는 말의 영향력과 "저 꽃은 무슨 색인가?"라고 물을 때 얻는 반응을 비교해보라. 질문할 경우 우리는 꽃을 보게 된다. 만일 어떤 색이냐고 묻는다면 더 좋을 것이다. 코칭받는 사람의 관심을 어디로 돌려야 하는지 알고 싶다면 그 사람에게 어떤 것이 가장 유용한지 알아야 한다.

이 예에서 코칭받는 사람이 색맹이라면 꽃의 모양을 물어봐야 할 것이다. 전자는 일반적인 꽃의 이미지를 전달하는 반면, 후자는 특정한 순간에 수많은 빨간색의 색조 속에서 나타난 구체적인 식물의 이미지를 전달한다. 그것은 그 순간에만 나타나는 이미지다. 15분 후 해의 위치가 바뀌면 그 이미지는 달라진다. 이처럼 자동 생성되는 인풋은 무한하고, 찰나적이고, 현실적이다.

자각의 특징을 보여주는 또 다른 말은 피드백이다. 다른 사람들의 피드백이 아니라 주변 환경, 우리의 신체, 행동, 우리가 사용하는 장비 등에서 얻는 피드백이다. 고품질 피드백 또는 인풋을 받으면 자연스럽게 변화가 뒤따른다.

실제로 자각 능력을 높일 때 어떻게 다양한 선택을 할 수 있는지(책임도 생긴다) 살펴보도록 하자. 휴대전화를 무음으로 해놓고, 편안하고 느긋한 상태에서 코칭 질문 툴키트(질문 가방 1)의 자기코칭 연습 질문들을 생각해보라. 질문에 대한 답을 적는 데 20분 정도 걸릴 것이다. 자기코칭 활동을 마칠 동안, 그 질문에 대답하기 위해 다른 뇌파에 접근할 때 이전보다 생각이 더 많이 나는 것을 느낄 수도 있을 것이다. 목표에 더 가까이 다가가기를 기대한다. 당신은 자신에게 올바른 질문을 하고 그 답을 들음으로써 해결책을 찾는 경험을 했기 때문에 성장했다는 느낌이 들 것이고 확신도 커질 것이다. 그 질문들은 자각 능력을 높이는 데 도움을 줌으로써 당신이 목표 달성에 책임을 지도록 해준다. 자신의 해결책을 생각해냈다는 사실만으로도 목표를 달성할 수 있다는 확신은 커질 것이다.

책임 ————————

코칭의 또 하나의 핵심개념 또는 목표는 책임이다. **책임**은 성과와 직결
된다. 우리의 생각과 행동에 대한 책임을 진정으로 받아들일 때 책임감이
생겨나고 성과도 높아진다. 반면에 명령이나 지시로 책임이 주어질 때는
그 책임을 전폭적으로 받아들이지 않는 한 성과가 올라가지 않는다.

　물론 우리는 책임을 다하기는 할 것이다. 책임을 다하지 않으면 불이
익을 당할 수도 있기 때문이다. 그러나 불이익을 피하기 위해 하는 일
에서는 높은 성과를 기대하기 어렵다. 우리의 선택으로 책임을 받아들
일 때 진정한 책임감이 생긴다.

　두 가지 예를 살펴보자.

비난

당신이 원하지 않는데 내가 조언을 해주었고 당신이 나의 조언대로 행
동했는데 실패했다면 어떻게 하겠는가? 당신이 나를 탓한다면 그것은
책임이 누구에게 있는지 단적으로 보여준다. 나는 나의 조언을 당신의
책임과 맞바꿨다. 그것은 좋은 거래가 아니다. 실패가 나의 잘못된 조언
때문일 수도 있지만 당신의 책임감 결여 때문일 수도 있다. 직장에서
조언이 명령으로 바뀔 때 직원들은 아무런 책임감도 느끼지 못한 채 분
노를 표출하거나, 은밀한 태업을 하거나, 명령과 반대되는 행동을 할 수
있다.

　"당신은 내게 선택권을 주지 않았고, 나의 자존감에 손상을 입혔습니
다. 책임감을 느끼지 못하는 행동으로 손상된 자존감을 회복할 수 없으

므로 나는 당신에게 해가 되는 행동을 하고 거기에 대해 응분의 책임을 질 것입니다. 물론 그 행동으로 나도 피해를 입겠지만 적어도 나는 복수를 하는 것이지요!"

과장이라고? 그럼 고용주에게 종종 그런 식으로 대응한다고 인정한 직원들이 수백만 명이나 된다는 사실을 어떻게 설명하겠는가?

선택

스스로 선택한 책임과 강요된 책임 간에 책임의식 수준이 얼마나 다른지 보여주는 예를 또 한 가지 들겠다. 건설노동자들이 지시를 받고 있는 상황이다.

"피터, 가서 사다리 갖고 오게. 헛간에 있어."

만일 피터가 헛간에서 사다리를 찾지 못한다면 그는 돌아와서 이렇게 말할 것이다.

"헛간에는 사다리가 없습니다."

그런데 이번에는 "사다리가 필요한데 헛간에 있어. 누가 좀 갖다 주겠는가?"라고 요청한다면 어떻게 되겠는가? 피터는 "내가 가죠"라고 대답하고 헛간에 가보지만 사다리가 없다. 그는 어떻게 할까? 아마 다른 곳을 찾아볼 것이다. 왜? 책임감을 느꼈기 때문이다. 그는 사다리를 찾고 싶어한다. 그는 자기 자신을 위해, 자신의 자존감을 위해 사다리를 찾을 것이다. 두 상황에서 다른 점은 피터에게 선택권을 주었고 그는 거기에 반응했다는 점이다.

우리의 한 고객사가 노사관계에 어려움을 겪었다. 나는 노사관계를 개선하기 위해 매장관리자들을 대상으로 강좌를 개설했다. 회사 측은 이 강좌가 대단하다고 소문을 냈지만, 참가자들은 회사 측 의도를 의심하고 방어적 태도를 취했으며 심지어 처음부터 거부반응을 보이기도 했다. 나는 직원들이 회사 고위층의 지시에는 무조건 저항한다는 사실을 알았다. 그래서 그들은 교육에 참가하라는 지시를 받았을 때 거부반응을 보였던 것이다.

나는 이 비생산적인 상황을 타개하기 위해 그들에게 교육 참가와 관련해 어느 정도의 선택권이 주어졌는지 질문했다.

"전혀 없었습니다."

모두가 한 목소리로 대답했다.

"그럼 이제 여러분에게 선택권을 주겠습니다. 여러분은 회사에 대한 의무를 다했습니다. 여기 이렇게 참가했으니까요. 축하합니다! 이제 어떻게 할지 여러분이 선택하십시오. 앞으로 이틀을 어떻게 보내고 싶습니까? 여러분은 열심히 배울 수도 있고, 참가를 거부할 수도 있고, 집중하지 않을 수도 있고, 건성으로 참가해도 좋습니다. 좋을 대로 하십시오. 여러분이 원하는 것을 한 문장으로 적어보십시오. 원한다면 그것을 아무에게도 알리지 않아도 좋고, 옆 사람에게 이야기해도 좋습니다. 여러분이 어떻게 하든 나는 알 필요가 없고 여러분의 상사에게도 알리지 않을 것입니다. 선택은 여러분의 몫입니다."

말을 마치자 갑자기 분위기가 달라졌다. 모두 안도의 한숨을 내쉬었고 활기를 띠기 시작했다. 관리자 거의 대부분 적극적으로 참여했다. 선택과 책임은 이처럼 기적과 같은 일을 만들어낼 수 있다.

> 자신감, 자기 동기부여, 선택, 분명한 이해, 헌신, 자각, 책임 그리고 행동은 모두 코칭의 산물들이다.

이 간단한 예들은 성과를 얻는 데 선택이 얼마나 중요한지를 분명하게 보여준다. 성과는 책임감에서 시작한다. 코칭받는 사람이 책임감을 느끼지 못하면 성과를 얻을 수 없다. 어떤 일에 책임을 맡으라고 지시한다면, 지시받은 사람은 그 일에 대해 책임감을 느낄 수 없다. 그들은 실패를 두려워하고 실패하면 자책할 것이다. 책임감을 느끼는 사람은 그렇게 하지 않는다. 책임감은 선택에서 나오며 선택은 다시 질문을 요구한다. 다음 장에서는 코칭 질문법에 대해 살펴볼 것이다. 이번 활동은 자각과 책임감을 불러오는 데 무엇이 도움이 되는지 생각해보는 활동이다.

활동 | 자각과 책임감 불러오기

1. 자각과 책임감을 불러오는 데 능숙한 직장동료 한 사람을 생각해보라. 그들의 행동에서 무엇을 배울 수 있는가?
2. 동료들의 자각과 책임감을 불러오기 위해 어떤 강점을 계발하고 싶은가?

자각과 책임감 결합하기

그림 8은 리더들이 자각과 책임의 원칙에 따라 코칭을 할 때 조직이 광범위하게 얻는 이익의 다양한 측면을 정리해놓은 것이다. 위에서 아래로 향하는 화살표는 고성과에 이르는 효과의 순서를 나타낸다.

그림 8 | 코칭 리더십의 이익

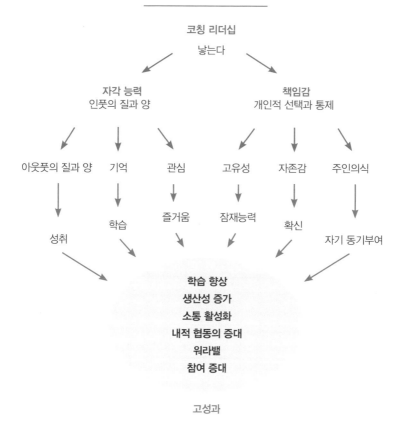

전문가로서의 코치 ─────

코치에게 코칭받는 사람이 종사하는 분야의 경험이나 전문지식이 필요한가? 아니다. 코치가 정말로 코칭받는 사람의 자각 능력을 높여주는 한 그런 경험이나 지식은 필요하지 않다. 그러나 만일 코치가 코칭받는 사람의 잠재능력과 책임감의 가치에 대한 확신이 부족하면 그 분야에 대한 전문지식이 필요하다고 생각할 것이다. 내가 하고 싶은 말은 전문가의 인풋이 필요하지 않다는 게 아니라 부족한 코치일수록 전문지식을 과도하게 사용해서 코칭의 가치를 떨어뜨린다는 것이다. 인풋이 제공될 때마다 코칭받는 사람이 느끼는 책임감은 약화된다.

지식의 함정

이상적인 코치라면 전문지식도 풍부할 것이다. 그러나 전문지식을 가진 코치가 코칭을 잘하려면 자신의 전문지식을 억제해야 하는데, 그것은 대단히 어려운 일이다. 테니스를 예로 들어보겠다. 오래전에 몇몇 테니스 강좌에 사람들이 너무 많이 몰려서 테니스 코치가 부족한 적이 있었다. 우리는 스키 코치 두 명을 데려와서 테니스 코치 복장을 하게 하고 라켓을 겨드랑이에 끼게 한 다음 어떤 상황에서도 라켓을 사용하지 않겠다는 약속하에 코칭을 하도록 했다.

예상한 대로 그들은 테니스 코치의 코칭과 거의 구분할 수 없을 정도로 완벽하게 코칭을 해냈다. 심지어 그들의 코칭이 더 우수할 때도 몇 번 있었다. 생각해보니 거기에는 분명한 이유가 있었다. 테니스 코치는 참가자들의 기술적 결함에 중점을 두었지만 스키 코치들은 그러한 결함을 인식하지 못한 채 신체를 효율적으로 사용하는 방법에 중점을 두고 코칭을 했다. 신체를 효율적으로 사용하지 못하는 이유는 자신감 부족과 신체에 대한 자각 부족 때문이었다. 스키 코치는 참가자의 자기진단에 의존해 문제를 해결한 반면 테니스 코치는 기술력 결함만을 해결하려고 했다. 이 일을 계기로 우리는 테니스 코치가 전문지식으로부터 초연해지게 하여 교육에서 더 좋은 성과를 거둘 수 있었다.

숨겨진 원인 찾기

이번에는 기업의 예를 들어보겠다. 조지아의 리더는 조지아가 옆 부서 동료들과 소통이 원활하지 못하다는 것을 발견했다. 리더는 주간 업무보고서가 해결책이라고 생각했지만 조지아가 소통에 계속 거부반응을 보이는 한 업무보고서는 그 내용이 부실할 수밖에 없었다. 리더는 조지아가 자신에게 업무보고서를 제출하는 것에 만족하지 않고, 그녀가 거부반응을 보이고 있다는 사실을 스스로 발견하고 마음을 고쳐먹도록 코칭했다. 조지아의 경우 소통 부족은 증상이었고, 진짜 원인은 거부감이었다. 드러난 현상 뒤에 숨은 원인을 제거할 때 문제가 해결된다.

리더: 전문가인가 코치인가

전문가가 좋은 코치가 되는 것은 불가능하지 않지만 어려운 일이다. 물론 전문지식이 리더의 역할을 수행하는 데 여러모로 도움이 되며, 실제로 리더는 전문가인 경우가 많다. 팀직원들만큼 전문지식을 갖추지 못한 조직의 고위간부의 예를 들어보자.

그가 좋은 코치라면 전문지식을 아는 것과 상관없이 고성과의 문화를 만드는 데 어려움이 없을 것이다. 그렇게 하면 직원들에게서 신뢰의 장벽은 사라질 것이다. 세계적 추세인 기술의 전문화와 고도화가 심화되면 절대적으로 리더에게 코칭이 필요해진다.

3부

코칭의
실제

The Practice
of Coaching

7 강력 질문

닫힌 질문은 사람들에게 생각할 기회를 주지 못한다.
열린 질문은 사람들이 스스로 생각하게 만든다.

자각과 책임감을 불러오는 것은 지시나 조언이 아니라 질문이다. 기존의 질문이 그런 효과가 있다면 좋겠지만 그렇지 못하다. 우리는 여러 가지 유형의 질문들이 어떤 효과를 내는지 조사해야 한다. 운동경기의 예를 들어보겠다. 구기 종목에서 가장 많이 사용되는 지시는 '공에서 눈을 떼지 말라'이다.

구기 종목에서는 공을 주시하는 것이 대단히 중요하다. 그렇다면 "공을 주시하라"고 명령한다고 정말로 공을 주시하게 될까? 아니다. 그게 가능했다면 매 경기에서 훨씬 더 좋은 성적을 낼 것이다. 우리는 골퍼가 편안한 상태로 스윙을 해야 공이 직선으로 멀리 날아간다는 것을 알고 있다. 그런데 "몸에서 힘을 빼라"라고 명령한다고 정말로 골퍼들이 몸에서 힘을 빼겠는가? 아니다. 오히려 몸이 더 굳어질 것이다.

명령으로 원하는 효과를 얻을 수 없다면 어떤 것이 효과가 있을까? 질문을 해보겠다.

- **공을 보고 있는가?** 선수들은 이 질문에 어떻게 대답할까? 아마 방어적 태도를 취하고 거짓말을 할 것이다. 학창시절에 선생님이 주목하라고 말했을 때처럼 말이다.

- **왜 공을 보지 않는가?** 이 질문에는 더 방어적으로 나올 것이다. 아니면 정말로 공을 보고 있는지 분석할 것이다. "보고 있습니다." "모르겠습니다." "그립에 신경 쓰고 있습니다." 또는 더 솔직하게 이렇게 대답할 것이다. "당신 때문에 주의가 산만해지고 신경이 쓰입니다."

이런 질문들은 별로 강력하지 못하다. 다음과 같은 질문의 효과를 생각해보라.

- 공이 들어올 때 어느 쪽으로 회전하는가?
- 이번에 공이 얼마나 높게 네트를 넘어왔는가?
- 이번 공이 바운드되고 나서 스핀이 빨라졌는가, 느려졌는가? 매번 그런가?
- 공이 어느 쪽으로 스핀을 먹었는지 처음 알았을 때 상대선수는 공에서 얼마나 멀리 떨어져 있었는가?

이 질문들은 차원이 완전히 다르다. 다른 질문이나 명령이 갖지 못한 네 가지 중요한 효과를 가지고 있다.

- 선수가 공을 주시하게 한다. 선수는 공을 주시하지 않으면 이 질문

에 대답하지 못한다.

- 선수는 질문에 정확하게 대답하기 위해 보통 때보다 더 집중할 것이다. 고품질 인풋을 보장하는 것이다.
- 판단하는 형식의 답이 아니라 서술하는 형식의 답을 찾아야 하므로 자기비판에 빠져들거나 자존감이 손상될 위험이 없다.
- 코치에게는 선수의 답이 정확한지 검증할 수 있는, 즉 집중의 질을 검증할 수 있는 피드백 루프가 준비되어 있다.

강력한 질문은 능동적이고 집중된 사고, 주의력, 관찰력을 촉진한다. 이 질문들을 보면 왜 운동 코치들이 '공에서 눈을 떼지 말라'처럼 효과도 없는 명령을 계속하는지 의문이 들 것이다. 아마 두 가지 이유가 있을 것이다. 첫째로 그들은 항상 그런 식으로 명령을 해왔기 때문에 명령이 효과가 있는지 없는지 생각해보지 않는다. 둘째로 그들은 명령의 효과보다는 명령 그 자체에 관심이 더 많다.

코칭의 핵심 ───────

나는 코칭의 핵심을 설명하기 위해 '공을 주시하기'라는 간단해 보이는 행위를 탐구하는 데 상당한 시간을 들였다. 우리는 코칭을 통해 얻으려고 하는 효과가 자각과 책임감을 불러오는 것임을 염두에 두고, 그러한 효과를 얻기 위해 어떤 말을 하고 무엇을 해야 하는지를 알아야 한다. 원하는 것을 요구해봐야 소용없는 일이다. 원하는 것을 얻으려면 효과적인 질문을 해야 한다.

운동 분야의 예를 들었는데, 이러한 질문이 직장에서는 어떤 효과가 있을까? 나는 180명의 직원들을 관리하는 업무관리이사를 일대일 코칭한 적이 있다. 그 경험을 이야기해보겠다. 그 이사의 이름을 스테판이라고 해두자. 스테판은 직원들이 그가 요구했다고 생각하는 만큼의 성과를 못 내고 있음을 발견했다. 그는 코칭 질문이 직원들로 하여금 정확한 대답을 위해 주의를 집중하게 하고 피드백 루프를 만들어낸다는 점을 이용하기로 했다. 먼저 자각이 일어나도록 탐구적 태도로 상황 파악에 나섰다. 그는 질문을 통해 팀원들이 그의 말을 어떻게 받아들였는지 알아내고 그 차이를 좁히기 위해 그들과 함께 할 수 있는 일을 찾았다. 그는 이 코칭 연습을 '내가 원하는 것과 내가 얻는 결과'라고 이름 짓고 코칭 세션에서 이에 대해 정기적으로 토의했다.

그 결과 그는 두 개 부문에서 높은 성과를 보기 시작했다. 현장 관리가 개선되었고, 경영진에서 내놓는 문서의 질이 향상되었다. 이것은 직장에서 코칭 질문으로 성공한 좋은 예이다. 스테판에게 상황에 대한 자각이 일어났을 때 팀원들의 반응이 달라졌다. 코칭을 마칠 때 그는 이 코칭이 자신에게 미친 영향을 이렇게 회고했다.

"기분이 좋다. 팀원들과 나의 생각이 서로 일치된 것 같다. 답답한 마음이 사라졌고, 모든 것을 내가 직접 하려고 하는 마음도 없어졌다."

이러한 예는 자각과 책임감이 지시에 의해서가 아니라 질문에 의해 높아질 수 있음을 분명하게 보여준다. 그래서 좋은 코칭 대화의 기본문형은 당연히 의문문이다. 코칭 리더십의 핵심 특징은 강력한 질문을 한다는 것이다. 질문은 주의를 집중시키고 말끔한 소통을 보장한다. 코칭받는 사람의 자신감을 높여주고 스스로 동기부여가 일어나게 한다. 또한 코칭받는 사람의 학습과 성장과 성공을 도와준다. 이제 강력한 질문을 어떻게 하는지 살펴보자.

질문의 기능 ─────

질문의 목적은 보통 정보를 얻어내는 것이다. 우리는 스스로 문제를 해결하기 위해 혹은 누군가에게 조언을 하기 위해 정보를 요청한다. 그러나 당신이 코치라면 상대의 대답을 통해 얻는 정보는 당신을 위한 것이 아니고 정보가 반드시 완전할 필요도 없다. 코치는 코칭받는 사람이 필요한 정보를 가지고 있다는 사실을 알기만 하면 된다. 코치는 코칭받는 사람의 대답에서 다음에 할 질문의 방향을 가늠할 수 있다. 아울러 대답을 통해 코칭받는 사람이 생산적인 방향으로 가고 있는지, 그리고 대화가 의도한 대로 진행되고 있는지, 코칭받는 사람의 의도나 회사의 목표와 일치하는 방향으로 가고 있는지 알 수 있다.

열린 질문

서술형 대답을 요구하는 열린 질문은 자각을 불러오지만, 닫힌 질문은 오로지 정확성만을 요구한다. '예' 또는 '아니오'라는 대답은 탐구의 기를 막아버린다. 이렇게 코칭받는 사람이 말을 하지 않고 정보가 부족하면 코칭이 불가능하다. 코칭 과정에서 자각과 책임감을 불러오기 위해서는 반드시 열린 질문을 해야 한다.

다음과 같은 것들이 열린 질문이다.

- 무엇을 이루고 싶은가?
- 지금 상황은 어떤가?
- 상황이 어떻게 되었으면 좋겠는가?
- 장애가 되는 것은 무엇인가? 도움이 되는 것은 무엇인가?
- 어떤 문제가 생길 수 있는가?
- 무엇을 할 수 있겠는가?
- 누가 도움이 되겠는가?
- 그것을 어디서 더 찾을 수 있겠는가?
- 어떻게 하겠는가?

의문문

자각과 책임감을 불러오는 가장 강력한 질문들은 양을 나타내거나 사실을 수집하기 위해 사용되는 단어, 즉 '누가', '언제', '무엇을', '얼마나' 등과 같은 의문사로 시작한다. '왜'는 종종 비난의 의미를 함축하고 있고 방어적 대답을 유발하기 때문에 오히려 방해가 된다. '왜'와 '어떻게' 는 조건을 붙이지 않고 사용하면 분석적 사고를 일으켜 역효과를 가져올 수 있다. 분석(사고)과 자각(관찰)은 서로 상반되는 정신작용이라서 두 개념을 함께 사용해서는 효과를 극대화할 수 없다. 정확한 사실 보고가 필요할 때는 그 의미에 대한 분석은 잠시 유보해두는 것이 좋다. 만일 그러한 질문을 해야 한다면 '왜'로 시작하는 질문은 '…하는 이유는 무엇인가?'라는 식으로 표현하는 것이 좋다. 이런 질문들이 보다 구체적이고 사실적인 대답을 이끌어낸다.

질문의 범위를 좁혀간다

질문은 광범위하게 시작해 차차 그 범위를 좁혀가야 한다. 보다 구체적인 대답을 요구하면 코칭받는 사람의 초점과 관심이 유지된다. 이는 마치 30제곱센티미터의 카펫을 관찰하는 것과 같다. 털, 색상, 문양, 반점이나 얼룩 등을 관찰하고 나면 더 이상 카펫은 관찰자의 관심을 끌지 못하고, 관찰자는 더 흥미로운 대상을 찾아갈 것이다. 만일 돋보기를 갖다 주면 관찰자는 싫증이 날 때까지 더 자세하게 카펫을 관찰할 것이다. 현미경은 카펫 한 조각을 환상적인 우주로 바꿔놓을 것이다. 형태, 질감, 색상, 심지어 살아 있는 벌레들도 오랫동안 관찰자의 눈과 마음을 붙잡아놓을 것이다.

코칭도 마찬가지다. 코치는 코칭받는 사람의 관심을 붙잡아두고, 흐릿해 보이는 중요한 요소들이 그의 의식 위에 뚜렷하게 떠오르도록 더 깊이 더 구체적으로 파고들어야 한다.

열린 질문은 다음과 같은 간단한 단어를 추가하여 그 범위를 좁혀나갈 수 있다.

- 그 **밖에** 무엇을 원하는가?
- **정말로** 원하는 것이 무엇인가?
- 지금 상황은 **정확하게** 어떤가?
- 무엇을 **더** 할 수 있겠는가?
- **정확히** 무엇을 하겠는가?

질문을 할 때 반드시 여기에 제시된 예를 따를 필요는 없다. 자신에게 편하고 상황에 알맞은 단어들을 원칙에 맞게 사용하면 된다. '정확히 무엇을 하겠는가?'라는 질문보다는 '그러면 무엇을 하겠는가?'라는 질문이 더 효과적일 수 있다. 그리고 가장 강력한 질문은 보통 '그 밖에는?'이다.

관심의 영역 ————

강력한 질문은 코칭받는 사람의 관심과 주제를 따라간다
그렇다면 코치는 자신이 알지도 못하는 분야에 대해 어느 측면이 중요한지 어떻게 판단할 수 있는가? 질문은 코치가 아닌 코칭받는 사람의 관심이나 사고의 흐름을 따라가는 것이 원칙이다. 다시 말해서 코치는 코칭받는 사람의 주제를 따라가야 한다. 만일 코치가 질문의 방향을 정한다면 코칭받는 사람의 책임감은 약해질 것이다. 하지만 코칭받는 사람이 엉뚱한 길로 간다면 어떻게 하는가? 그럴 때는 코칭받는 사람이 곧 그 사실을 깨달을 것이라고 믿어야 한다. 아니면 "다음에 어떤 것을 살펴보는 게 도움이 될까요?"라고 질문해도 좋다.

코칭받는 사람에게 관심 있는 주제를 선택하는 것이 허용되지 않는다면, 그 주제에 대한 미련이 남아 코칭이 왜곡되거나 변질될 수 있다. 그러나 자신의 관심 영역을 다룰 때는 주의력을 집중하고 항상 최선의 길에 초점을 맞출 것이다. 역설적이지만 때로는 코칭받는 사람이 기피하려고 하는 측면에 초점을 맞추는 것이 유익하다. 이때는 코칭받는 사람의 신뢰성과 책임감에 영향이 가지 않도록 다음과 같은 질문으로 주제에 대한 탐구를 시작하는 것이 좋다. "당신이 언급하지 않은 부분이 있는데… 그렇게 한 데는 특별한 이유가 있습니까?" "다른 문제가 있나요?"라는 질문은 "아니오"란 답을 불러온다. 하지만 "다른 문제가 있다면 어떤 것이 있을까요?"라고 질문을 하면 생각을 불러일으킬 것이다.

활동 | 강력 질문 사용하기

이 책 끝에 나와 있는 코칭 질문 툴키트를 보고 코칭 연습에 사용할 질문 두 가지를 선택하라.

1. 그 영향이 어떻다는 것을 알았는가?
2. 강력한 질문을 하기 위해 어떤 조치를 취하겠는가?

감각의 사각지대

골퍼와 테니스 선수들은 이런 원리를 신체에 적용하는 데 관심이 있을 것이다. 코치는 선수에게 스윙이나 스트로크의 어느 부분이 가장 어렵게 느껴지는지 질문할 것이다. 대개 이 '감각의 사각지대'에 동작의 부자연스러움이나 결함이 숨어 있다. 코치가 이 감각의 사각지대에서 더 많은 자각을 불러올 때 선수는 코치의 기술적 도움에 의존하지 않고도 감각을 회복하고 동작을 자연스럽게 고칠 것이다. 자각은 여러 가지 치료적 속성을 가지고 있다!

결정적 변인

골웨이는 그의 책《이너 게임》에서 우리가 원하는 성과를 얻는 데 대단히 중요한 역할을 하는 가변적 요인, 즉 결정적 변인에 집중할 때 내면의 장애는 감소하고 성과는 높아진다고 말한다. 골웨이에 따르면 AT&T의 고객서비스센터 직원들 사이에서 따분함, 스트레스, 감독자에 대한 분노가 낮은 '친절도 점수'가 나왔다고 한다. 그는 직원들에게 더 친절하라고 말하는 대신 친절도의 두 가지 결정적 변인을 찾아내서 탐구해보도록 코칭했다. 그 두 가지 변인은 '고객의 말을 어떻게 듣느냐'와 '고객에게 어떻게 말하느냐'였다. 그들은 고객의 말에 조금 더 귀를 기울이고 그들의 응답이 고객 활성화에 미치는 영향을 추적하는 게임을 했다. 이후 그들의 친절도 점수는 올라갔다. 직원들의 자각 수준이 올라가고 확신과 즐거움이 커지자, 그들의 고객 응대 속도와 정확성도 또한 향상되었다.

유도질문과 비판을 피하라 ─────

훈련을 제대로 받지 못한 코치들의 의존 수단인 유도질문은 코치가 자신이 하려고 하는 것에 대해 믿음을 갖지 못하고 있음을 보여준다. 유도질문을 하면 코칭받는 사람이 곧 질문의 의도를 알아챌 것이고 코칭의 신뢰는 떨어질 것이다. 코치는 코칭받는 사람을 자기가 의도하는 방향으로 끌고 가기보다는 제안할 것이 있다고 말하는 것이 좋다. "도대체 왜 그렇게 했죠?" 하는 식의 비난조 질문 역시 피해야 한다.

　다음과 같은 요소들을 포함한 질문이 강력한 질문이다.

- 자각과 책임감을 불러온다.

- 코칭받는 사람의 관심을 따라간다.

- 창의력과 적응력을 고무한다.

- 가능성과 비전을 높여준다.

- 목표지향적이고 해결책 중심적이다.

- 판단하지 않는다.

- 집중하고 생각하고 관찰하게 한다.

- 주제에 대한 높은 집중력과 세부적 접근, 정확성을 요구한다.

- 수준 높은 생각, 성과, 학습을 보여주는 대답을 요구한다.

- 지원적이고 도전적이며 동기를 부여한다.

- 피드백 루프를 만든다.

질문상자 4에는 코칭에 도움이 될 강력한 질문 열 가지가 들어 있다. 코칭 경험을 통해 자신에게 맞는 질문을 개발할 수도 있을 것이다. 무엇보다도 질문은 진정성이 있어야 한다.

8 적극적 경청

'듣다'를 의미하는 한자(들을 청聽)가 모든 것을 말해준다.
귀(耳): 듣기 위해 사용하는 것(듣는다).
임금(王): 마치 임금의 말을 듣는 것처럼 집중한다(복종한다).
10과 눈(十과 目): 마치 눈을 열 개 가진 것처럼 주시한다(주의해서 본다).
하나(一): 개인적 관심을 보이며 듣는다(한 사람에게 집중한다).
마음(心): 마음으로 듣는다(귀와 눈 이외에 마음으로 듣는다).

상대방이 진심으로 경청할 때 우리는 즐거움을 느낀다. 사람들은 대부분 다른 사람의 말을 듣는 데 익숙하지 않다. 학교에서는 남의 말을 경청해야 한다고 배우지만 그런 훈련이나 코칭을 받지는 않는다. 사람들은 보통 상대방의 말을 들으면서 자신이 말할 차례를 기다린다. 그리고 자신이 말할 차례가 되면 다른 사람들과는 전혀 관계없는 것을 이야기하거나 자신의 경험, 생각, 의견을 나누거나 조언을 주고 싶어한다. 누군가 최근 그런 행동을 했을 때 당신 기분이 어땠는지 잠시 생각해보라.

대답을 주의 깊게 들어라 ─────

코치는 코칭받는 사람의 대답에 주의를 집중해야 한다. 그 사람의 말과 전해지는 감정에 주의를 기울여야 한다. 그러지 않으면 신뢰를 상실한다. 그리고 다음에 해야 할 적합한 질문을 찾지 못할 것이다. 질문 과정은 자연스러워야 한다. 질문을 하기 전에 마음속으로 미리 질문을 준비하면 대화의 흐름이 부자연스러워지고 코칭받는 사람의 관심이나 주제를 따라가지 못한다. 코칭받는 사람이 말을 하는 동안 다음 질문을 생각한다면 그는 코치가 자신의 말을 듣고 있지 않다는 것을 눈치 챌 것이다. 이야기를 끝까지 듣고, 필요하면 적절한 다음 질문이 떠오를 때까지 잠시 말을 멈추어도 좋다. 코칭받는 사람의 말을 정말로 듣고 있다면 자신의 직관을 믿고 따르는 것이 좋다.

주의력은 어디에 있는가?

경청은 집중과 실천이 필요한 기술이다. 라디오 뉴스를 듣고 드라마를 시청하는 데 어려움을 겪는 사람은 거의 없다. 관심이 있을 때 주의력이 생겨난다. 우리는 다른 사람에게 관심 갖는 법을 배워야 한다. 탐구적 태도도 배워야 한다. 누군가가 정말로 우리의 말을 경청할 때, 우리가 정말로 누군가의 말을 경청할 때, 서로에게 얼마나 고맙겠는가? 듣고 있을 때, 정말로 상대방의 말이 들리는가? 보고 있을 때, 정말로 상대방이 보이는가? 상대방과 눈을 맞추고 있다면 정말로 듣고 보고 있는 것이다. 우리는 자신의 생각과 의견에 강한 집착을 가지고 있으며, 말하고 싶은 욕구를 참지 못한다. 특히 다른 사람에게 조언을 해주는 위치에 있을 때는 더욱 그렇다. 사람들은 흔히 귀는 두 개고 입이 하나기 때문에 한 번 말할 때 두 번 들어야 한다고 말한다. 코치가 배워야 할 가장 어려운 기술은 입을 열지 않는 것일지도 모른다.

단어와 목소리 톤 ────────

당신은 들을 때 무엇에 귀 기울이는가? 코칭받는 사람의 목소리에는 감정이 담겨 있으므로, 주의해서 들어야 한다. 단조로운 말투는 흥미가 없거나 기존의 생각에서 더 나아가지 못하고 있다는 표시이며, 활기를 띤 목소리는 새로운 아이디어와 의욕이 있다는 것을 말해준다. 단어의 선택에도 의미가 담겨 있다. 부정적 언어의 사용 빈도가 높거나, 갑자기 격식을 차린 말을 선택하거나, 유치한 말을 사용할 때는 거기에 숨겨진 의미가 있다고 봐야 한다. 그 의미를 찾아내야 상황을 이해하고 효과적으로 코칭할 수 있을 것이다.

신체언어 ────────

코치는 귀로 듣는 데서 그치지 말고 코칭받는 사람의 신체언어도 주의 깊게 지켜봐야 한다. 그렇게 하는 것이 다음 질문을 찾는 데 도움이 되기 때문이다. 코칭받는 사람이 코칭 방향에 대해 관심이 많으면 상체를 앞으로 기울일 것이다. 대답에 자신이 없거나 미심쩍은 대답을 할 때는 입을 살짝 가리고 말할 것이다. 팔짱을 끼는 것은 종종 거부나 반대 의사를 나타내는 것이고, 상체가 열려 있으면 수용적이고 유연한 태도를 보이는 것이다. 여기서 신체언어의 수많은 측면을 모두 살펴보는 것은 어렵지만 한 가지만은 말해주고 싶다. 코칭받는 사람의 말과 신체언어가 다를 경우에는 신체언어를 진의로 받아들이는 것이 좋다.

들은 것을 확인하기 ————————

코치는 코칭받는 사람의 말에 귀를 기울이고, 신체언어를 주시하고, 분명하게 이해해야 한다. 또 자신이 어느 순간에 무엇을 하고 있는지 알고 있어야 한다. 그리고 아무리 분명하게 이해하고 있다고 판단되더라도, 때때로 코칭받는 사람에게 들은 것을 확인하고 요약해주는 것이 좋다. 이렇게 하면 코칭받는 사람의 뜻을 정확하게 이해할 수 있고, 그에게 제대로 이해하고 있다는 것을 확인시켜줄 수 있다. 또 그가 말한 것이 사실임을 다시 한 번 확인해주는 효과도 있다. 코칭을 할 때는 기록을 해야 하는데, 누가 기록할지는 코치와 코칭받는 사람이 합의해서 결정한다. 나는 코칭할 때 코칭받는 사람이 자유롭게 생각할 수 있도록 내가 직접 기록한다.

자각 ————————

마지막으로 코치는 자각을 통해 코칭받는 사람에 대한 자신의 감정반응이나 비판을 주의 깊게 관찰해야 할 것이다. 그런 감정반응은 코칭의 객관성과 중립성을 유지하는 데 방해가 되기 때문이다. 자신의 과거와 편견으로부터 자유로운 사람은 아무도 없으며, 그것은 소통에도 영향을 미친다. 코치는 어깨가 굳어지고 속이 울렁거리는 것 같은 자신의 신체감각을 알아챔으로써 코칭받는 사람의 감정 상태를 직관적으로 파악할 수 있다.

전이 ————

투사Projection와 전이Transference는 다른 사람들을 가르치고, 안내하고, 코칭하고, 이끌고 가는 사람들이 경계하고 피해야 할 왜곡된 심리상태이다. 투사는 다른 사람에게 자신의 긍정적 혹은 부정적 특징이나 성격을 투영시키거나, 그러한 특징이나 성격으로 그 사람을 지각하는 것을 말한다. 전이는 어린 시절 영향을 많이 받은 인물과의 관계에서 경험했던 감정과 행동의 패턴이 현재 인간관계에 있는 사람들에게로 옮겨간 것을 말한다. 직장에서 가장 많이 나타나는 현상이 권위의 전이다.

리더와 부하직원, 코치와 코칭받는 사람의 관계와 같은 상하관계에서는 양쪽 당사자의 문제나 권위에 대한 무의식적 감정이 작동한다. 예를 들면 많은 사람은 이미 정해진 권력자에게 권력을 넘겨주고 그 권력 앞에서 자신을 낮추고 어린애처럼 행동한다. 이는 '그들은 모든 것을 알고 모든 답을 가지고 있으며 다른 사람들보다 앞서 있다'고 하는 무의식적 감정이 작용한 결과이다. 이는 다른 사람들을 지배하고 의존적으로 만들려는 전제적 리더의 욕심과는 맞아떨어지지만, 코칭받는 사람의 책임감을 고취시키는 코칭의 목적에는 배치된다.

권위에 대한 무의식적 전이 반응은 업무목표에 대한 반발과 은밀한 태업을 통해 나타나기도 한다. 리더가 부하직원들의 선택을 제한시킬 경우, 개인적 전이는 집단적 좌절감과 무력감을 증대시킬 것이다. 어느 자동차 생산업체는 조립 라인의 불합격 부품 수집함에 버려지는 정상 부품의 비율로 노사관계의 상태를 평가하는 일도 있었다.

역전이 ─────────

전이보다 더욱 복잡한 심리상태인 역전이Countertransference는 권위를 갖고 있는 사람, 즉 리더나 코치가 사람들의 의존성 반향을 영속화시킴으로써 전이에 대해 무의식적으로 감정반응을 할 때 발생한다. 좋은 리더나 코치는 자신의 역전이 가능성을 인식하고 의식적으로 부하직원이나 코칭받는 사람에게 권한을 줌으로써 모든 전이 효과를 상쇄시킬 것이다. 만일 이렇게 하지 않으면 심리적 왜곡 상태가 관리나 코칭 관계에 스며들어 장기적으로 코칭의 목표를 심각하게 위협할 것이다.

적극적 경청 기술 ─────────

표 3은 적극적 경청 기술을 요약한 것이다. 들은 내용 확인하기, 내용 재정리하기, 요약하기 기술은 상대방에게 그들의 말을 경청하고 있다는 것을 보여준다. 아울러 당신이 분명하게 이해했음을 확인시켜주고, 그들이 한 말을 다시 들려주면서 그 말의 의미를 확인하고, 그 말이 사실임을 인정해준다. 경청 기술을 활동에 사용해보라.

　코치는 코칭받는 사람의 말과 거기에 담긴 감정에 전적으로 집중해야 한다. 사람이 말을 할 때, 그 말의 내용과 목소리, 신체언어, 표정이 일치하지 않을 수 있다. 적극적 경청 기술을 사용하면 그들과 주파수를 맞추고 다층적 차원에서 그들을 이해하고, 심지어 그들이 느끼는 것을 신체적으로 느낄 수 있다. 그러면 직관을 발휘해 말에 숨겨진 진짜

표 3 | 적극적 경청 기술

기술	방법
내용 확인하기	상대방이 한 말을 그대로 다시 말해준다.
내용 재정리하기	상대방이 한 말을 내용이나 의미를 훼손하지 않고 약간 다른 말을 사용해서 다시 말해준다.
요약하기	상대방이 한 말을 내용이나 의미를 훼손하지 않고 요약해서 다시 말해준다.
정확하게 이해하기	들은 내용의 핵심·본질을 간략하게 표현하고 감정, 모순되는 말, 말과 일치하지 않는 표정이나 몸짓에서 직관적으로 읽어낸 가치 있는 사실을 추가한다. 상대방도 불분명한 부분을 정리하고 통찰하도록 도와주고, 제대로 이해했는지 확인한다. "내가 듣기에는 … 같은데, 어떤가요?"
자기표현 끌어내기	상대방의 마음을 열기 위해 신뢰와 친밀감을 쌓는다.
판단, 비판, 집착 유보하기	열린 마음을 유지한다. 판단과 비판은 사람들을 방어적으로 만들고 말을 막아버린다.
들으면서 가능성 찾기	과거의 성과가 아니라 능력과 강점에 집중하고 상대방이 문제라고 생각하지 않는다. 제약이 없다면 상대방은 무엇을 발휘할 수 있을까?
마음으로 듣기	목소리, 표현, 표정, 신체언어와 같은 비언어적 메시지를 듣는다. 전달되는 내용의 핵심·본질을 듣기 위해 감정과 의도의 측면에 유의해 듣는다.

의미를 알 수 있으며 침묵, 목소리, 에너지 수준, 신체언어, 기타 감정적 신호를 읽어낼 수 있다. 강력 질문과 적극적 경청으로 기본 기술을 쌓았으니 이제 코칭 대화의 구조를 이루는 GROW 모델을 살펴보도록 하겠다.

당신이 주도하지 않았던 최근의 대화를 생각해보라. 그리고 당신의 듣기 기술의
실력을 평가해보라.

1. 누구의 주제를 따랐는가? 조언을 해주었는가?
2. 옆에 있는 사람이 당신과 이야기하자고 했을 때, 적극적 경청을 시도한 다음 자
   신을 평가하라. 상대방의 주제를 따라갔는가? 직관을 발휘했는가? 상대방의 말
   을 정확하게 이해하고 그 내용을 확인했는가? 자신의 의견이나 조언을 억제했
   는가? 판단을 유보했는가? 동료가 그의 생각을 탐구하는 것을 도와주었는가?
3. 자신의 듣기 기술에 대해 무엇을 알게 되었는가?
4. 어떤 듣기 영역을 개선하는 데 집중해야 하는가?

9   GROW 모델

Goal(목표), Reality(현실), Options(대안), Will(의지)

지금까지 우리는 학습과 성과 향상을 위한 자각과 책임감의 본질적 특징을 살펴보았다. 또한 코칭의 배경, 기업문화, 고성과 그리고 코칭과 리더십의 유사점을 살펴보았다. 코치의 역할과 태도도 탐구했고, 기본적 소통형식으로서 강력 질문과 적극적 경청에 대해 검토했다. 이제 우리는 무엇에 대해, 어떤 순서로 질문해야 하는지 결정할 차례다.

코칭은 공식적인가 비공식적인가? ─────

이 시점에서 강조하고 싶은 것은 코칭을 매우 느슨하고 비공식적인 형태로 실시할 수 있다는 점이다. 그래서 직원들이 코칭을 받고 있다는 사실을 알지 못할 수도 있다. 리더에게는, 지시하고 보고받는 일상적 기능을 수행하는 데 코칭보다 더 좋은 것이 없지만 그런 인식은 바뀌어야 한다. 그렇게 인식되는 한 코칭은 효과적인 리더십에서 벗어나지 못할 것이다. 그러면 코칭은 도구가 아니라 사람들을 가장 효과적으로 이끌어가는 방식이 된다. 극단적인 경우, 코칭은 그 목적과 역할이 불분명한 상태로 구조화될 수 있다. 대부분의 코칭은 공식적인 형태를 띠고 있지만, 우리는 비공식적 코칭에 대해 더 자세히 살펴볼 것이다. 비공식적 코칭은 그 프로세스는 같지만 공식적 코칭보다 단계가 더 명확하다는 장점이 있다.

일대일 코칭 ————

일대일 코칭, 팀 코칭, 자기코칭은 형식이 모두 똑같다. 하지만 우리는 단순명료하다는 점 때문에 일대일 코칭을 먼저 살펴볼 것이다. 나머지 두 개에 대해서는 나중에 자세히 다룰 것이다. 일대일 코칭은 동료들, 리더와 부하직원, 교사와 학생, 코치와 선수 사이에서 실시할 수 있다. 심지어 상향식으로 가능하다. 직원이 상사에게 은밀하게 코칭을 하는 것이다. 상사에게 문제가 있어도 어떻게 하라고 말할 수 없기 때문에 상향식 코칭은 성공률이 대단히 높다!

코칭 프레임워크 ————

공식적 코칭이든 비공식적 코칭이든 코칭 대화의 순서는 다음 네 단계를 따른다.

- 코칭의 단기 및 장기 목표 설정(Goal)
- 현재의 상황을 파악하기 위한 현실 점검(Reality)
- 가능한 대안과 다른 전략 혹은 방침(Options)
- 그것을 하겠다는 의지 확인(Will)

기억하기 쉽게 순서가 GROW가 되었다. 나는 이 GROW 모델을 자주 언급할 것이다. 선택과 자기 동기부여는 대단히 중요한 성공요소이기 때문에, 의지는 마지막 단계에서 강조하고 싶다. 이 의지 단계에서 의도가 행동으로 나타나며, 그것이 바로 내가 그 단계를 변혁적이라고 하는 이유 때문이다. 그림 9는 각 단계에서 던져야 할 핵심질문을 보여준다.

그림 9 | GROW 모델

목표	현실	대안	의지
무엇을 원하는가?	현재 어떤 상태인가?	무엇을 할 수 있는가?	무엇을 하겠는가?

보통, 문제를 처음 다룰 때는 4단계를 순서대로 모두 밟아가는 것이 바람직하다. 전에 토의한 적이 있거나 이미 시작된 업무 혹은 프로세스를 진행할 때도 자주 코칭을 실시한다. 그런 경우에는 필요한 단계에서

코칭을 시작하고 끝내면 된다. GROW 모델의 효과가 높은 것은 프레임워크를 유연하게 적용할 수 있기 때문이다.

GROW 모델의 기원

우리는 1979년 유럽에서 이너 게임을 시작했다. 처음에는 테니스 선수들과 골퍼들만을 상대로 코칭을 실시했지만, 곧 이너 게임이 조직의 리더들에게도 가치가 있다는 것을 깨달았다. 그래서 1980년대에 조직의 성과 향상을 위한 방법, 개념, 기법을 개발하는 데 힘을 쏟았다. 사람들의 삶에 진정한 변화를 일으키고 싶었기 때문에 성과를 향상시키고, 학습과 즐거움을 증대시키고, 직장에서 목적의식을 찾는 것이 가능하다는 사실을 보여주었다.

1980년대 중반에 컨설팅 회사 맥킨지가 우리 고객이 되었다. 맥킨지를 대상으로 운영한 프로그램에는 테니스 코트에서의 경험적 코칭이 다수 포함되었다. 그 코칭은 성과를 향상시키고 잠재능력을 이끌어내는 데 큰 성공을 거두었고, 이에 고무된 맥킨지는 나와 그레이엄 알렉산더에게 기초가 될 만한 코칭 프레임워크를 만들어줄 것을 요청했다. 그것은 경기장과 다른 장소에서 상황을 관리할 수 있는 모델을 프로그램에 포함시키는 작업이었다.

코칭 모습을 동영상에 담기로 한 우리는 자연언어처리(NLP) 전문가들에게 우리의 코칭 모습을 봐달라고 했다. 그리고 상황을 파악하고 무의식 상태에서 능력을 발휘할 수 있는 모델이 있는지 확인하기 위해 발표회를 가졌다. 그런 모델이 테니스 코트나 비즈니스 분야에 있었다.

처음에 우리는 이 모델을 '7S 코칭 모델'이라고 불렀다. 맥킨지에 7S 프레임워크가 이미 있었기 때문이다. 하지만 그것은 우여곡절이 많았다. 실제로 그 단계가 1, 2, 3, 4인 것도 같았고, 때로는 1, 3, 4인 것도 같았고, 그냥 1, 2, 3인 것도 같았다. 결국 우리는 네 개의 핵심 단계에서 머리글자를 딴 GROW 모델을 생각해냈다. 우리는 그 모델과 다른 몇 가지 생각들을 맥킨지의 사내 연락 직원에게 말해주었다. 그 직원은 회사 측에서 그 모델이 성공할 것으로 생각한다고 전해주었다. 회사 측은 그 모델이 단순하고 행동과 결과에 초점이 맞춰져 있다는 점을 높이 샀다. 정작 우리는 당시에 그 중요성을 모르고 있었다!

1992년 이 책 초판이 언론에 소개되면서 나는 그 모델을 발표한 최초의 인물이 되었다. 책의 성공과 우리의 노력 덕분에 GROW 모델은 세계적으로 유명해졌고, 세계에서 가장 인기 있는 모델 가운데 하나가 되었다.

목표 먼저 ─────

현실을 점검하기 전에 목표를 정하는 것이 이상하게 보일 것이다. 얼핏 생각하면 먼저 현실을 알아야 목표를 정할 수 있을 것 같지만 그렇지 않다. 오로지 현실에만 기초한 목표는 부정적으로 흐르기 쉽다. 문제에 대응해야 하고, 과거의 성과에 의해 제약받고, 단순한 외연 확대로 인해 창의성이 결여되고, 성취할 수 있는 것보다 목표가 더 낮게 정해지고, 심지어 역효과를 낼 수도 있다. 단기목표에 주력하여 장기목표에서 벗어날 수도 있다. 나의 경험에서 보건대, 조직은 항상 미래의 가능성보다는 과거의 성과를 바탕으로 목표를 정한다. 대부분의 경우 그들은 미래의 가능성을 생각하려 하지도 않는다.

이상적이고 장기적인 해결방안이나 비전의 토대 위에서 큰 목표를 세우고 현실적인 중·단기 목표를 정했을 때 사람들은 자극을 받고, 창의력을 발휘하고, 의욕을 갖는다. 이점은 대단히 중요한데, 예를 들어 설명해보겠다. 어느 간선도로의 심각한 교통체증 문제를 해결한다고 해보자. 현실 점검을 통해 문제를 해결하려고 할 때 우리는 도로 확장 같이 오로지 기존의 교통 흐름을 완화시키는 방법에 기초해 목표를 세우기 쉽다. 이 목표는 미래의 어느 시기에 그 지역에 적합한 이상적인 교통 패턴을 개발한 후 세워질 장기적인 목표에 배치될 수 있다.

따라서 나는 대부분의 상황에서 GROW 모델의 순서에 따라 코칭할 것을 권한다.

GROW 모델의 가치 ─────

다시 강조하지만 **자각**, **책임감**, **의도**, 그리고 그런 것들을 불러내는 **적극적 경청**과 **강력 질문**이 뒷받침되지 않은 GROW 모델은 가치가 없다. 모델은 모델일 뿐 현실이 아니다. GROW 모델은 코칭이 아니다. 비즈니스 교육 분야에는 여러 가지 프로그램이 있다. SPIN이 있고, SMART 목표가 있고, GRIT가 있고, GROW 코칭이 있다. 이러한 교육들은 기업의 모든 문제를 해결해주는 만병통치약으로 오인되고 있다. 이들은 결코 만병통치약이 아니다. 각 모델마다 전제조건이 있으며 그 전제조건이 충족될 때만 그 모델은 유효하다. GROW 모델의 전제조건은 자각과 책임감이다.

전제적인 리더는 직원들에게 다음과 같은 방식으로 책임을 맡길 것이다.

- 나의 **목표**는 이 달에 1천 개를 판매하는 것이다.
- **현재 상황**을 보면 여러분은 지난달에 겨우 400개밖에 못 팔았다. 도대체 뭐하는 인간들이냐. 경쟁사가 하는 것 봐라. 분발하도록 해라.
- **대안**을 모두 생각해보았는데 광고를 늘리거나 제품의 포장을 바꾸지는 않을 것이다.
- 여러분이 **할 일**은….

독재자도 GROW 모델을 따를 수 있다. 위의 리더는 정확하게 GROW 모델을 따랐지만 한 가지 질문을 하지 않았다. 그는 자각을 불러오지 않았다. 또한 직원들에게 강제로 책임을 맡겼다. 강요에 의한 책임이므로 직원들에게 선택권이 없으며 따라서 그것은 진정한 책임이라고 할 수 없다.

GROW 모델의 전제조건과 유연성 ————

만일 이 책에서 무언가 한 가지를 얻는다면 그것은 GROW 모델이 아닌 자각과 책임감이 되어야 한다. 코칭 질문을 할 때 GROW 모델의 순서를 따라야 하는 가장 큰 이유는 그것이 단순하고, 유연하고, 효과가 있기 때문이다.

하지만 이 모델은 재순환 과정을 거친다. 다시 말해서 구체적으로 현실을 점검하기 전까지는 목표가 모호할 수밖에 없다는 뜻이다. 모델을 계속 진행하기 전에 다시 처음으로 돌아와서 목표를 보다 명확하게 정해야 한다. 처음 목표가 아무리 정확해도 현실을 분명하게 파악하면 수정이 필요하거나 다른 목표로 교체할 수도 있다.

가능한 대안이 적을 때는 각 대안이 목표를 향해 나아가는 데 도움이 되는지 다시 확인해야 한다. 마지막으로, 그 내용과 시기를 구체적으로 정하기 전에 그것이 목표와 부합되는지 최종적으로 확인해야 한다. 그렇게 했는데도 직원들이 스스로 동기부여가 되지 않는다면, 목표 특히 목표에 대한 책임의식을 다시 한 번 검토해야 한다.

직관에 의존해 GROW 모델 순서들 사이를 자유롭게 이동하라. 필요하면 순서에 관계없이 각 단계를 다시 검토하라. 그러면 코칭받는 사람은 의욕을 갖고 적극성을 보일 것이다. 또한 그들의 목표가 회사의 목표와 일치하고 그들의 개인적 목적과 가치와도 한 방향을 이루도록 코칭할 수 있을 것이다. 규칙보다 직관을 따르라. GROW 모델의 힘이 친숙하게 느껴질 때, GROW 모델의 어느 요소를 탐구해야 하는지 알 게 될 것이다.

GROW 모델의 핵심요소 ──────

GROW 모델을 성공적으로 사용하기 위해서는 목표를 탐구하는 데 충분한 시간을 가져야 한다. 그리하여 코칭받는 사람이 자극을 받고 잠재능력을 발휘할 수 있는 목표를 정해야 한다. 그 다음에는 직관적으로 판단하여 그 순서를 유연하게 따라가고 필요하면 목표를 다시 검토한다.

1단계: 목표가 무엇인가?
- 궁극적 목표, 성과 목표, 중간 목표를 이해하고 목표의 유형을 분명하게 정한다.
- 중요한 목표와 포부를 확인한다.
- 코칭을 통해 원하는 결과를 분명하게 확인한다.

2단계: 현실은 어떤가?
- 지금까지 취한 행동의 측면에서 현재의 상황을 판단한다.
- 이전에 취한 행동의 결과와 효과를 확인한다.

- 목표 진행을 가로막거나 제한하는 내부의 장애 요소들을 파악한다.

3단계: 대안은 무엇인가?

- 가능성과 대안들을 확인한다.
- 목표 진행을 위한 다양한 방법들을 간단하게 검토하고 질문한다.

4단계: 무엇을 하겠는가?

- 무엇을 배웠고, 목표를 달성하기 위해 무엇을 바꿔야 하는지 파악한다.
- 확인된 조치들을 실행하기 위해 계획을 세우고 개요를 만든다.
- 미래에 나타날 수 있는 장애 요소들을 간단하게 검토한다.
- 목표의 지속적인 달성에 필요한 지원과 개발을 생각한다.
- 합의한 행동을 확실하게 할 수 있는지 확인한다.
- 목표 달성과 그 책임을 어떻게 보장할 것인지 토의한다.

GROW 모델의 각 단계에 대한 질문 예시는 코칭 질문 툴키트의 질문 가방 5에 넣어두었다.

우리는 다음 네 개의 장에서 각 단계와 그 단계 내에서 자각과 책임감을 불러오는 질문들에 대해 조금 더 자세히 살펴볼 것이다.

10　G: 목표는 무엇인가?

의무적으로 할 때보다 원해서 할 때 더 잘할 수 있다.
자기 동기부여는 선택의 문제다.

목표 설정의 중요성과 과정을 다룬 글은 너무 많아서 이 책에서 다시 그 모든 것을 반복할 필요는 없을 것 같다. 목표 설정 하나만으로도 책 한 권을 쓸 수 있을 정도다. 하지만 스스로 목표설정 전문가라고 생각하는 사람들도 코칭 프로세스에서의 목표 설정에 대한 이 글을 만족스럽게 읽을 수 있으리라고 생각한다.

코칭의 목표 ————

코칭은 항상 목표를 정하는 것에서부터 시작된다. 코칭받는 사람이 코칭을 원했다면, 코칭에서 얻고 싶은 것을 정해야 하는 사람은 당연히 코칭받는 사람이다. 비록 코치가 구체적인 문제의 해결을 위해 코칭을 요청했더라도, 코칭받는 사람에게 코칭을 통해 얻고 싶은 것이 있는지 물어봐야 한다.

코칭받는 사람에게는 다음과 같이 질문한다.

- 이 코칭에서 무엇을 얻고 싶은가?
- 우리에게는 30분의 시간이 있다. 그 시간 동안 당신은 어느 정도의 코칭 성과가 있으면 좋겠는가?
- 이 코칭에서 당신이 얻을 수 있는 가장 유익한 점은 무엇인가?

이 질문들은 다음과 같은 대답을 이끌어낼 것이다.

- 내가 세울 수 있는 한 달 간의 계획 개요
- 다음 두 단계에 대한 분명한 인식과 책임의식
- 다음에 어떻게 해야 할지에 대한 결정
- 기본적인 문제가 무엇인지에 대한 이해
- 그 일에 대한 합의된 예산

문제에 대한 목표 ─────

이제 우리는 현안과 관련한 목표에 대해 살펴볼 것이다. 우리는 여기서 최종목표와 성과목표를 구분할 수 있어야 한다.

- **최종목표** '시장 선도기업이 된다', '판매이사로 임명된다', '특정 핵

심 고객을 잡는다', '금메달을 획득한다' 등의 최종목표는 자신이 마음대로 할 수 있는 영역이 아니다. 모두 경쟁자가 있는 목표기 때문이다. 우리는 경쟁자들이 어떻게 할지 알 수 없으며, 그들의 목표에 어떠한 영향력도 미칠 수 없다.

- **성과목표** 최종목표의 달성 가능성을 높여줄 것으로 기대되는 성과 수준을 확인해서 그것을 성과목표로 정한다. 대체로 자신이 마음대로 할 수 있는 영역 안에 있고 진행 상황을 평가할 수도 있다. 예를 들면 '처음에는 품질기준 합격률을 95퍼센트로 올린다', '다음 달에 100개를 생산한다', '9월 말까지 1,600미터를 4분 10초에 뛴다' 등의 목표다. 성과목표는 자신이 마음대로 할 수 있는 영역 안에 있으므로 책임의식을 갖고 전념하기 쉽다.

최종목표는 항상 성과목표의 지원을 받아야 한다. 최종목표는 장기적인 사고를 길러주고 동기를 부여해주며, 성과목표는 측정할 수 있는 핵심 성과로서 최종목표의 세부적인 내용에 해당한다.

성과목표는 중요하다 ───────

1968년 올림픽에서 영국은 성과목표를 정하지 않아 부진한 성적을 거뒀다. 멀리뛰기에서 지난 대회 금메달리스트인 영국의 린 데이비스와 구소련의 이고르 테르-오바네시안, 그리고 미국의 챔피언 랠프 보스턴이 메달 경쟁을 벌일 것으로 예상되었다. 하지만 예상과 달리 금메달은

1회전에서 세계기록보다 약 60센티미터 이상을 더 뛴 괴짜 미국선수 밥 버몬에게 돌아갔다. 1936년 이후 세계기록이 15센티미터밖에 높아지지 않은 것을 고려하면 정말로 엄청난 기록이었다.

데이비스, 보스턴, 오바네시안은 사기가 완전히 꺾였다. 보스턴은 동메달을 따는데 그쳤고 오바네시안은 4위를 했다. 두 선수 모두 자신의 최고기록보다 15센티미터가 부족했다. 자신의 최고기록보다 30센티미터가 모자란 기록을 낸 데이비스는 오로지 금메달을 목표로 연습했음을 인정했다. 그는 성과목표 혹은 개인 최고기록 목표를 8미터로 정하고 노력했다면 은메달은 땄을 것이라고 말했다. 그로부터 40년 뒤 중국에서 마이클 펠프스가 수영 종목에서 금메달을 싹쓸이했을 때 다른 남자 수영선수들이 얼마나 곤혹스러웠을지 이해가 된다.

감동이 행동으로 ————

최종목표와 성과목표는 때때로 다른 두 가지 목표에 의해 보완되어야 확실하게 성공할 수 있다. 엄격히 말하면 목표라고 할 수 없지만, 목표를 이루는 데 필수요소가 되기도 한다(그림 10). 에베레스트 산을 정복한 최초의 영국 여성 산악인 레베카 스티븐스의 예를 들어보겠다. 그녀는 에베레스트 등정에 성공한 이후 자주 기업과 학교에서 강연을 했다. 많은 학생이 그녀의 감동적인 이야기를 듣고 집에 가서 부모에게 암벽등반을 하러 가자고 졸랐다. 그것이 어려우면 인공 암벽이 설치된 체육관에라도 데려가 달라고 했다.

"에베레스트 산을 정복하겠다"는 것은 어린애의 순진한 말이지만, 그것은 또한 그 아이의 행동에 불을 붙여주는 꿈이자 비전이기도 하다. 때때로 하고 싶은 것을 시작하거나 계속할 수 있도록 우리는 자신의 꿈을 되새기거나 꿈을 잊지 않도록 코칭을 받아야 한다. 우리는 그것을 '**꿈의 목표**'라고 부를 수 있다. 레베카 스티븐스는 상당한 등반 경험을 쌓은 후 에베레스트 등정이 합리적인 최종목표가 될 만큼 높은 기술 수준에 도달했다. 에베레스트 등정이 합리적인 목표라니, 믿을 수가 없다! 그러나 그녀에게는 준비훈련과 현지적응훈련 등 여전히 할 일이 많았다. 만일 그녀가 온힘을 다해 이러한 훈련을 하지 않았다면 에베레스트 등정은 꿈으로만 남았을 것이다.

나는 코칭할 때 목표달성 단계에서 종종 "당신은 온힘을 다해 이 프로세스를 실행할 각오가 되어 있습니까?"라고 질문한다. 나는 이것을 프로세스 목표 혹은 실무목표라고 부른다.

목표에 대한 주인의식 ————

기업의 리더들은 마음대로 목표를 정해서 밑으로 내려보낸다. 그것은 의문을 제기해서는 안 되는 지상명령이다. 이러한 목표설정 방식은 목표를 달성해야 하는 사람들에게서 주인의식을 빼앗고, 그로 인해 성과는 낮아질 것이다.

현명한 임원들은 자신의 목표에 연연하지 않으며, 관리자들에게 동기를 부여하고 스스로 가능성 있는 도전목표를 정하도록 격려한다. 그러

그림 10 | 목표 설정: 감동이 행동으로

	욕구, 감동	의도, 약속
꿈의 목표 **목적과 의미** • 원하는 미래 또는 비전 • 커다란 이유	*"더 큰 그림은 무엇인가?"* 다양한 공동체에 기여하는 '미래의 은행'을 세운다.	• 우리의 광범위한 고객층과 고객 관계에 재테크 인력과 혁신 시스템을 투입해 나의 조직을 공동체에 기여하는 현대적 혁신은행으로 지혜롭게 변모시킬 것이다.
최종목표 **분명한 목표** • 구체적으로 표현된 꿈 • 커다란 목표	*"달성하고자 하는 목표는 무엇인가?"* 전체 경영진의 주도 하에 신기술, 혁신, 핀테크 비즈니스 모델, 코칭 리더십을 적극 수용해 5년 내에 우리의 뱅킹 비즈니스를 바꿔놓는다.	• 나는 이사회에서 승인한 비전을 5년 내에 실현할 것을 약속한다. 나는 금융서비스 및 기술의 개발과 보급을 통해 은행의 성공을 광범위한 고객 기반에서 디지털 경제로 바꿔놓을 것이다.
성과목표 **구체적인 중간목표** • 꿈의 목표와 최종목표의 달성에 기여한다. • 99퍼센트 마음대로 할 수 있다.	*"어떤 성과물을 내겠는가?"* 고객과 직원들에게 질 높은 디지털 뱅킹 경험을 제공해 충성도를 높인다.	• 나는 비용을 낮추고 업무의 복잡성을 덜기 위해 2020년 말까지 금융, 위기관리, 감사의 통합 시스템을 통해 디지털 뱅킹 운영을 간소화 및 자동화할 것이다. 다른 한편으로는 이사회의 전략보고서에 따라 혁신상품과 서비스의 수익이 뒷받침되는 판매를 추진할 것이다.
프로세스 목표 **SMART 단계** • 성과목표를 달성하기 위해 필요한 작업 • 위의 세 가지 목표 달성에 기여한다. • 100퍼센트 마음대로 할 수 있다.	*"어떤 행동을 취하겠는가?"*	• 자동화된 실시간 분석이 포함된 금융 프로세스를 도입하고, 그 분석을 조직 전체에 미래에 대한 통찰을 제공하는 비즈니스 정보로 바꾸어놓을 것이다. 행동: 6개월 내에 분석 비즈니스팀을 신설한다. 그에 따라 분석관리팀을 신설한다(8주 내). 내부와 외부의 소통전략을 세운다(8주 내). • 신속한 결정과 모든 직원에 대한 완전한 소통을 지원하기 위해 혁신추진팀과 정기적인 회의를 갖고 긴밀하게 협력할 것이다. 모든 직원에게 추진상황을 공개하는 것이야말로 전폭적인 참여를 이끌어내는 지름길이다. 행동: 진행상황을 파악하기 위해 혁신관리팀과 격주로 미팅을 갖는다.

나 그들이 이렇게 하지 않고 업무를 엄격하게 정해주더라도 희망이 전혀 없는 것은 아니다. 최소한 리더가 직원들에게 누가 언제 어떤 업무를 어떻게 수행할지에 대해 약간의 선택권을 부여할 수 있기 때문이다.

주인의식을 불러오는 코칭

어떤 목표가 절대적으로 따라야 하는 명령일 때도 코칭을 통해 주인의식을 불러올 수 있다. 최근에 나는 지방경찰들과 총기 훈련에 관해 토의한 적이 있다. 그때 경찰 측에서 "어떻게 하면 훈련생들이 총기 안전에 대해 확고한 수칙을 갖게 할 수 있을까요?"라고 질문했다. 나는 처음부터 그들에게 그러한 수칙을 제시하는 대신, 코칭을 통해 훈련생들이 자발적으로 안전수칙을 만들게 할 것을 제안했다. 아마 자발적으로 합의한 안전규칙은 제도화된 수칙과 거의 비슷할 것이다. 두 수칙 사이에 차이가 있을 경우, 그 이유는 교관에게서 최소한의 도움을 받아 훈련생들이 알아낼 수 있을 것이다. 그렇게 되면 훈련생들은 주인의식을 갖고 총기 사용 안전수칙을 제대로 평가하고 이해할 수 있다.

누구의 목표인가?

자기 동기부여의 관점에서 선택과 책임의 가치를 결코 과소평가해서는 안 된다. 예를 들면 판매 팀원들이 상사가 원하는 것보다 낮게 목표를 정했다면 상사는 팀원들의 목표수치를 무시하고 자신의 목표를 강요하기에 앞서 그 행동이 가져올 부정적 결과를 생각해야 한다. 차라리 자존심을 접고 그들의 목표를 받아들이는 편이 나을지도 모른다. 자신의 목표를 고집하면, 기대와 달리 팀의 성과를 낮추는 결과를 낳을 수도 있다. 팀원들은 그의 목표수치를 비현실적으로 생각하든 안 하든 스스로 목표를 선택하지 못해 일에 대한 의욕을 잃어버릴 것이다.

리더가 자신의 목표에 대한 확신이 있다면 사용할 수 있는 방법이 한 가지 더 있다. 일단 팀의 목표에서 시작하되 코칭을 통해 팀원들이 초과달성의 장애물을 발견하고 제거하도록 도와줌으로써 더 높은 목표를 갖게 하는 것이다. 이렇게 하면 팀원들은 최종 합의된 목표에 책임감을 가질 것이다.

직장에서 목표에는 관련 당사자들 사이에 합의가 이루어져야 한다. 목표를 정해야 한다고 생각하는 리더, 즉 판매팀장과 실무를 수행하는 팀원들 사이에 합의가 있어야 한다. 양자 간에 합의가 없으면 판매팀은 책임감과 주인의식을 갖지 못하고 그로 인해 성과도 낮아질 것이다. 코칭 리더는 앞에서 끌어주거나 뒤에서 밀어주는 사람이 아니라 코칭받는 사람과 나란히 있다는 인식을 가져야 한다. 그렇게 하면 코칭받는 사람은 목표에 대해 주인의식을 가질 것이다.

좋은 목표의 조건 ————

우리가 조종할 수 있는 성과목표와 프로세스 목표로 조종할 수 없는 최종목표를 지원해야 함은 물론, 목표는 다음과 같은 조건을 갖춰야 한다.

SMART

- 구체적이고(Specific)

- 측정 가능하고(Measurable)
- 합의되고(Agreed)
- 현실적이고(Realistic)
- 기한이 정해져 있어야 한다(Timeframed)

PURE

- 긍정문으로 되어 있고(Positively stated)
- 이해되고(Understood)
- 관련성이 있고(Relevant)
- 윤리적이어야 한다(Ethical)

CLEAR

- 도전적이고(Challenging)
- 합법적이고(Legal)
- 환경친화적이고(Environmentally sound)
- 적절하고(Appropriate)
- 기록되어야 한다(Recorded)

목표는 당연히 이러한 조건들을 갖춰야 하므로 더 이상 설명이 필요하지 않겠지만 몇 가지 사항은 강조해야 할 것 같다.

'SMART 프레임워크'는 팀의 목표를 설정하는 리더를 위해 고안되었다. 목표 설정은 리더의 일이었기 때문에, 리더들은 목표를 분명하거나 '구체적으로' 만들려고만 했지 목표가 얼마나 신바람 나고 팀원들의 의욕을 북돋아주는지에 대해서는 관심이 없었다. 리더들은 또한 목표를 너무 어렵지 않게, 즉 '현실성 있게' 만들려고 했다. 목표가 현실성이 없으면 희망이 없고, 도전적 요소가 없으면 동기가 부여되지 않는다. 따라서 목표는 이 두 가지 요소를 모두 갖추어야 한다.

자극이 되는 목표 ─────

목표설정 단계에서 충분한 시간을 갖는 것이 중요하다. 충분한 시간을 가지며 코칭받는 사람들이 자극을 받고 활기를 느끼게 하는 목표, 또는 열정을 느끼고 신바람 나게 할 목표를 찾아야 한다. 긍정적인 언어로 명시되어 있고 자극이 되는 목표는 처음부터 활기와 의욕을 불어넣는다. 개인적 목표가 회사의 목표와 한 방향을 이룰 때 회사에 변화가 나타날 것이다.

> 우리는 초점을 맞추고 있는 것을 얻는다. 실패를 두려워하면 실패에 초점을 맞춰서 결국 실패를 하게 된다.

사람들은 혼자 목표를 정할 때는 두려움 때문에 자신을 제한하며 목표를 너무 낮게 정하는 경향이 있다. 코칭받는 사람들이 가능한 한 최고의 목표를 달성하기 위해 노력할 수 있도록, 목표를 높게 정하도록 격려하라. 목표 설정을 장려하는 환경에서는 도전적인 목표가 성공을 낳을 것이다. 또한 자신감과 확신을 불어넣고 더 높은 성과를 가져올 것이다.

긍정적 초점 ————

목표를 긍정문으로 표현하는 것은 매우 중요하다. 부정문으로 표현하면 어떻게 될까? 예를 들어서 목표를 '지역 대리점 가운데 꼴찌를 하지 않는다'로 정했다고 해보자. 어디에 관심이 모아지는가? 당연히 지역 대리점 가운데 꼴찌하는 것에 관심이 모아진다! "빨간 풍선을 생각하지 말라"고 말한다면 무엇이 생각나겠는가? 내가 아이에게 "유리잔 떨어 트리지 마라, 물 흘리지 마라, 실수하지 마라"고 말한다면 어떻게 되겠는가? 나는 크리켓의 예를 자주 든다. 위켓이 떨어지고 다음 타자가 흰색 피켓펜스를 통과할 때 누군가 그에게 말한다. "초구에 아웃되지 마라." 그는 타석으로 걸어가면서 초구에 아웃되지 말아야겠다고 생각하지만 결국 아웃되고 만다. 그러나 부정적 목표는 쉽게 긍정적 목표로 전환된다. '우리는 지역 대리점 가운데 4위 이상을 할 것이다.' '나는 무슨 일이 있어도 초구를 막을 것이다'로 고치면 된다.

윤리기준 ————

목표가 **합법적**이고 **윤리적**이고 **환경에도 나쁜 영향을 미치지 말아야 한다**고 주장하면 설교처럼 들릴지 모르지만, 각 개인은 기업의 윤리성에 대한 자신만의 기준을 가지고 있다. 따라서 직원들의 기준을 완전하게 충족시키려면 최고의 기준을 따라야 한다. 요즘 젊은 직원들은 "우리는 항상 그렇게 해왔다"고 변명하는 리더들보다 더 높은 윤리적 기준을 가지고 있다. 게다가 기업의 사회적 책임이 강조되는 데다 내부 고발자나 소비자 감시단체들의 폭로에 의해 비양심적인 수단으로 단기 이익을 취하기가 어려워졌다. 《스포츠 잘하기》에서 데이비드 에머리는 마이클 에드워드의 다음과 같은 말을 인용했다.

> 비즈니스에서 최고의 도덕성을 갖추지 못하면 최고의 사람들을 얻지 못할 것이다. 만일 편법을 써서 1천 파운드의 이득을 취하는 것을 중시한다면, 착한 사람들이 일할 의욕을 잃게 만들어 2만 파운드의 손해를 볼 것이다.

올림픽 목표 ————

아마 가장 훌륭하고 성공적인 목표 설정의 예는 마이클 펠프스가 태어나기 10년 전 올림픽 수영종목에서 찾을 수 있을 것이다. 미국의 대학 1학년생 존 네이버는 1972년 뮌헨 올림픽 수영종목에서 마크 스피츠가 금메달 일곱 개를 획득하는 것을 지켜보았다. 그때 그 자리에서 네이버는 1976년 올림픽 100미터 배영에서 금메달을 따겠다고 결심했다. 그는 전국학생수영대회에서 1위를 했지만 그의 기록은 올림픽에서 금메달을 따기 위해 필요한 페이스보다 5초 가까이 뒤쳐졌다. 그 나이에 그렇게 짧은 거리에서 5초의 격차를 메우는 것은 대단히 어려운 일이었다.

그는 불가능을 가능으로 바꾸겠다고 마음먹고 먼저 세계신기록 수립을 성과목표로 정했다. 그리고 5초 차이를 4년 동안의 총 훈련시간으로

나누었다. 그는 매 훈련마다 눈 깜짝할
사이인 15분의 1초씩 기록을 단축한다는
계획을 세웠다. 열심히 그리고 지혜롭게

이겨야 하는 사람은 크게
이기고, 지는 것을 두려워
하는 사람은 크게 진다.

연습한다면 가능한 목표라고 판단했고 그의 판단은 옳았다.

1976년 무렵 기록이 크게 향상되어 그는 몬트리올 올림픽에서 미국 수영팀의 주장이 되었다. 그는 100미터와 200미터 배영에서 각각 세계 신기록과 올림픽 역사상 두 번째로 좋은 기록으로 금메달을 땄다. 목표 설정을 잘한 덕이었다. 존 네이버는 명확한 최종목표를 생각하며 금메달 획득 의지를 다졌고, 성과목표를 통해 그 최종목표로 한 발짝씩 다가갔다. 그리고 체계적인 프로세스로 성과목표를 뒷받침했으며, 이것은 성공의 발판이 되었다.

비즈니스에서의 올림픽 성과

올림픽 성과는 어떻게 비즈니스에 적용될 수 있는가? 조지 파울로 레만은 40년 넘게 브라질 경제개발의 핵심 인물이었다. 1971년 레만은 가란티아 투자은행을 설립했다. 곧이어 브라질의 골드만삭스로 여겨질 금융기관을 세우기 위해 카를로스 시쿠피라와 마르셀 텔레스를 영입했다. 그들은 다양한 자산을 인수하면서 브라질 경제를 바꾸어놓았다. 국내의 안정을 도모하면서 외국 투자자들에게 문호를 개방했다. 그들의 사모펀드 사인 3G 캐피탈을 통해 버거킹, AB 인베브, 크라프트 하인즈 같은 유명 브랜드 소유권이나 지분을 얻었다.

그들은 직원들에게 동기부여를함으로써 기업을 운영해왔다. 크리스티안 코레아는 그녀의 책《드림 빅Dream big》에서 그들이 돈으로만 움직이지 않는 훌륭한 사람들을 데려오고 싶어했다고 말한다. 레만은 그들의 성공 공식을 이렇게 말했다.

> 큰 꿈을 정한다. 그 꿈을 단순하고, 쉽게 이해되고, 측정 가능하게 만든다. 함께 일할 적합한 사람들을 데려온다. 지속적으로 성과를 측정한다. 이 공식으로 무엇이나 만들고, 운영하고, 개선할 수 있다.
>
> (하버드 비즈니스 스쿨)

프란시스코 호멩 멜로는 《3G 방식The 3G Way》에서 그들의 리더십 스타일은 '꿈+사람+문화'로 요약된다고 말한다. 그들은 훌륭한 사람들을 얻었고, 사람들이 성공을 거듭하고 큰 꿈에 대해 보상을 받을 수 있는 문화를 만들었다. 이러한 접근 방법을 통해 투자은행에서 파이낸스로, 맥주회사로, 패스트푸드 회사로 영역을 확대할 수 있었고, 브라질을 넘어 남미와 유럽, 미국으로 진출했다.

어떻게 그런 일이 가능했을까? 첫째로 회사의 모든 사람이 큰 꿈을 공유하고 있었다. 그림 10의 목표 피라미드 방식으로 이야기하면, 그들의 꿈의 목표가 브라질 경제를 바꾸고 안정된 방식으로 시장을 개방하는 것이었다면, 그들의 최종목표는 세계 최대의 맥주회사가 됨으로써 그 꿈을 이루는 것이었다. 회사는 꿈의 목표와 최종목표를 토대로 회사의 연간목표(성과목표)를 나누었고, 그 다음에는 프로세스 목표로서 CEO의 목표, 부사장의 목표, 임원들의 목표, 그런 식으로 계속 내려가 공장 직원들의 목표까지 정했다. 결과적으로 꿈의 목표에서 프로세스 목표에 이르기까지 모든 목표가 한 방향을 향했다. 수년간의 집중적인 노력 끝에 꿈의 목표를 달성한 이후 회사는 또 다른 꿈의 목표를 세웠다.

이 접근 방법은 짐 콜린스를 비롯해 많은 경영 전문가와 평론가들의 찬사를 받았다. 특히 짐 콜린스는 레만과 시쿠피라와 텔레스가 가졌던 목표로부터 '크고 위험하고 대담한 목표BHAG, Big Hairy Audacious Goals'라는 용어를 만들어냈다. 결국 레만이 말했듯이 '큰 꿈을 갖는 것은 작은 꿈을 갖는 것만큼 일이 많다.'

코칭 대화 예시 ————

나는 앞으로 몇 개의 장에서 실용기술을 설명할 때, 샘과 그의 상사 미첼의 가상 대화를 사용할 것이다. 샘은 다국적 통신사의 프로젝트 매니저이다. 그는 최근 회사 전체의 프로젝트인 서미트 프로젝트의 관리를 맡아서, 직원들의 관리기술을 향상시키고 그의 부하직원이 아닌 팀원들을 통솔해야 하는 숙제를 안고 있다. 실행자인 샘은 계속 생겨나는 많은 일을 분류하는 데 매달려 몹시 지쳐 있고 일부 팀원들 때문에 골치를 앓고 있다. 샘이 다시 정상으로 돌아올 수 있도록 미첼이 어떻게 목표에 집중하는지 살펴보도록 하자.

> **코치는 대화의 목적을 분명하게 말하고,**
> **코칭받는 사람에게 무엇을 토의하고 싶은지 질문한다.**

미첼   서미트 프로젝트에 대해 이야기하고 싶습니다. 팀 관리가 어떻게 되어가고 있는지 듣고 싶은데, 잘되고 있나요? (샘이 고개를 끄덕인다.) 우리 토의에서 얻고 싶은 것이 무엇입니까?

샘   일부 팀원이 자기 역할을 제대로 하지 않고 있고, 또 자원이 충분하지 않아서 현재의 프로젝트 기한을 맞추기가 어렵습니다. 그런 문제들을 이야기하는 것이 좋을 듯합니다.

미첼   알았습니다. 하고 싶은 말이 많은 것 같군요. 나는 팀원 관리기술에 대해 집중했으면 좋겠습니다. 팀원 관리기술은 이 프로젝트 관리에서 중요한 부분입니다. 그런데 당신 말을 들어보니 지금 어떤 것을 다루고, 어떤 것을 해결하는 게 당신에게 가장 도움이 될지 모르겠군요.

샘   다른 부서에서 뛰어난 사람들이 프로젝트에 참가하기는 했는데, 거기에 대한 예산은 전혀 없습니다!

미첼   그렇습니다. 추가 인력에 대한 예산이 없습니다. 그런데 내가 듣기로는 당신이 현재 가장 크게 생각하고 있는 것은 사람 문제인 것으로 알고 있는데요, 가장 우려되는 것은 무엇입니까?

샘   솔직히 말하면 일을 제대로 안 하고 있는 사람은 조안과 캐서린입니다. 하겠다는 말만 하지 실제로 하지를 않습니다. 두 사람을 믿을 수가 없어요. 문제를 해결하려고 만났는데 그냥 화를 내고 나를 비난하는 겁니다. 그 두 사람 때문에 우리의 첫 번째 납기일을 맞추는 것이 어려워지고 있습니다.

미첼   그 문제에 어떻게 대처하고 있습니까?

샘   그 문제로 스트레스를 많이 받습니다. 이제 더 이상 변명은 듣고 싶지 않습니다. 고객에게 첫 번째 납기일을 맞추지 못한 것에 대해 어떻게 말을 해야 할지 모르겠습니다.

> **초점을 문제·걱정에서 코칭받는 사람에게 의미 있는 목표로 옮아간다.**
> **원하는 결과·목표를 명시한다.**

미첼   나는 당신 편이고 당신이 이 문제를 해결할 수 있을 것이라고 확신합니다. 이 문제에 대해 대화를 나누면서 어떤 결과를 얻으면 좋겠습니까?

샘   조안과 캐서린이 분발하게 해서 그들이 역할을 다하면 좋겠습니다.

미첼   또 무엇을 원하나요?

샘   스트레스를 덜 받고 프로젝트를 정상으로 되돌리기 위해 내가 원래 하기로 돼 있는 일을 할 시간이 더 많았으면 좋겠습니다.

> **원하는 결과 · 목표에 대한 구체적인 정보를 얻는다**

미첼   고객 납기일을 맞추는 것이 당신에게 중요하다는 것을 알고 있습니다. 이 프로젝트를 기한 내에 마친다는 것은 당신에게 어떤 의미가 있을까요?

샘   이 프로젝트에서 가장 중요한 것은 가능한 최고의 성과를 내고 고객을 행복하게 하는 것입니다.

> **이 성과목표를 달성하는 것이 최종목표 · 꿈의 목표를 달성하는 데**
> **어떻게 기여할지에 대해 탐구적 태도를 갖는다.**

미첼   잠시 한 걸음 물러나서 큰 그림을 보십시오. 그 목표에서 당신에게 중요한 것은 무엇입니까?

샘   음, 여기서의 성공은 나의 궁극적인 목표인 지역판매팀에 합류
      하는 것에 필요한 경험과 실적이 될 것입니다.

미첼   그렇습니다. 여기서의 성공으로 당신은 궁극적인 목표에 한 걸
      음 다가서게 될 겁니다. 그러면 다시 프로젝트로 돌아가서, 당
      신의 전체적인 목표는 무엇이라고 말할 수 있습니까?

샘   모든 팀원이 우리만이 아니라 고객을 위해 납기를 맞추도록 서
      로 힘을 모으는 것입니다.

미첼   당신은 팀원들 때문에 골치를 앓고 있습니다. 당신은 그들과의
      관계가 어떻게 되었으면 하나요?

샘   그들이 자기 일에 대해 책임을 지고 자부심을 느꼈으면 좋겠습
      니다. 또 나를 존중해줬으면 좋겠습니다.

**두 가지 성과목표를 요약하고
코칭받는 사람이 프로세스 목표를 실행하게 한다.**

미첼   당신은 두 가지 목표가 있는 것 같습니다. 첫째는 프로젝트를
      정상으로 되돌려서 고객을 행복하게 하는 것이고, 둘째는 조안
      과 캐서린과의 관계를 개선하는 일입니다. 그 두 가지 목표를
      구체적으로 살펴보는 것이 도움이 될까요?

샘   네, 그렇습니다.

    미첼은 샘과의 대화에서 자신의 의제가 있었고, 대화를 시작할 때 그
것을 분명하게 말했다. 하지만 그녀는 자신의 의제를 강요하는 대신에
샘이 다루고 싶은 것을 말하라고 했다. 이어진 대화에서 미첼은 그의

우려를 받아들여 토의 방향을 문제 해결에서 원하는 성과와 목표 설정으로 옮겼다.

이 짧은 대화에서 여러 가지 목표가 거론되는 점에 주목하라. 이 대화의 목적, 즉 샘이 이 대화에서 얻고 싶은 것과 그에게 목적과 의미를 주는 그의 더 큰 목표가 거론되었다. 이러한 목표들은 샘이 힘들고 지치고 짜증나더라도 프로젝트를 계속 추진해나갈 수 있는 동기를 부여한다. 그는 이상적 성과를 규정하고 최종목표를 말할 때 그 목표에 대한 주인의식이 생기고, 목표달성을 위해 더욱 헌신적으로 노력하게 된다. 미첼이 그에게 할 일을 지시했다면 그런 효과를 얻지 못했을 것이다.

목표 설정과 성과곡선

샘은 조안 그리고 캐서린과의 관계에서 곤란을 겪고 있다는 것을 확인해주었다. 그는 그들에게서 원하는 것을 얻지 못하고 있다. 이는 그가 그들과 목표를 중심으로 소통하지 못했다는 것을 말해준다. 목표가 불분명한 것은 큰 장애 요소가 되고 성과를 떨어뜨린다. 분명한 목표가 없을 때 사람들은 최선의 노력을 다하지 않을 수 있다. 원하는 결과가 무엇인지 잘 모르기 때문이다. 샘이 조안과 캐서린에게 관계를 개선하고 신뢰와 존중을 회복하고 싶다고 솔직하게 말하지 않으면, 저절로 신뢰가 형성될 가능성은 높지 않을 것이다.

2장의 성과곡선을 이 상황에 적용해보자. 샘과 그의 팀은 성과가 가장 낮은 **충동적 단계**에 머물러 있다. 상황이 방치되어 있다. 샘은 "그들이 내가 말한 것을 하기만 하면 좋을 텐데"라는 심정을 드러내고 있다는 점에서 **의존적 단계**(약간 낮은 성과)를 목표로 하고 있는 듯하다. 반대로 미첼은 **상호의존적 단계**(고성과)에 있다. 그녀는 코칭을 통해 이 혼란스러운(upset) 상황을 정돈된(set-up) 상태로 바꾸어놓을 것이라고 자신한다. 미첼은 샘이 리더십 기술에 어려움을 겪고 있음을 확인했고, 함께 협력해 이 문제를 해결하려 하고 있다. 그녀는 프로젝트 완수가 샘의 최종목표에 어떻게 기여하는지 상기시켜준다. 그녀는 이 대화를 통해 상황을 알게 되었고, 이제 그것이 그녀의 최우선 목표가 되었다. 그것이 프로젝트 전체에 영향을 미치기 때문이다. 미첼은 코칭을 통해 샘의 리더십을 키워주고 있으며, 그것은 대단히 중요하다.

이제 목표 단계를 지나 현실을 살펴보도록 하겠다.

11 R: 현실은 어떠한가?

현실을 분명하게 파악했을 때 목표는 초점이 분명해진다.

앞에서 여러 가지 목표를 확인했으므로 이제 현재의 상황을 자세히 파악해야 한다. 현재의 상황을 파악하기 전에는 목표를 정할 수 없고 코칭은 현재의 상황을 점검하는 것에서 시작되어야 한다는 주장이 있을 수 있다. 나는 어떤 논의든 가치와 방향을 가지려면 목적이 있어야 한다는 점을 근거로 이 주장에 반대한다. 상황을 구체적으로 살펴보기 전에는 목표가 느슨할 수 있지만, 그렇더라도 목표를 먼저 정해야 한다. 현실을 분명하게 파악했을 때 목표는 초점이 분명해진다. 만일 현실이 처음에 생각했던 상황과 약간 다르다고 판명될 경우 목표를 수정하면 된다.

객관성을 유지하라 ─────

현실을 점검할 때 가장 중요한 기준은 객관성이다. 객관성은 인식하는 사람의 의견, 판단, 기대, 편견, 관심, 희망, 두려움으로 훼손되기 쉽다. 자각은 현실을 있는 그대로 인식하는 것이며, 자기 인식은 자신의 현실 인식을 왜곡하는 내부 요소들을 인지하는 것이다. 사람들은 대부분 스스로를 객관적이라고 생각하지만, 절대적인 객관성은 존재하지 않는다. 정도의 문제이기는 하지만 객관성을 유지하려고 노력하면 할수록 객관성은 높아질 것이다.

3자적 시각에서 접근하라 ─────

현실에 접근하려면 코치와 코칭받는 사람이 현실을 왜곡할 가능성을 막아야 한다. 그래서 코치에게는 감정 요소를 배제한 3자적 시각과 코칭받는 사람에게서 사실에 근거한 대화를 이끌어내는 질문 능력이 요구된다. "그런 결정을 내리는 데 어떤 요인들이 작용했습니까?"라는 질문은 "왜 그런 일을 했지요?"라는 질문보다 정확한 대답을 이끌어낸다. 두 번째 질문은 코칭받는 사람이 코치가 듣고 싶어 하는 대답을 하게 하거나 방어적 자기합리화에 빠지게 만든다.

판단하지 말고 서술하라

코치는 평가하고 판단하는 언어가 아닌 서술적 언어를 사용하고, 코칭 받는 사람도 그런 언어를 사용하도록 권해야 한다. 이것은 3자적 시각과 객관성을 유지하는 데 도움이 되고 현실 인식을 왜곡하는 비생산적 자기비판을 줄여준다. 그림 11은 이 개념을 설명한 것이다.

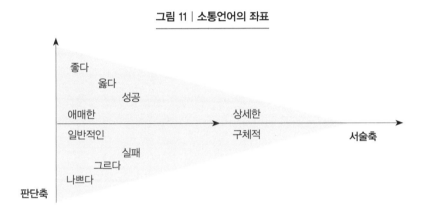

그림 11 | 소통언어의 좌표

일반적인 대화와 많은 리더십 대화에서 사용하는 언어는 대부분 서술축 왼쪽 끝에 위치한다. 우리는 코칭을 할 때 왼쪽 언어에서 오른쪽 언어로 옮기는 노력을 해야 한다. 사용하는 단어와 표현이 구체적이고 명시적일수록 비판은 줄어들고 생산적인 코칭이 될 것이다.

코칭받는 사람이 현실을 파악하기 위한 질문을 스스로에게 할 때, 그 질문은 가장 솔직한 자기평가 수단이 된다. 현실을 파악하는 질문은 어느 상황에서든 아주 중요하다.

더 깊은 자각 수준 ————

코치가 질문을 하고 일상적인 자각 수준에서 나온 대답만을 얻는다면, 코치가 생각을 정리하는 데는 도움을 주겠지만 코칭받는 사람은 더 깊은 자각수준까지 파고들지는 못할 것이다. 코칭받는 사람은 대답하기 전에 잠시 멈추고 생각할 때 아마 눈을 치켜뜰 것이다. 그때 자각이 일어나고 있는 것이다. 코칭받는 사람은 정보 검색을 위해 깊은 의식세계로 뛰어든다. 그것은 답을 찾기 위해 내면의 파일 캐비닛을 뒤지는 것과 같다. 답을 찾았으면 이 새로운 자각은 의식 위로 떠오르고 코칭받는 사람은 강해진다.

> 우리는 자각하고 있으면 상황에 대해 선택하고 통제할 수단이 있지만, 자각하지 못하면 오히려 우리가 상황에 의해 통제받을 것이다.

코칭받는 사람을 따라가라 ————

코치는 코칭받는 사람의 관심과 생각의 흐름을 따라가면서 그것이 전체적인 주제와 어떻게 관련되는지 관찰해야 한다. 그것은 가장 기본적인 코칭 기술이다. 코칭받는 사람이 문제의 모든 측면을 이야기해주면 코치는 그가 빠트렸다고 생각되는 것들을 제시해야 한다. 만일 코칭받는 사람이 주제에서 한참 벗어난다면 "이것은 그 목표와 어떤 관계가 있지요?"라고 질문한다. 그러면 다시 주제로 돌아오든가 주제에서 벗어난 이유를 설명할 것이다. 어떤 경우이든 코칭받는 사람이 계속 대화를 이끌 수 있게 해준다.

동료들 간의 솔직한 대화 ─────

기업에서 리더는 이런 접근 방법을 조정할 필요가 있다. 예를 들어 상사인 앨리슨이 피터의 부서에서 드러난 문제점을 조사하고 해결하려 한다고 치자. 만일 그녀가 처음부터 문제를 제기한다면 피터는 위협을 느끼고 방어적 자세를 취할 것이다. 문제를 제기하지 않고 그가 대화를 이끌어가게 하면 그녀가 원하는 문제에 도달하게 될까?

앨리슨은 목표에 초점을 맞추고 문제라고 생각하는 것에 대해 판단을 내리지 말아야 한다. 물론 그것은 상당한 자기관리를 요구하는 일이다. 여기서 감성지능이 전문지식보다 더 중요한 핵심 리더십 특성인 이유를 알 수 있다. 앨리슨은 이렇게 시작할 수 있다.

앨리슨　우리가 머리를 맞대고 두 부서에 대해 알고 있는 것들에 대해 이야기를 나누면 좋겠습니다. 괜찮겠지요? (피터가 고개를 끄덕인다.) 내가 원하는 것은 두 부서가 잘 협력하는 것입니다. 두 부서 사이에 계속 문제가 발생하고 있는 것으로 알고 있는데, 어떻게 생각하나요?

그녀는 비판하지 않고 건설적 접근 방법을 사용함으로써 자신의 판단을 자제했고, 피터와 함께 중요한 문제를 해결할 수 있는 환경을 만들었다.

직원들이 서로를 위협적 존재가 아니라 조력자로 보기 시작할 때 더 편안한 마음으로 문제를 제기할 것이다. 그렇게 되면 솔직한 진단과 대화가 가능하고 조기에 해결책을 찾을 수 있다. 이와는 반대로, 대다수 기업에 만연한 비난의 문화는 '그릇된 현실 인식 증후군'을 불러오거나 '당신이 듣고 싶은 것만 말하고, 내게 문제되지 않을 것만 말하는' 분위기를 조장할 것이다. 그런 상황에서는 개선이 된다 해도 그릇된 현실 인식 위에서 이루어질 것이다.

현명한 코치는 전체적인 조사에서 시작해 코칭받는 사람의 대화를 따라간다. 코치는 코칭받는 사람이 어려움을 덜도록 도와주며, 코칭받는 사람에게 위협적 존재가 아니라 지지자로서 신뢰를 쌓을 것이다. 이런 접근 방법은 처음에 나타난 증상에 현혹되지 않고 빠른 시간에 문제의 원인을 파악하는 데 아주 효과적이다. 문제를 근본적으로 해결하려면 드러난 현상 뒤에 숨은 원인을 찾아서 제거해야 한다.

감각을 이용하라 ─────

코칭받는 사람이 기차 엔진 조작법과 테니스 라켓 사용법 등 자신이 속한 분야의 새로운 기술을 배우고 있다면, 코칭은 느낌, 소리, 모습과 같은 감각적 측면에 초점이 맞춰질 것이다.

신체적 자각은 자동적인 자기 수정을 가져온다. 이 말이 믿어지지 않으면 잠시 눈을 감고 안면근육에 주의를 집중해보라. 아마 주름진 이마나 경직된 턱이 느껴질 것이다. 그 느낌을 자각하는 것과 동시에 일종의 해방감을 맛볼 것이다. 그러면 이마와 턱이 아주 편안해질 것이다. 같은 원리가 복잡한 신체적 움직임에도 적용된다. 만일 움직이는 신체 부위에 주의를 집중하면 효율성을 저하시키는 긴장감이 느껴졌다가 무의식중에 사라지고 퍼포먼스 향상을 경험할 것이다. 이것이 스포츠 분야에서 기술 향상을 위해 행하는 새로운 코칭 방법의 기본원리다.

내면의 자각은 신체적 효율성을 증대시켜 기술을 향상시킨다. 이것은 외부에서 내면으로 향하는 기술이 아니라 내면에서 외부로 향하는 기술이다. 당신의 신체가 강제적으로 받아들여야 하는 다른 사람의 좋은 기술이 아니라 당신의 신체적 특징에 맞게 수용한, 당신의 기술이다. 어느 것이 최적의 성과를 낳겠는가?

코칭받는 사람이 프레젠테이션의 효과성을 높이기 위해 의사소통법 같은 새로운 행동을 배우고 있다면 신체적 자각과 내면의 자각이 필요하다. 이

> 변화하려고 노력하면 신체적 긴장과 부자연스러운 행동이 생기고 이는 종종 실패를 낳는다.

예에서 코칭받는 사람이 다음과 같은 질문을 통해 최근의 프레젠테이션 경험을 서술하게 하고 현재의 상태를 느끼게 하라.

- 사람들 앞에 서 있을 때 기분이 어땠는가?
- 자신의 페이스에 대해 무엇을 알았는가?
- 말을 시작할 때 어떤 느낌이었는가?
- 어느 정도의 자신감이 느껴졌는가?(1에서 10까지 척도로 대답할 것)
- 호흡은 어땠는가?

- 첫마디를 꺼내기 직전에 어떤 생각을 했는가?
- 어떻게 서 있었는가?
- 어떤 면이 효과가 있었는가?
- 신체언어는 어떠했는가?

코칭받는 사람에게 어떻게 느꼈는지 말할 기회를 줘라. 계속 열린 질문을 던지고 대답을 들어라. 조용히 경청하며 진실을 건져 올려라.

태도와 성향을 평가하라 ─────

지금 이 순간의 생각, 태도, 성향, 그리고 일반적으로 의식적 접근이 잘 이루어지지 않는 요인들을 검토하기 위해서는 자기 인식이 필요하다. 인식과의 관계는 어린 시절부터 지닌 오랜 믿음과 의견에 때때로 영향을 받는다. 만일 그러한 영향력을 인정하지 않고 그 결과를 고려하지 않으면 우리의 현실감각은 왜곡될 것이다.

몸과 마음은 서로 연결되어 있다. 대부분의 생각은 감정을 담고 있고, 모든 감정은 신체에 반영되며, 신체적 감각은 생각을 유발한다. 따라서 걱정, 장애물, 억압 등은 마음, 신체, 감정을 통해 접근할 수 있으며, 항상 그렇지는 않지만 하나를 해결하면 나머지 두 개도 해소된다. 예를 들면 신체적 긴장을 확인하거나, 과로를 유발하는 감정을 인식하거나, 완벽주의와 같은 태도의 문제점을 찾아냄으로써 지속되는 스트레스를 감소시킬 수 있다. 이너 게임 선수가 내면의 장애물을 제거하거나 감소시킴으로써 성과를 향상시킨다는 티머시 골웨이의 코칭 원칙을 떠올려 해보라.

너무 깊이 들어가지 말라 —————

코칭을 할 때 한 가지 주의할 점이 있다. 코치는 코칭받는 사람의 숨겨진 욕구와 동기를 예상보다 깊이 파고들어갈 수 있다. 현상이 아닌 원인에 접근하는 것, 그것이 변혁적 코칭의 본질이다. 코칭은 사무실 사람들 사이의 갈등을 지시와 명령으로 덮어버리는 것 이상을 요구한다. 그래서 더 좋은 결과를 낳는다. 하지만 충분한 코칭 훈련을 받지 못했거나 용기가 없다면 손을 떼는 것이 좋다. 직원들 간 갈등의 원인이 보다 깊은 곳에 있다고 판단되면 그 문제는 기술을 갖춘 전문가에게 맡기는 것이 좋다. 코칭과 상담은 다르다. 코칭은 주도적이고 미래지향적인 반면 상담은 대응적이고 과거지향적이다.

현실 파악 질문 —————

현실 파악 질문은 7장에서 소개한 지침을 따라야 한다. 여기서는 약간 다른 측면에서 접근한다. 질문은 다음과 같은 내용을 담아야 한다.

- 코칭받는 사람이 생각하고, 검토하고, 살펴보고, 참여하게 하기 위

해서는 대답을 요구하는 질문을 해야 한다.

- 내용이 있는 구체적인 대답을 얻기 위해 초점이 분명한 대답을 요구해야 한다.
- 솔직하고 정확한 대답이 되기 위해서는 판단적 대답이 아닌 서술적 대답이 되어야 한다.
- 대답은 코치에게 피드백 회로를 제공할 수 있을 정도로 수준과 빈도가 충분해한다.

현실 파악 단계에서 질문은 '누가' '언제' '어디서' '무엇을' '얼마나' 등의 의문사로 시작해야 한다. 이미 말했듯이 '어떻게'와 '왜'는 특별한 경우나 마땅한 표현이 없을 때 사용한다. 이 두 단어는 방어적 대답을 유도하지만 다른 의문사는 사실을 추구한다. 현실 파악 단계에서는 경찰 심문에서처럼 사실이 중요하며, 사실 파악 전의 분석은 잘못된 이론을 형성하고 편향된 자료수집으로 이어질 수 있다.

코치는 특히 코칭받는 사람의 말을 경청하고 행동을 주시해서 다음 질문의 방향을 가늠할 수 있는 모든 단서를 수집해야 한다. 코치는 상황이 일어난 전체 과정을 알 필요는 없지만 코칭받는 사람이 상황을 잘 알고 있는지는 확인해야 한다. 이는 코치가 최상의 해답을 제공하기 위해 필요한 모든 사실을 수집하는 데 쓰는 시간보다 적게 들기 때문에 결코 시간 낭비가 아니다.

현실 파악 단계에서 빼놓을 수 없는 중요한 질문은 "지금까지 이 문제에 대해 어떤 행동을 취했습니까?" "그 행동은 어떤 효과가 있었습니까?"와 같은 연속질문이다. 이 질문은 행동의 중요성을 강조하고 문제에 대한 생각과 행동 간의 차이를 부각시키는 데 도움이 된다. 사람들은 대체로 문제에 대해 오랫동안 생각하지만, 그 문제에 대해 어떤 행동을 취했는지 질문을 받았을 때는 자신이 생각만 하고 행동은 취하지 않았다는 사실을 깨닫는다.

비즈니스 코칭 상황에서 현실 파악에는 코칭받는 사람이 내면의 현실(생각, 감정, 믿음, 가치관, 태도)은 물론 외부 현실(조직의 전략, 규정과 프로세스, 정치적 지형, 행동규범, 문화, 불문율, 세력 관계 등)에 대해 자각하게 하는 것도 포함된다. 조직에서 일하는 사람은 누구나 코칭받는 사람들이 목표를 달성하는 데 도움이 되거나 방해가 되는 사람들과 상황을 포함한 시스템에서 일한다. 예를 들어 설명하면 이해하기 쉬울 것이다.

페트라가 조직에서 새로운 판매 프로세스를 성공적으로 실행하는 것을 목표로 한다고 해보자. 현실을 고려할 때 페트라의 코치는 그녀가 목표와 연관된 외부 현실에서 모든 측면에 대해 자각하게 한다. 그 자각에는 새로운 프로세스에 영향을 미치는 판매팀의 태도와 행동에 대한 이해, 프로세스 실행을 지원하거나 방해할 수 있는 영향력을 누가 가지고 있는지에 대한 확인, 새로운 프로세스를 사용하는 사람들에게 영향을 미칠 수 있는 판매 처리 불문율 확인, 이 조직이 프로세스 변화를 대하는 방식에 대한 행동규범 이해 등이 포함된다. 페트라의 코치는 또한 그녀로 하여금 내면의 현실과 관련한 모든 측면들에 대해 자각하게 할 것이다. 그 자각에는 자기 동기부여, 핵심 이해당사자들에게 영향을 미칠 수 있는 자신의 능력에 대한 믿음, 반발하는 사람들을 다루는 솜씨에 대한 확신, 성공이 그녀에게 의미하는 것 등이 포함된다.

조기 해결

놀랍게도 현실을 철저하게 조사하면 3, 4단계에 들어가기도 전에 해답을 찾는 경우가 종종 있다. 코칭받는 사람은 현실 파악 혹은 목표설정 단계에서 분명한 행동방향이 드러나면 "유레카!"라고 외치며 그 일을 하려는 욕구를 갖는다. 이것의 가치는 코칭받는 사람이 목표 설정과 현실 파악 단계에 충분히 오랫동안 머물면서 성급하게 대안 찾기 단계로 넘어가지 않게 한다는 것이다. 그러면 현실을 철저하게 파악하기 위해 샘과 그의 상사 미첼 간의 코칭 대화를 다시 살펴보도록 하자.

> **코칭받는 사람이 객관성을 유지하면서**
> **상황을 왜곡 없이 있는 그대로 보도록 도와준다.**

미첼   당신의 목표 중에는 프로젝트를 정상으로 되돌려놓는 것도 있습니다. 프로젝트가 현재 정상에서 얼마나 벗어나 있나요?

샘   사실 정상에서 벗어난 것은 납기일을 맞추는 문제밖에 없는데, 아직 그것을 시작도 못했습니다. 나머지는 예정대로 잘되고 있습니다.

> **코칭받는 사람이 잘 한 것을 인식하고 축하하도록 도와준다.**

미첼   납기일 맞추는 문제는 잠시 후에 이야기해보죠. 당신은 나머지는 예정대로 잘되고 있다고 했습니다. 훌륭합니다. 잘했어요! 그렇게 정상으로 돌아가는 데 무엇이 도움이 되었습니까?

샘   비즈니스 분석을 맡은 사람들이 정말 열심히 일했고 고객들의
      요구에 귀를 기울였습니다. 소프트웨어 개발자들은 조기에 문
      제를 제기해 시험가동 단계에서 문제를 해결했습니다.

**코칭받는 사람의 역할과 공헌,
그 과정에서 자신에 대해 알게 된 것을 일깨워준다.**

미첼   당신은 비즈니스 분석 직원들과 소프트웨어 개발자들이 그런
      성과를 내는 데 어떤 기여를 했습니까?

샘   그들에게 기대하는 것을 분명하게 알려주었고, 그들이 직접 상
      황을 파악할 수 있도록 각 팀에서 파견한 최소한 두 명이 고객
      회의에 항상 참가하게 했습니다.

미첼   그 밖에 또 무엇을 했습니까?

샘   프로젝트를 시작할 때 진행상황과 개인의 성과를 어떻게 측정
      할 것인지 팀 리더들과 합의하고 계약을 맺었습니다.

미첼   그리고 또 무엇을 했죠?

샘   각 개인에게 직접 관심을 보여주었고 기대 이상의 성과를 거둔
      사람들을 칭찬해주었습니다.

**자각의 범위를 자신에서 다른 사람들(개인, 팀)과
코칭받는 사람이 속해 있는 시스템으로 확대한다.**

미첼   배달부서 사람들과 함께 일하는 방식은 다릅니까? 조안과 캐서
      린이 거기서 일하고 있지요?

샘   그들은 다른 사람들보다 늦게 프로젝트팀에 합류했어요. 그들

은 미팅에 참가하라는 연락을 받아도 한 번도 나타나지 않았습니다.

미첼　그 밖에 또 그들과 일하는 방식은 어떻게 다릅니까?

샘　밥에게서 들은 이야기인데, 그들은 자기 부서에서도 신뢰받지 못하고 있다고 합니다. 그래서 그들이 팀에 합류할 것이란 소식을 듣고 실망했습니다. 나라면 그들을 선발하지 않았을 겁니다.

미첼　그런 인식이 당신이 그들을 대하는 방식에 어떤 영향을 미쳤다고 생각하나요?

샘　약간 쌀쌀맞게 대했던 것 같습니다. 솔직히 말해서 팀 내 다른 사람들과는 달리 그들과 함께 시간을 보낸 적이 없습니다.

미첼　당신이 그들의 입장이라면, 당신은 프로젝트 매니저로부터 무엇이 필요할 것 같습니까?

샘　명확한 방향과 간섭하지 않고 내 방식대로 그 일을 해나가도록 내버려두는 것입니다.

미첼　조안과 캐서린은 이 프로젝트에서 당신이 그들을 관리하는 방식에 대해 뭐라고 할 것 같나요?

샘　내가 너무 간섭한다고 말할 것입니다.

미첼　그들이 프로젝트 매니저인 당신에게서 무엇을 원하는지 알고 있습니까?

샘　자율성과 신뢰, 그리고 소중한 팀원으로 인정받는 것입니다.

미첼　당신은 그런 것을 만들어내기 위해 무엇을 해야 합니까?

샘　음, 먼저 배달부서 리더에게 연락하고 조안과 캐서린이 팀의 일원임을 느끼게 해야 합니다. 모두 나로부터 시작되었군요!

당장 가서 그렇게 하겠습니다.

미첼은 샘이 현실을 충분하게 자각하는 것을 도와주기 위해 적극적 경청과 강력 질문을 사용한다. 그녀는 효과가 있는 것에 대해 그가 깨닫게 하고 그의 강점을 축하하고 부각시켜준다.

미첼은 샘이 외부 현실에 주의를 집중하게 한다. 외부 현실의 중심에 있는 조직의 상황을 구성하는 것은 행동규범, 문화, 정치적 지형이다. 샘은 조직의 현실을 정확히 이해하기 위해 조직의 상황과 그 속의 사람들을 객관적으로 봐야 한다. 미첼은 판단을 배제하는 방식으로 그가 조직의 현실을 깨닫도록 도와준다.

현실의 또 하나의 측면은 샘의 내면이다. 거기에는 그의 생각, 감정, 가정, 자신에 대한 기대, 그가 속한 외부 현실과의 관계가 포함된다.

미첼이 자신의 생각을 제시하는 것은 샘이 그의 의견을 모두 나눈 후라는 점을 주목하라.

현실과 성과곡선

미첼은 샘의 관계 리더십이 팀원들에게 미치는 영향에 집중하게 함으로써 그의 리더십이 갖는 영향력에 대해 자각하게 하고 있다. 샘은 모든 일에 심하게 간섭 하고 있으며 다른 사람들에 대한 신뢰가 부족하다는 점도 인정한다. 이는 그가 의존 단계에 머물러 있다는 뜻이다. 이러한 과잉 관리는 낮은 성과를 초래했다. 또한 일부 팀원들은 방어적으로 행동하고, 다른 사람들을 비난하고, 책임지지 않는 분위기를 조성했다.

여기서 샘은 독립 단계에 머물러 있음을 보여준다. 그가 일을 직접 해결하고 더 오래, 더 열심히 일해야 한다고 생각하는 데서 알 수 있다. 독립 단계에 있는 리더의 '나는 높은 성과를 낸다'는 지배적 사고방식이 건강한 것이라고 생각하는 사람이 있다면 용납될 수도 있다. 하지만 문제를 해결하고 더 오래, 열심히 일하기 위해 자신을 압박하는 것을 보라. 이러한 행동은 그를 번아웃 직전까지 몰고 간다. 샘이 '우리는 함께 성공한다'를 지배적 사고방식으로 채택하고 상호의존적 단계에서 행동한다면, 그는 팀원들을 주도적으로 문제를 해결하는 데 참여시킬 것이다. 그렇게 되면 팀원들은 성과에 대한 책임감을 느끼고 낮은 성과를 내는 것을 용납하지 않을 것이다. 샘은 상호의존 단계로 올라서고 싶은 마음이 있는 것이 분명하다. 미첼은 강력 질문과 적극적 경청을 통해 샘이 그 단계로 가려할 때 무엇이 필요한지를 자각하게 만들었다.

12 O: 어떤 대안을 가지고 있는가?

더 이상 아이디어가 없다고 확실해질 때
아이디어를 하나만 더 생각해내라.

대안 찾기 단계의 목적은 '옳은' 답을 찾는 것이 아니라 최대한 많은 대안의 리스트를 만드는 것이다. 이 단계에서는 각 대안의 수준과 실현가능성보다 양이 더 중요하다. 대안을 수립하는 두뇌 활성화 과정은 창의력을 물 흐르듯 하게 하기 때문에 대안 리스트만큼 중요하다. 특정 행동을 선택하는 것은 이러한 폭넓은 창의적 가능성을 기반으로 한다. 만일 대안 수집 과정에서 언급된 대안을 비웃고 검열하며, 선호하는 대안, 장애 요소, 완수 필요성이 거론된다면 귀중한 대안들을 놓칠 수 있고 선택의 폭이 좁아질 것이다.

선택 가능한 대안의 수를 극대화하기 ————

코치는 코칭받는 사람이나 팀으로부터 대안을 이끌어내기 위해 할 수 있는 모든 일을 다 한다. 그러려면 참가자들이 다른 사람의 판단에 신경 쓰지 않고, 마음 놓고 자신의 생각과 아이디어를 표현할 수 있는 분위기를 조성해야 한다. 코치는 그들이 내놓는 아이디어들이 터무니없어 보일지라도 그 가운데는 나중에 의미를 갖는 아이디어가 포함될 수 있으므로 모두 기록해두어야 한다.

부정적 가정 ————

문제에 대한 창의적 해결 방법을 만드는 데 가장 제약이 되는 요소는 사람들이 무의식적으로 사용하는 암시적 가정이다. 예를 들면 다음과 같다.

- 그것은 불가능하다.
- 그렇게 되지 않는다.
- 그들은 동의하지 않을 것이다.
- 비용이 아주 많이 들 것이다.
- 시간을 낼 수 없을 것이다.
- 경쟁자가 틀림없이 그점을 생각했을 것이다.

암시적 가정은 이 밖에도 많이 있다. 모두 부정적이거나 거부의 의사를 포함하고 있다. 좋은 코치는 코칭받는 사람에게 이렇게 질문할 것이다.

- 장애물이 없다면 당신은 어떻게 하겠는가?

특정 장애물이 나타나면, "~하다면 당신은 어떻게 하겠는가?"라는 질문을 계속한다.

- 예산이 충분하다면?
- 직원들이 더 많다면?
- 그 답을 알고 있다면? 그 답은 어떤 것일까?

합리적인 생각의 제재를 살짝 피해가는 이러한 접근을 통해, 보다 창의적인 사고가 나올 수 있고 넘을 수 없을 것처럼 보이던 장애물을 극복할 방법도 찾을 수 있다. 아마 팀원들 가운데는 특정 장애물을 극복하는 방법을 알고 있는 사람이 있을지 모른다. 그렇기 때문에 여러 사람이 머리를 맞대고 지혜를 모으면 불가능한 일도 가능하게 만들 수 있다.

아홉 개의 점 연결하기 연습

우리는 코칭 교육을 할 때 '아홉 개의 점 연결하기' 연습을 하며 자기 제약적 가정을 그림으로 설명한다. 유명한 퍼즐인 이 퍼즐을 모르거나 해본 적이 있어도 답을 기억하지 못하는 사람들은 그림 12를 보라.

당신은 퍼즐을 풀면서 '사각형 안을 벗어나서는 안 된다'는 가정이 의미 없다는 사실을 깨달았을 것이다. 그렇다고 너무 우쭐대지는 말라. 규칙을 약간 바꿔서 직선만 세 개 혹은 그 이하로 사용해 퍼즐을 풀 수 있는가? 어떤 가정이 당신을 제약하는가?

그림 12 | 아홉 개의 점 연결하기 연습

네 개의 직선만을 사용해 아홉 개의 점을 모두 연결하라.
볼펜이 종이에서 떨어져서는 안 되며 연결된 선은 다시 지나갈 수 없다.

383쪽 부록 3에 여러 개의 답을 실었다.

물론 우리는 직선이 반드시 점의 중앙을 통과해야 한다고 말하지 않았다. 하지만 당신은 틀림없이 그러한 전제를 했을 것이다. 두 개의 직선만 사용해야 한다면 어떻게 연결하겠는가? 한 개의 직선만 사용해야 한다면?

종이를 원추 모양으로 말 수도 있고, 세 조각으로 찢을 수도 있고, 콘서니타(작은 아코디언)처럼 접을 수도 있다. 해결책은 다른 가정, 즉 선의 위치에 대해 하나의 변수만을 생각하는 가정에서 벗어날 때 가능하다. 점의 위치도 마찬가지다. 우리는 점들을 옮길 수 없다고 말하지 않았다. 가능한 모든 변수를 찾아내면 생각의 범위가 확대되고 대안 리스트도 풍부해진다. 자기 제약적 가정에서 벗어나면 새로운 방식으로 문제를 풀 수 있다. 중요한 것은 우리를 제한하는 잘못된 가정에서 벗어나는 것이다. 그러면 쉽게 답을 찾을 수 있다.

창의력 확대하기 ————

사람들은 익숙한 관점이나 사고방식에 갇혀 있을 때 "당신이 리더라면 어떻게 하겠는가?" "당신이 가장 존경하는 리더를 생각해보라. 그들이라면 어떻게 할까?"라고 질문하면 틀에서 벗어나 보다 창의적으로 생각할 것이다. 코칭받는 사람들이 존경하는 영웅의 특징을 생각하게 하고, "슈퍼 X라면 어떻게 할까?"라고 질문함으로써 그들의 내적 강점을 인식하게 할 수 있다. 혹은 그들의 초인격(우리는 모두 여러 가지 초인격을 가지고 있다. 23장을 보라)의 사고방식으로 들어가게 할 수도 있다(심지어 신체적으로도 가능하다). 특히 슈퍼바이크를 타는 능력처럼 그들이 직장에서 발휘하지 않는 능력을 드러나게 할 수도 있다.

대안을 얻는 또 한 가지 방법은 해결하고 싶은 상황이나 문제에 대해 비유법을 사용하라고 요청하는 것이다. 비유법을 사용하고 가능한 한 오랫동안 그 비유의 세계 속에 머물러라. 그 비유를 현실과 연결 짓지 말라. 그리고 비유의 세계에서 해결책이 나타나는지 보라.

코칭받는 사람이 아이디어가 고갈되었을 때, 코칭은 브레인스토밍을 제안해 가능한 대안의 범위를 확대하고 창의력을 보충해줄 수 있다. 아이디어를 제공하되, 자신의 아이디어에 대한 집착을 버려라. 코칭받는 사람이 아이디어를 더 많이 생각해내도록 격려하라.

대안 리스트 정리하기 ————

이익과 비용

리스트를 만들었으면 의지 단계는 최선의 대안을 선택하는 간단한 문제일 수 있다. 그러나 비즈니스와 관련한 문제들이 대부분 그렇듯, 문제가 복잡하다면 각 대안의 이익과 비용을 따져가며 다시 검토해야 할 것이다. 그러한 과정을 거쳤을 때 몇 가지 아이디어를 결합한 최선의 방안이 도출된다. 나는 가끔 코칭받는 사람에게 각 대안의 선호도를 1에서 10까지의 수치로 나타내줄 것을 부탁한다.

코치의 인풋(제안)

코칭받는 사람의 대안이 고갈된 후에는 코치가 대안을 추가할 수 있다. 하지만 조심스럽게 해야 한다. 코치는 어떻게 코칭받는 사람의 주인의식을 약화시키지 않으면서 대안을 제공할 수 있는가? 그냥 이렇게 말하면 된다. "내게 두세 가지 아이디어가 있는데 들어보겠습니까?" 코칭받는 사람은 생각을 정리할 동안 기다려 달라고 할 수도 있다. 코치의 제안은 다른 대안들과 동등한 중요도로 다뤄져야 한다.

대안 정리하기

대안 리스트를 정리할 때 위에서 아래로 써 내려가면 무의식적으로 중요한 것을 먼저 쓸 수 있는데, 이처럼 중요도에 따라 순서를 결정하는 것을 피하기 위해 크로스워드 퍼즐을 하듯이 종이 위 아무 곳에나 임의로 쓰도록 한다.

대안 이끌어내기 실제 ──────

미첼이 어떤 방식으로 샘과 대안을 찾는지 살펴보자.

> 브레인스토밍과 효과적인 질문, "그 밖에 또 무엇이 있는가?"와
> "~하면 어떻게 하겠는가?"를 통해 사고와 창의력을 확대한다.

미첼　팀원들에게 동기부여를 하기 위해 당신이 할 수 있는 일들을
　　　브레인스토밍 해볼까요? 아무런 제약이 없다면 당신은 어떻게
　　　하겠습니까?

샘　　임금을 올려줄 것입니다.

미첼　그 밖에 또 무엇을 하겠습니까?

샘　　휴가를 더 많이 줄 겁니다. 하지만 그런 일들은 내 권한 밖의 일
　　　입니다.

미첼　당신의 권한으로 할 수 있는 일은 무엇이죠?

샘　　그들이 속한 팀의 상사에게 그들이 일을 잘하고 있다는 것을
　　　알려줘서 연말 보너스와 임금인상 대상자에 포함되게 할 수 있
　　　습니다.

> 폭을 넓힌다.

미첼　그 밖에 또 무엇을 할 수 있을까요?

샘　　모두 중요한 팀이라고 느끼게 하는 일을 할 수 있겠는데, 그게
　　　뭔지는 모르겠습니다.

미첼	만일 돈과 시간이 문제가 되지 않는다면, 당신은 모두가 한 팀이라고 느끼게 하기 위해 무엇을 할 수 있겠습니까?
샘	모든 팀원들이 새 건물에서 함께 일하게 할 것입니다.
미첼	당신이 이 회사의 CEO라면 어떻게 하겠습니까? 모든 팀원에게 동기를 부여하기 위해 무엇을 할 것 같은가요?
샘	그들이 하고 있는 일을 내가 얼마나 고맙게 생각하고 있는지, 그 일이 회사의 미래에 얼마나 중요한지 알려주겠습니다.
미첼	당신이 조안이나 캐서린이라면, 당신은 모든 팀원에게 동기부여를하기 위해 무엇을 하겠습니까?
샘	아, 어려운 질문이네요. 프로젝트 매니저를 나 대신 다른 사람으로 바꿀 겁니다!
미첼	당신이 새 프로젝트 매니저를 찾는다면 조안과 캐서린은 어떤 특징을 가진 프로젝트 매니저를 원할까요?
샘	인내심, 판단하지 않는 성격, 그런 것들이 조안과 캐서린이 문제를 해결하는 걸 도와줄 겁니다. 문제가 있으면 서로 대립하기보다는 토의하겠지요.
미첼	당신이 세계 최고의 프로젝트 관리 전문가라면 모든 팀원의 동기부여를 위해 무엇을 하겠습니까?
샘	팀원들이 잠재능력을 발휘할 수 있도록 각 팀원과 월간 업무현황 보고회의를 가질 것입니다.
미첼	그 밖에 또 무엇을 할 수 있을까요?
샘	모든 팀원이 다음 주 가장 중요한 일에 집중할 수 있도록 짧은 주간 팀 미팅을 가질 겁니다.

미첼   그리고 또 무엇을 할 수 있을까요?

샘   모두의 프로젝트 진행상황을 파악하는 간단한 방법을 도입하
        겠습니다.

> **대안들을 요약하고 코칭받는 사람에게
> 그 장단점을 생각해볼 것을 요청한다.**

미첼   우리는 모든 프로젝트 팀원에게 동기를 부여하는 방법을 살펴
        보았습니다. 임금인상, 팀 상사에게 그들이 일을 잘하고 있다는
        것을 알려주기, 고맙다고 말하기, 모두 한 공간에서 일하게 하
        기, 정기회의, 간단한 프로젝트 현황 파악 방법 도입, 새 프로젝
        트 매니저 찾기, 그런 방법들이 나왔습니다. 이 중에서 조금 더
        이야기해보고 싶은 건 무엇인가요?

샘   새 건물에 들어가 모두 한 공간에서 일하는 것이 상당히 도움
        될 것 같습니다.

> **깊이 들어간다.**

미첼   알았습니다. 그 문제를 토의하기 전에 당신이 지금 어떤 기분
        인지 알고 싶은데요.

샘   모르겠네요. 그냥 힘겹습니다.

미첼   괜찮다면 한 가지 제안하고 싶은 게 있습니다.

샘   네, 괜찮습니다. 뭔가요?

미첼   내 경험으로는 일이 많아서 힘에 겨울 때, 체육관에 가서 운동

을 하는 게 스트레스를 푸는 데는 최고더라고요. 당신은 스트레스를 풀기 위해 무엇을 할 수 있을까요?

샘   나는 체육관을 좋아하지 않습니다. 그건 나한테는 맞지 않을 것 같습니다.

미첼   그럼 뭐가 맞을까요?

샘   날씨가 좋으면 밖으로 나가는 거죠. 정원 일도 하고 낚시도 하고 산책도 합니다.

미첼은 모든 팀원의 동기부여라는 목표달성에 도움을 주기 위해, 효과적인 질문으로 가능한 모든 대안에 관해 샘의 생각을 확장시키고 있다. '~한다면 당신은 어떻게 하겠는가?'라는, 단순하지만 효과적인 질문은 대안을 이끌어내고 새로운 아이디어와 가능성을 찾는 데 유용하다. 미첼이 '~한다면 당신은 어떻게 하겠는가?'라는 질문을 통해 샘이 불가능해 보이는 대안들을 파고들게 만드는 것에 주목하라.

미첼은 샘이 더 구체적으로 연구하고 싶은 대안을 선택할 수 있도록 다양한 아이디어와 대안들을 파악하고 요약한다. 그녀는 생각의 깔때기가 되어 생각의 폭을 넓힌 후 한 가지씩 깊게 파고들고, 샘이 가장 마음에 들어 하는 대안들의 장단점과 가능성에 대해 자각하게 만들어준다.

대안 찾기를 마칠 무렵, 미첼은 일이 힘겨울 때 효과를 보았던 방법을 제시한다. 강요하지 않고 담담하게 자신의 방법을 말해준다. 샘이 그 제안을 거부했을 때, 미첼은 그가 스트레스 해소라는 주제에 대해 생각하고 그에게 맞는 방법을 찾도록 도와준다.

대안과 성과곡선

미첼은 샘을 코칭하는 내내 상호의존 단계에 머물러 있었다. 이끌어낸 대안들은 팀 정신을 강화시켜줄 것이다. 그녀는 샘이 스트레스 해소방법을 찾도록 도와주었고 샘은 일과 삶의 균형을 찾을 것이다. 코칭 접근 방법과 코칭 정신은 코칭받는 사람과의 협력을 요구한다. 이것은 코칭받는 사람의 자각과 책임감을 불러옴으로써 성과를 높인다.

13 W: 무엇을 실행하겠는가?

지속적 학습의 조건을 만드는 것이 성과 향상의 열쇠이다.

코칭의 마지막 단계는 토의된 내용을 토대로 결정을 내리는 것이 목적이다. 현실에 대해 철저하게 조사한 자료를 가지고, 폭넓게 제시된 각종 대안들을 사용해 명시된 요건을 충족시키는 실행계획을 세우는 것이다. GROW 모델에서 W는 의지will을 나타낸다. 즉, '무엇을 실행하겠는가?'를 의미한다. 의지, 의도, 책임의 원칙을 강조하는 것이다. 의지가 없으면 행동에 대한 실질적인 헌신이 이루어지지 않는다. 코칭받는 사람에게 목표, 현실, 대안을 요청해 다른 관점과 가능성을 발견했으면, 이제는 새 아이디어가 실행되도록 할 때이다. 이 의지 단계는 다시 두 개의 단계로 나뉜다.

- **1단계: 책임설정 –** 행동, 시한, 달성 수단을 정한다.
- **2단계: 팔로업과 피드백 –** 결과가 어떻게 되었는지 검토하고 학습을 위한 피드백을 갖는다.

최근 에벤스타인 등은 〈맥킨지 쿼털리McKinsey Quarterly〉에 실린 글에서 이렇게 말했다. "GE, GAP, 어도비 시스템을 비롯한 많은 기업들은 연간목표보다는 더 유동적이고 가변적인 목표를, 연례 피드백이나 반기 피드백보다는 잦은 피드백을, 과거지향적 평가와 서열화보다는 미래지향적 개발 코칭을 원한다." 다른 유형의 피드백을 통한 개발과 지속적인 학습으로 이전되고 있는 것이다. 사실 우리도 이것을 경험했다. 8만 8천 명의 직원을 가진 의료 테크놀로지, 서비스, 솔루션의 글로벌 기업 메드트로닉스 같은 고객이 그 선구자라고 할 수 있는데, 그 기업은 성과 대화의 개선을 위해 코칭 접근 방법을 사용한다. 이 접근 방법은 2008년에 시작된 협력관계를 토대로 메드트로닉스의 성과 경력 개발 프로세스의 중심축으로 채택되어 리더들이 성과관리와 경력 개발에 대한 의미 있는 코칭 대화를 갖게 하고 있다. 지속적 개발은 바로 이 의지 단계에서 이루어진다. 사람들은 이 단계에서 그동안 배운 것을 필요로하고 직장에서 적용할 수 있기 때문이다. 메드트로닉의 예는 나중에 다시 살펴보고 여기서는 책임설정에 대한 토의를 할 것이다.

1단계: 책임설정 ———————

코치의 가장 중요한 역할은 코칭받는 사람이 책임을 지게 하는 것 (accountability)이다. 그것은 책임(responsibility)과는 다르다. 책임을 지게 하는 것은 코칭받는 사람에게 구체적으로 무엇을 언제 실행할지 정해줄 것을 요청하고, 그들이 그렇게 할 거라고 믿는 것이다. 책임을 지게 하는 것이 중요한 이유는 그것이 코칭 대화를 실행에 옮기게 해주기 때문이다. 자기계발의 책임은 개인에게 있다. 코칭 접근 방법을 이 단계에 적용하는 것은 목적, 목표, 의제를 통합해 자신에게 맞는 적절한 성취수단과 책임구조를 개발하게 하기 위해서다. 이것은 성과관리 기술의 핵심으로서 대화를 시한이 정해진 구체적인 결정과 행동으로 바꾸어놓는다. 또한 사내 워크숍에 참가한 어느 리더가 보고했듯이 팀을 한 방향으로의 정렬시킨다.

"우리 팀은 내가 책임을 지게 한다는 사실을 좋아했다. 이를 통해 그들은 할 일을 숙고했고 이제 우리는 한 방향으로 정비되었다."

책임을 설정할 때 사용하는 핵심질문은 다음과 같다.

- 무엇을 실행하는가?
- 언제 실행하는가?
- 내가 어떻게 알 수 있는가?

물론 각 사안을 보다 분명하게 확인하기 위해 추가질문을 할 수 있으며 나는 더 많은 예를 제공하겠지만, 이 세 개의 기본 질문이 이 단계에서 중추적 역할을 한다. 전제적 관리자들의 요구는 아무리 미사여구로 표현돼도 자주 저항과 반발에 부딪힌다. 일부 직원들은 아예 퇴사를 하기도 한다.

반면에 미첼과 샘의 대화에서 보았듯이, 코치는 자신의 의지를 강요하는 것이 아니라 코칭받는 사람의 의지를 북돋아주기 때문에 감정 상할 일 없이 자신감 넘치게 질문을 할 수 있다. 코칭받는 사람은 항상 선택권과 책임의식을 갖기 때문에 행동을 취하지 않겠다는 결정을 내릴 수도 있다. 그래서 심한 질문에도 강요받는다는 느낌을 받지 않는다. 만일 그러한 느낌을 받는다면, 코치가 무의식적으로 코칭받는 사람이 특정 행동을 취해야 한다는 생각을 드러냈기 때문일 것이다. 이러한 요구는 코칭을 통하지 말고 직접적으로 전달해야 한다.

무엇이 그 질문들을 강력하게 만드는가 하는 관점에서 이 질문들은 대다수의 코칭 상황에 적용할 수 있는 질문들을 살펴보도록 하겠다.

- **무엇을 실행하겠는가?** 이 질문은 '무엇을 할 수 있겠는가?', '무엇을 하려고 생각하고 있는가?', '이 가운데 어떤 것을 더 좋아하는가?'와 같은 질문들과는 완전히 다르다. 이런 질문들은 단호한 결정을 이끌어내지 못한다. 코치가 결정의 순간이 왔음을 통보하듯 분명하고 단호한 목소리로 이렇게 질문하면, 그 다음에는 '어떤 대안을 실행하려고 하는가?'와 같은 질문이 뒤따른다. 대부분의 코칭에서 실행계획은 둘 이상의 대안을 통합한 것이거나 결합된 여러 대안들의 일부일 것이다.

대안이 느슨하게나마 정해졌다면 이제 코치가 선택된 대안을 구체화시키기 위해 질문을 해야 한다. 가장 중요한 질문은 다음과 같다.

- **언제 실행하는가?** 가장 어려운 질문이다. 우리는 무엇을 하고 싶은지, 또는 무엇을 하려고 하는지에 대한 생각을 가지고 있지만, 그 생각은 시한이 정해졌을 때만 현실이 된다. 내년 언제쯤이란 시한

은 너무 막연하다. 실행을 하려면 시한이 아주 구체적이어야 한다. 하나의 행동만 요구된다면 '다음 화요일, 12일 오전 10시'로 정하면 된다. 시작 날짜와 시간, 종료 날짜와 시간이 필요한 경우도 많다. 이어지는 행동이 반복적인 행동이라면 그 간격도 명시해야 한다. '우리는 매달 첫째 수요일 오전 9시에 만날 것이다'라고 정할 수 있다. 코칭받는 사람이 시한을 구체적으로 정하게 하는 것이 코치의 역할이다. 코칭받는 사람은 소극적 태도를 보이겠지만 좋은 코치라면 봐주지 않을 것이다.

- **이 행동은 당신의 목표에 어떻게 도움이 되는가?** 이제 행동과 그 시한을 정했으므로, 더 진행하기에 앞서 그 행동이 코칭의 목표 장기목표와 방향이 일치하는지 점검해야 한다. 점검하지 않으면 코칭받는 사람은 목표에서 한참 벗어난 행동을 할 수 있다. 이런 경우 성급하게 행동을 변경하지 말고, 목표가 정해진 이후 전개된 상황을 판단하여 실제로 목표 자체를 수정해야 하는지 확인한다.

- **실행 과정에서 예상되는 장애물은 무엇인가?** 행동을 마치는 데 방해가 되는 상황은 선제 대응하여 피해가는 것이 중요하다. 장애는 외부에서 발생할 수도 있지만 코칭받는 사람이 나약해지는 경우처럼 내부에서 올 수도 있다. 실행의지가 부족한 사람들은 핑계거리로 장애물이 나타나기를 기다리기도 한다. 이런 일은 코칭 프로세스를 통해 예방할 수 있다.

- **나는 어떻게 아는가? 누가 알아야 하는가?** 기업에서는 계획이 변경되었을 때 그 사실을 가장 먼저 알아야 할 사람들이 나중에, 그것도 간접적으로 듣는 경우가 아주 흔하다. 이것은 직원과의 관계에 악

영향을 미친다. 코치는 관련된 모든 사람들의 리스트를 만들고 그들에게 정보를 공유하는 방안을 마련해두어야 한다.

- **어떤 지원이 필요한가?** 이것은 앞의 질문과 관계가 있지만 지원은 여러 형태가 있을 수 있다. 외부의 인력, 기술, 자원을 끌어오는 것일 수도 있고, 동료에게 당신의 계획을 알려주고 그것을 잊지 않게 해달라고 요청하는 것처럼 간단한 것일 수도 있다. 계획하고 있는 행동을 다른 사람에게 알려주는 것은 그 행동을 완수하는 데 효과가 있다.

- **지원을 언제 어떻게 얻으려고 하는가?** 코칭받는 사람이 지원을 원해도, 지원을 얻기 위해 필요한 조치를 취하지 않는다면 소용이 없다. 코치는 코칭받는 사람의 행동이 분명하고 확실해질 때까지 끈질기게 기다려야 한다.

- **그 밖에 고려할 사항은 무엇인가?** 코칭받는 사람에게서 코치가 빠트리고 다루지 않은 것이 있다는 주장이 나오지 않게 하기 위해 필요한 질문이다. 빠진 것은 없는지 확인하는 것은 코칭받는 사람의 책임이다.

- **합의된 행동에 대한 실행의지는 어느 정도인가?** 1에서 10까지의 수치로 평가하라. 결과에 대한 확신을 평가하는 것이 아니라 코칭받는 사람의 실행의지를 평가하는 것이다. 계획의 실행은 합의사항이나 다른 사람들의 행동에 좌우되므로 평가할 수 없다.

- **실행의지를 10으로 평가하는 데 방해가 되는 것은 무엇인가?** 코칭받는 사람의 실행동기를 확인한 다음 이런 질문을 하고 기다려라. "만일 당신이 8 미만으로 평가했다면 8 이상으로 올릴 수 있도록 그 일

의 규모를 줄이거나 기간을 연장할 방법은 없습니까?" 그렇게 해도 8에 미치지 못한다면 내키지 않더라도 그 행동은 포기하는 것이 좋다. 실행을 소홀히 하려는 게 아니라 우리의 경험에서 나온 결론이다. 실행의지를 8이 안 되게 평가한 사람들은 그 행동에 헌신하지 않으며, 완수하는 경우가 거의 없다. 하지만 코칭받는 사람은 실패를 자인해야 할 순간에 갑자기 일에 대한 의욕을 느끼기도 한다.

실행의지

우리는 대부분 직장 일이든 가정에서의 허드렛일이든 반복적으로 일어나는 일에 익숙하다. 리스트에 해야 할 일은 많은데 제대로 이행한 게 없어 결국에는 그 항목들을 새 리스트에 거의 그대로 옮겨 쓴다. 약간의 죄책감을 느끼지만 달라지는 것은 없다. "어떻게 이 일을 마치지 못했지?"라고 혼잣말로 중얼거릴 뿐이다. 일을 마치지 못했다는 것은 실패했음을 의미한다. 그런데 왜 계획을 완수하지 못한 것에 기분 나빠하는가? 하지 않을 생각이라면 리스트에서 지워버려라. 그리고 성공하는 사람이 되고 싶으면 할 의지가 없는 일을 리스트에 올리지 말라.

코칭의 목적은 코칭받는 사람에게 자신감을 심어주고 그것을 유지하는 것이다. 우리는 그 목적을 잊지 말고 사람들이 회사뿐 아니라 그들 자신을 위해서도 성공할 수 있도록 코칭해야 한다.

서면 기록

코치와 코칭받는 사람은 합의된 실행계획과 그 시한을 명시한 정확한 기록을 남겨야 한다. 두 사람 중에서 누가 기록을 맡을지 정하고, 그 기록을 공유하라. 코치가 기록을 맡으면 코칭받는 사람이 그것을 읽고 정확하게 기록되었는지, 합의한 계획이 맞는지, 그 내용을 충분하게 이해했는지, 기록한 대로 실행할 의도가 있는지를 확인할 수 있다. 내 경우에는 이때 코칭받는 사람에게 나를 든든한 지지자로 생각하고 필요하면 언제든 연락하라고 말한다. 때때로 어느 정도 시간이 지난 후 직접 연락해 진행상황을 확인하기도 한다. 이 모든 것은 코칭받는 사람이 코칭 중에는 도전을, 코칭 후에는 지원을 받는다는 사실을 깨닫는 데 도움이 된다. 코칭받는 사람이 코칭을 받은 후 자신에 대해 좋은 느낌을 갖고 계획을 실행하겠다는 마음을 갖게 하는 것이 나의 목적이다. 코칭받는 사람이 그렇게 하면 그 목표는 달성될 것이다.

코치 입장에서는 양측이 다음에 할 일을 분명하게 정하고 계획 실행 과정에서 언제 어떻게 실행 여부를 확인할지 합의하는 것이 확실하게 책임을 지게 하는 방법이다.

책임설정 실제

이 모든 것을 실행으로 옮겨서, 미첼이 의지의 첫 번째 단계를 샘과 함께 어떻게 처리하는지 살펴보도록 하자.

대안을 모두 검토했으면 의지 검토 단계로 넘어간다.

미첼 우리는 당신의 팀원들에게 동기를 부여하고 프로젝트를 정상으로 되돌려놓기 위해 실행할 수 있는 많은 방법들을 살펴보았습니다. 이 중 당신이 추진하고 싶은 방법은 무엇입니까?

샘　문제가 생겼을 때 나와 다른 사람들이 스트레스를 덜 받도록 문제를 해결하는 방식을 개선하려고 합니다.

미첼　그러면 문제를 그렇게 해결하기 위해 무엇을 하겠습니까?

샘　문제가 생겼을 때 침착하고 자신 있게 처리하고, 사람들과 함께 문제에 대해 논의하고, 그들 스스로 문제를 해결하도록 도와줄 것입니다.

구체적이고 정확한 질문을 한다.

미첼　언제 시작할 건가요?

샘　당장 시작하겠습니다.

미첼　스트레스를 덜 받고 보다 생산적인 대화를 갖기 위해서는 무엇을 할 생각입니까?

샘　심호흡을 세 번 한 다음, 내 생각은 접어두고 판단하지 않은 채 상대방의 의견을 이해하기 위해 경청할 것입니다. 그리고 누구 잘못인지 따지기 위해서가 아니라, 무엇이 효과가 있고 무엇이 효과가 없는지 파악하기 위해 질문을 할 겁니다.

미첼　당신이 침착성과 자신감을 가지고, 대립하기보다는 상의하는 자세로 대화에 나설 때 어떤 것이 방해가 될 수 있을까요?

샘　문제들이 한꺼번에 너무 많이 생길 수 있습니다.

미첼　그 상황에서는 어떻게 하는 게 도움이 될 것 같은가요?

샘　상쾌한 공기를 마시고 머리를 맑게 하는 것입니다.

미첼　구체적으로 문제가 너무 많이 발생해서 머리를 맑게 해야 할 상황을 맞았을 때 어떻게 하겠습니까?

샘   공원에서 15분 동안 산책을 하겠습니다.

미첼   그 밖에 프로젝트 팀원들에게 동기를 부여하고 상황을 정상으로 되돌리기 위해 또 무엇을 하고 싶습니까?

샘   프로젝트팀을 새 건물로 옮기는 것이 가능한지 조사해보겠습니다.

다양한 자원을 찾아내고 그 자원에 접근하는 것을 도와준다.

미첼   그 가능성을 조사하기 위해 정확하게 무엇을 하겠습니까?

샘   회사 건물 관리책임자가 누구이고 이전 승인절차가 어떤지 알아봐야 합니다.

미첼   내가 책임자를 아는데, 그 사람을 소개해줄까요?

샘   네, 그렇게 해주십시오.

미첼   당신을 지원해주기 위해 또 내가 무엇을 할 수 있을까요?

샘   새 건물로 옮기기 위한 기준이 무엇인지 알아봐주겠습니까?

미첼   그러죠. 거기에 대해 물어보겠습니다. 이제 조안과 캐서린 이야기를 해볼까요? 당신은 어떻게 하고 싶습니까?

샘   그들과 화해하는 게 좋은 기회가 될 것입니다.

예상되는 장애물을 제거할 계획을 세운다.

미첼   다음번에 그들과 대화할 기회가 있을 때 이전과는 다르게 구체적으로 어떻게 할 건가요?

샘   인내심을 갖고 침착하게 대하겠습니다.

미첼   실제 대화에서 어떻게 하는 것이 인내심을 갖고 침착하게 행동하는 데 도움이 되겠습니까?

샘   회의에 참석할 시간이 충분한지 확인하고, 문제가 무엇이고 그 문제는 어떻게 해결할 수 있는지에 대해 의견을 묻는 것으로 대화를 시작할 것입니다. 그 다음에 그들의 대답을 정리한 다음 현실을 분명하게 파악하기 위해 판단이 배제된 질문을 해서 현실을 파악하겠습니다.

미첼   좋군요. 그 밖에 또 어떤 게 있을까요?

샘   우리가 시작부터 잘못되었다는 사실을 인정하고, 그들이 프로젝트에 얼마나 중요한 존재인지 알려줄 것입니다.

미첼   그들이 문제를 쉽게 제지하게 하기 위해서는 어떻게 하겠습니까?

샘   잘 모르겠네요. 조금 더 생각해봐야겠습니다.

미첼   그 생각을 언제 할 겁니까?

샘   오늘 저녁 열차 안에서 하겠습니다.

책임을 설정하고, 질문한다: 나는 어떻게 아는가?

미첼   거기에 대해 어떻게 책임을 지겠습니까?

샘   생각나는 것을 적어서 아침에 보내드리겠습니다.

미첼   이제 당신은 모든 걸 혼자 해야 한다는 부담감을 내려놓을 준비가 되어 있습니다. 당신은 팀원들의 능력을 최대한 이끌어낼 수 있고, 당신은 그것을 즐길 줄 압니다. 나는 당신을 믿어요.

샘　　고맙습니다!

실행의지를 점검한다.

미첼　　우리가 대화를 시작할 때 정했던 목표를 다시 생각해보세요. 당신은 상황을 정상으로 되돌려놓고 싶다고 말했습니다. 또 팀원들에게 동기를 부여하고 조안, 캐서린과 관계를 개선할 방법을 찾고 싶어했죠. 그 목표들은 지금 어떤 상태입니까?

샘　　상황을 정상으로 되돌릴 수 있다는 자신감이 생겼고 성공을 낙관합니다. 나는 정상으로 돌아왔고, 상황도 그렇게 나쁘지 않습니다. 그리고 조안과 캐서린을 포함해 전체 팀원들에게 동기부여가 되는 몇 가지 조치들도 마련해두었습니다.

기록을 확실하게 해둔다.

미첼　　필요한 조치를 메모해놓은 것 같군요. 지금 다시 한 번 정리해보시겠습니까?

샘　　아니오. 모두 적어놓았고 정말 잘해낼 생각입니다.

실행의지 단계를 점검한다.

미첼　　우리가 합의한 행동에 대해 당신의 실행의지는 어느 정도입니까? 1에서 10까지의 점수로 평가해주세요.

샘   9점입니다.

미첼   어떻게 하면 그 수치가 10점이 될 수 있을까요?

샘   팀원들이 이 모든 목표를 자신의 목표로 삼는다는 것을 알 때 10점이 될 겁니다. 당장 몇몇 팀원들과 대화를 나누겠습니다.

미첼의 질문은 처음에는 주로 '무엇'으로 시작하는 포괄적인 열린 질문이지만, 이후 '언제'와 '어떻게'가 포함된 실행 중심의 구체적인 질문으로 넘어간다.

미첼은 샘에게 압력을 넣고, 그의 실행의지에 도전하고, 그의 성공을 위해 온갖 수단을 다 사용한다. 예를 들면 샘이 사람들이 쉽게 문제를 제기할 수 있는 방법을 생각해보겠다고 말했을 때, 언제 그렇게 하겠냐고 재촉한다. 이는 그녀가 샘에 대해 가지고 있는 의제가 아니라 샘이 말한 의제에 따른 것이다!

이를 통해 그녀는 자신이 샘의 협력자임을 증명한다. 그녀는 지원해주고, 필요한 자원에 접근하는 걸 도와주고, 샘의 목표달성에 도움이 되는 아이디어를 제공하고, 칭찬을 통해 그의 잠재능력에 대한 확고한 믿음을 보여준다.

샘의 행동이 원래의 목표와 일치하도록 하기 위해 미첼은 원래의 목표를 다시 점검한다. 또한 합의된 계획에 대한 샘의 실행의지를 최종적으로 점검한다. 샘은 넓게는 프로젝트팀과 고객들에게 이익이 되고 개인적으로는 목적과 의미를 주는 목표를 달성하는 데 필요한 행동을 스스로 생각해냈다. 그렇기 때문에 계획에 대한 그의 실행의지는 비교적 확고하다고 할 수 있다.

이 예는 현장에서 실제로 경험하는 대표적인 코칭 리더십으로서, 대부분의 코칭 원칙들을 잘 설명해준다.

2단계: 팔로업과 피드백 ──────

코치와 코칭받는 사람 간의 기대에 차이가 드러나고, 새로운 사실을 알게 되며, 조정이 이루어지는 단계이다. 배우고, 발전하고, 성과를 향상시키기 위해서는 피드백이 필요하다. 협력하고 코칭 스타일을 사용하는 과정에서 이 모든 일이 일어난다. 피드백은 우리 내면에 있는 타고난 학습기관을 활성화시키는 기회다.

사람에 대한 점검이 아니라 상황에 대한 점검이다

팔로업을 할 때, 다음 세 가지 경우 중 하나가 일어날 것이다.

- 코칭받는 사람이 실행에 성공했다(또는 일부 성공했다).
- 코칭받는 사람이 실행에 성공하지 못했다.
- 코칭받는 사람이 실행하지 않았다.

질문 가방 6에는 각 경우에 사용할 수 있는 질문 목록이 있다. 이 단계에서 명심할 것은 코치가 코칭받는 사람을 점검하는 것이 아니라 상황을 점검해야 한다는 것이다. 이렇게 할 때 소통 통로가 닫히지 않고 방향 정렬이 유지된다. 코칭받는 사람과 신뢰를 기반으로 협력관계를 구축하면 코칭받는 사람은 계획에서 벗어나지 않도록 당신에게 도움을 요청할 수 있다고 생각할 것이다. 팀원들을 코칭하고 있다면, 그들과 신뢰를 쌓는 것이 중요하다. 신뢰관계가 형성돼 있어야 팀원들은 상황이 바뀌거나 계획에서 벗어날 때 늦기 전에 당신에게 알려줄 수 있을 것이다.

실행과 진행상황을 점검하는 목적은 사람을 개발하는 데 있다. 현장에서 사람들을 개발하는 것이 가장 효과적인 학습형태라는 것은 이미 입증된 사실이다. 학습과 개발에 대해 설명할 때 자주 인용되는 것으로 70:20:10 모델이 있다. 이 모델에 따르면 성공하는 리더의 경우 대부분의 학습(70퍼센트)은 현장 경험을 통해 이루어지며, 20퍼센트는 다른 사람들로부터 배우며, 교육훈련이나 강좌 같은 '공식적' 학습을 통해 이루어지는 학습은 10퍼센트에 불과하다.

사람들이 도전을 극복하고 일상적인 문제를 해결하도록 도와주는 코칭은 가장 효과적인 학습형태이다. 그 이유를 쉽게 알 수 있다. 배운 직후 현장에 적용할 수 있고, 그래서 성인학습이론에서 밝혀졌듯이 실행을 통해 배우는 것이다. 더 많이 배우고, 자각을 불러오고, 예상되는 장애물을 확인하고, 추가지원을 해주거나 도전정신을 일깨워주는 것은 모두 이 팔로업 단계에서 이루어진다. 이 단계에서 지금까지의 모든 노력을 물거품으로 만드는 비난이나 비판이 들어설 여지는 없다. 그렇다고 코치가 솔직할 수 없다고 말하는 것은 아니다.

피드백 탐구하기

피드백을 어떻게 학습과 발전의 기회로 전환할 수 있는가? 의지 단계를 마치기 위해서는 팔로업을 하고, 피드백을 주기보다는 여러 유형의 피드백을 탐구함으로써 잘된 것과 다음번에 잘될 수 있는 것을 확인해야 한다. 코치가 코칭받는 사람에게 자신의 의견을 전달하기보다는 그 환경에서 수집된 정보를 중심으로 피드백을 나누어야 한다.

먼저 일반적으로 사용되는 피드백의 다섯 가지 유형을 살펴보자. 거의 도움이 되지 않는 피드백 A부터 가장 생산적이고 유일하게 학습과 성과를 촉진시켜주는 피드백 E까지 순서대로 설명해보겠다. E를 제외한 나머지 네 개의 피드백은 기껏해야 단기적으로 최소한의 성과 향상만 가져다주며, 최악의 경우에는 성과를 떨어뜨리고 자존감을 손상시킨다. 기업에서 광범위하게 사용하는 이러한 피드백은 얼핏 보면, 또는 주의 깊게 들여다보기 전까지는 타당하게 보일 수 있다.

A. 코치의 탄식: "당신은 쓸모없는 인간이야."

이것은 개인의 자존감과 자신감을 훼손시키는 인격모독으로서 미래의 성과를 더욱 악화시킬 뿐이다. 코칭에 전혀 도움이 되지 않는다.

B. 코치의 탄식: "쓸모없는 보고서야."

이러한 판단이 들어간 의견은 사람이 아니라 보고서를 겨냥하고 있지만, 역시 심하게는 아니더라도 코칭받는 사람의 자존감을 손상시킨다. 보고서 개선에 참고가 되는 정보를 전혀 제공하지 않는다.

C. 코치의 개입: "보고서 내용은 간단명료한데, 대상 계층을 고려하면 구성과 프레젠테이션 수준이 많이 떨어지는군."

비판을 삼가고 코칭받는 사람이 참고할 만한 약간의 정보를 제공하지만 구체적이지 못하고 주인의식을 일으키지 못한다.

D. 코치의 개입: "당신은 이 보고서에 대해 어떻게 생각합니까?"

이제 코칭받는 사람은 주인의식을 갖긴 하지만, '그래요'처럼 구체적이지 않게 대답하거나, '훌륭합니다', '형편없습니다'처럼 가치판단만 할 뿐 충실하게 설명하지 않는다.

E. 코치의 계속적인 개입: "당신은 이 보고서에서 어떤 부분이 가장 만족스러운가요?" "보고서를 다시 쓴다면 무엇을 다르게 하고 싶은가요?" "무엇을 배웠나요?"

코칭받는 사람은 판단이 배제된 이러한 일련의 질문에 대답하려면 보고서와 그 보고서의 배경이 된 생각에 대해 구체적이고 객관적으로 설명해야 한다.

왜 E와 같은 피드백 유형이 학습을 촉진하고 성과를 향상시키는가? 오직 E유형만이 코칭 기준을 충족시키기 때문이다. 코칭받는 사람이 E 유형의 질문에 대답하려면 대답을 궁리해야 한다. 그리고 대답하기 전에 생각을 다시 가다듬어야 한다. 이것이 자각이다. 자각은 자신의 일을 평가하고 스스로 문제를 해결할 수 있도록 도와준다. 코칭받는 사람은 이렇게 자신의 성과와 그 평가를 자기 것으로 만든다. 이것이 책임감이다. 이 두 요소를 갖췄을 때 비로소 배움이 시작된다. 반대로 자신의 의견을 말하면 코칭받는 사람은 생각할 기회를 잃는다. 그러면 주인의식도 생기지 않는다. 이런 상황에서는 코칭받는 사람이 얼마나 이해하고 있는지 측정할 수단도 사라진다. 판단이 들어간 표현이 아니라 서술적 표현을 사용해야 코칭받는 사람의 방어적 대답을 예방할 수 있다.

방어적 대답을 예방해야 하는 이유는, 그러한 대답이 나타날 때 진실은 부정확한 변명과 합리화에 의해 왜곡되는데도 코치와 코칭받는 사람은 이것을 진실로 믿게 되기 때문이다. 당연히 이것은 성과 향상의 기초자료로 사용할 수 없다. 개입이 A유형, B유형, C유형처럼 이루어지면 평가와 개선에 대한 책임은 코치의 몫이 되고 의존적 관계가 형성되며, 따라서 미래를 위한 학습도 거의 이루어지지 않는다. A부터 D유형까지의 개입 형태는 모두 이상적 개입이라고 할 수 없지만, 기업들은 흔하게 사용하고 있다.

GROW 피드백 프레임워크

체계화된 코칭 대화에 유용한 GROW 모델에 대해서는 이미 설명한 바 있다. 피드백은 사실 그 자체가 코칭 대화이다. 의지 단계에서는 GROW 피드백 프레임워크라고 하는 성공적 피드백 대화의 진행 방법을 설명할 것이다. 피드백을 학습기회로 만들기 위해서는 다음과 같은 핵심질문을 해야 한다.

- 무엇을 했는가?
- 무엇을 배웠는가?
- 미래에 이 경험을 어떻게 사용하겠는가?

이 질문들을 GROW의 맥락에서 검토하면서(그림 13), 학습을 촉진하고 성과를 향상시는 코칭 스타일을 사용할 때 전체 피드백 대화가 어떻게 진행되는지 살펴보자. 표 4의 기본원칙과 팁을 따르고, 여러 단계에 대한 깊이 있는 탐구를 위해 질문 가방 7을 이용하라.

표 4 | GROW 피드백 프레임워크 팁

각 단계에서 코칭받는 사람이 먼저 이야기하고 그 다음에 코치가 자신의 견해를 말하는 것을 기본원칙으로 삼는다.			
1. 의도 설정	2. 인정하기	3. 개선하기	4. 학습
• 목표 질문을 통해 피드백 대화의 의도와 배경을 설정한다. 질문은 주의를 집중시키고 대화에 활력을 불어넣는다. • 배경과 목표를 미리 설정함으로써 생산적 대화의 기초를 쌓는다.	• 코칭받는 사람이 잘한 일에 초점을 맞추면 대화에 활력이 붙고 강점을 자각하며, 자연스럽게 신뢰가 쌓이고 학습이 증대된다. • 성과가 낮아도 이 단계는 여전히 중요하다. 코칭받는 사람이 이야기를 마치면 잘했다고 생각하는 것을 부각시킨다. 목표를 완전하게 달성하지 않았더라도 노력을 인정한다. • 명심할 점: 부정적 판단이나 비판은 피하라.	• 창의력을 북돋아주고 참여를 촉진하는 안전한 학습환경을 조성하기 위해서는 판단이 들어 있는 표현을 삼가야 한다. • 당신의 생각을 제안하기 전에 코칭받는 사람에게 개선점을 생각할 시간을 주면 자기 신뢰와 책임감이 생긴다.	• 무엇을 배웠고 무엇을 개선할지 점검하면 신뢰와 기대를 강화하는 협력관계가 형성된다. • 적절한 부분에서 모든 개발목표와 연결한다. • 구체적인 행동에 합의한다. 중요한 목표, 시간표, 약속사항을 분명하게 알고 있는지 점검한다.
질문: "이 대화에서 무엇을 얻으려고 하는가?" 추가: "나는 …하고 싶다."	질문: "잘되고 있는 것, 잘된 것은 무엇인가?" 추가: "나는 …가 좋다."	질문: "어떤 것을 개선할 수 있는가?" 추가: "…은 어떤가?"	질문: "무엇을 배웠고 무엇을 개선하겠는가?" 추가: "…을 배우고 있다." "…를 하겠다."
G	R	O	W

피드백과 직원 참여

피드백의 질은 직원 참여도 조사에서 하나의 영역으로 자리 잡았다. 마스터카드 사는 우리에게 이 분야에 초점을 맞춰줄 것을 요청했다. 사람들은 질 높은 피드백이 존재하는 환경에서 일고 싶어한다. 아제이 방가가 마스터카드 사의 CEO가 되었을 때, 그는 '이기기 위한 경쟁'에 나섰다. 학습개발팀은 연례 직원 참여도 설문조사를 통해 6,700명의 전 세계 직원들에게서 수집한 정보를 사용했고, 이 경쟁을 받쳐줄 핵심개발 분야가 피드백 향상이라는 것을 깨달았다. 그들은 성과 향상 피드백 문화를 만들기 위해 우리에게 도움을 요청했다.

그림 13 | GROW 피드백 프레임워크

목표	현실	대안	의지
이 대화에서 얻으려고 하는 것은 무엇인가?	잘되고 있는 것, 잘된 것은 무엇인가?	어떤 것을 개선할 수 있는가?	무엇을 배웠고 무엇을 개선하겠는가?

우리는 마스터카드 사의 1,500명 글로벌 리더를 대상으로 '임팩트 코칭'이라는 맞춤형 교육 프로그램을 만들었는데, 이 프로그램의 중요한 특징은 GROW 피드백 프레임워크를 사용한다는 것이었다. 직원 설문조사에는 피드백과 관련해 다음과 같은 항목이 포함되었다.

• 나는 정기적으로 피드백을 받는다.
• 나는 성과 향상에 도움이 되는 피드백을 받는다.

이 두 항목이 설문조사에 들어갔다는 사실에서 코칭 스타일과 GROW 피드백 프레임워크가 정기적이고 수준 높은 피드백을 보장한다는 것을 알 수 있다. 일 년 뒤 다시 직원 참여도 설문조사를 실시했을 때는 모든 글로벌 리더들이 그 교육 프로그램을 이수했고, 설문조사 결과 전체적인 개선이 이루어진 것으로 나타났다. 특히 피드백 분야에서 고무적인 발전이 있었다.

모두를 위한 학습

피드백 수준 향상은 코칭받는 사람은 물론 코치에게도 발전을 가져다주었다. 이를 통해 리더들은 고성과를 내려면 발전을 가져다주었다. 다음에 어떤 것을 개선해야 할지 배웠다. 결국, 이미 살펴보았듯이 성과에 가장 큰 영향을 미치는 요인은 리더의 사고방식과 행동이며, 그것은 리더가 통제할수 있는 영역에 속한다.

실제 성과평가 미팅 검토

성과평가 미팅의 실제 예를 살펴보고, 미첼과 샘이 책임을 완수했는지 점검한 뒤로 몇 주 동안 어떤 변화가 있었는지 알아보자. 미첼은 실행을 점검할 때와 성과평가 미팅을 할 때는 물론 진행상황을 점검할 때도 질문 가방 6의 질문을 사용한다.

대화의 목적을 분명하게 말한다.

미첼　　지난 주 당신이 취하기로 한 행동이 어떻게 되고 있는지 알고

싶습니다. 서미트 프로그램으로 상당히 힘겨워하고 있었던 것으로 기억하는데, 지난 몇 주간 어떻게 되었습니까?

샘 상황이 좋아졌습니다. 하지만 조안과 캐서린과의 문제는 아직 해결되지 않고 있습니다.

잘되고 있는 것에 초점을 맞추어 대화를 시작한다.

미첼 알겠습니다. 그 문제를 분명하게 짚어야 할 것 같군요. 상황이 좋아졌다고 했는데, 어떻게 그렇게 좋아졌나요?

샘 우리가 이야기했던 새로운 구조를 사용해 정말로 유익한 팀 미팅을 가졌습니다. 모두가 월간 일대일 대화를 갖고 싶어합니다.

미첼 다행입니다. 그 밖에 또 무엇을 했죠?

샘 당신이 소개해준 시설 담당자와 이야기를 나눴습니다. 그는 팀을 새 건물로 옮겨달라는 내 요청을 검토하기로 했습니다. 좋은 소식은 비용이 많이 들지 않는다는 거죠. 아마 때가 되면 당신의 승인이 필요할 것입니다. 그래도 괜찮겠죠?

미첼 물론이죠. 문제제기와 상호책임을 위한 프로세스는 어떻게 되어가고 있습니까? 몇 가지 변화를 주겠다고 한 것 같은데?

샘 몇몇 팀원들과 논의하고 있습니다. 그 프로세스를 검토하고 새로운 프로세스를 만들기 위해 킴이 이끄는 실무팀을 만들 겁니다. 상호책임에 대해 토의하고 새로운 참여규칙을 만들기 위한 다음 주 팀 미팅을 제니가 도와주고 있습니다.

성공을 축하한다.

미첼 상당한 진전이 있었군요! 모든 일을 혼자서 처리하지 않겠다는 계획은 어떻게 되고 있는지 궁금하네요. 태도를 바꿔보겠다고 했는데, 그건 어떻게 되고 있습니까?

샘 놀랄 정도로 효과가 좋습니다. 문제가 생기더라도, 사람들이 주도적으로 나서서 그 문제를 성장할 기회로 보기 시작하면서 다시 사람들에게 집중하게 되었습니다.

미첼 사람들에게 다시 집중하게 된 후 상황이 어떻게 되었나요?

샘 정말로 좋아졌습니다. 더 많은 시간을 팀원들과 생산적인 대화를 나누는 데 보내고 있어요. 그들을 코칭하면서 말입니다.

미첼 당신이 볼 때, 그것이 팀에 어떤 영향을 미치고 있는 것 같습니까?

샘 지금까지 모두가 기뻐하는 것 같습니다. 긴장도 줄어들었고요. 조안과 캐서린도 그랬으면 좋겠습니다.

미첼 그래요, 그들과의 문제는 아직 해결하지 못하고 있다고 했죠. 지금 그 문제를 구체적으로 이야기해도 될까요?

샘 물론입니다. 이제 그 문제를 본격적으로 거론할 때가 되었다고 생각합니다. 그들은 아직도 해야 할 일을 하지 않고, 내가 보낸 이메일을 전혀 확인하지 않는 것 같습니다.

여전히 판단을 배제한 채 코칭 받고 있는 사람이 틀렸다는 말을 하지 않고 어떤 것을 했고 어떤 것을 하지 않았는지 질문한다.

미첼 그들과의 관계 개선을 위해 어떤 노력을 했습니까?

샘	오해가 없도록 이메일을 쓸 때 표현에 정말로 신경을 썼고, 일을 잘해나가도록 단호한 태도를 보이려고도 했습니다.
미첼	아직 그들과 대화할 기회를 갖지 못한 것 같군요.
샘	아니오. 그들에게 여러 차례 이메일을 보냈지만 답장이 없었습니다.
미첼	음, 정말로 반발하는 것 같은데, 그 밖에 또 무엇을 했습니까?
샘	이메일을 다시 보내려고 했지만 아직 못 보냈습니다.

> 그녀가 느낀 것을 말하고 그 말이 맞는지 코칭받는 사람이 대답하게 한다.

| 미첼 | 그 안에서 무언가 일이 진행되고 있는 느낌인데, 어떻게 생각하세요? |
| 샘 | 그들이 때를 맞춰서 작정하고 뭔가를 보여주려고 하는 것 같아요. 나는 허리를 굽히고 있지는 않을 겁니다. 아무 일도 하지 않고 그렇게 많은 돈을 받고 있는데, 벌써부터 그렇게 했어야죠. |

> 자각을 일으키기 위해 코칭받는 사람이 사용하는 언어를 지적하고, 감정이 표출되었던 것을 되돌아본다.

미첼	그들에 대해 이야기할 때 말이 격해지는군요. 당신의 답답한 마음이 느껴집니다. 당신도 느끼고 있나요?
샘	화가 나서 그럽니다. 그들이 그런 식으로 넘어갈 수 있다고 생각하는 것이 웃깁니다.
미첼	듣기가 약간 불편할 텐데 내가 한마디 해도 될까요?

샘   괜찮습니다.

> **판단이 들어가지 않은 말로 되돌아보고,
> 코칭받는 사람이 동의하는지 확인한다.**

미첼   당신은 당장이라도 싸울 듯한 태세예요. 어떻게 생각하세요?

샘   글쎄요, 그들은 팀원으로서 아무런 노력도 하지 않았습니다.

미첼   당신은 그들이 팀에 속해 있다는 것을 느끼게 하기 위해 무엇
       을 했습니까?

샘   그들에게 팀 미팅에 참석해달라고 부탁했지만 나타나지 않았
       습니다.

> **코칭받는 사람이 합의된 행동계획을 실행하지 않았다는 사실을 들이대며
> 긍정적으로 문제를 지적한다.**

미첼   우리는 지난번에 그것에 대해 이야기했습니다. 그때 당신이 처
       음부터 시작이 잘못되었다는 것을 인정하고 그들과 화해하겠
       다고 말한 것으로 기억해요. 또한 그들이 프로젝트에 얼마나
       중요한 존재인지 알려줄 것이고 신뢰와 존중으로 깔끔하게 시
       작하고 싶다고 말했습니다. 당신이 한 말은 어떻게 되었죠?

샘   실행하지 못했습니다.

미첼   그래요, 알겠습니다. 어째서 실행하지 못했나요?

샘   이미 말했듯이 그들이 내 이메일에 답장을 하지 않고 있습니다.

반발이 느껴지면 그것에 대해 토론할 수 있다.

미첼 이 문제에 대해서 우리가 계속해서 제자리를 맴돌고 있다는 느낌입니다, 샘. 당신은 갈등을 빚고 있는 사람들과 연락하는 수단으로 이메일을 사용하고 있습니다. 그들이 팀에 없어서는 안 될 사람들이라고 느끼게 만들려고 하면서 말예요. 조안, 캐서린과 대화하는 게 어려워서 미루고 있는 것은 아닌지 모르겠습니다. 당신에게 무슨 일이 일어나고 있는 거죠?

샘 대화는 기대하지 않습니다. 그리고 그들이 이메일에 응답하지 않는 것은 내 잘못이 아닙니다.

미첼 당신이 그들을 이메일에 응답하도록 할 수 없는 것은 사실입니다. 하지만 대화를 하기 위해 다른 방법을 취할 수도 있는 것 아닌가요?

샘 내가 전화를 할 수도 있겠죠. 하지만 그들은 내 전화를 받지 않을 겁니다.

코칭받는 사람과 협력하여 성공의 구조와 수단을 개발한다.

미첼 만일 당신이 실험해보았던 태도로, 그러니까 문제가 생겼을 때 그 문제를 당신과 사람들이 주도적으로 나서서 성장할 기회로 삼겠다는 태도로 이 문제에 접근한다면 당신은 어떻게 하겠습니까? 어떤 방식으로 조안, 캐서린과 대화하러 갈 거죠?

샘 심호흡을 하고 그들의 책상에 가서 커피 한잔 하자고 할 겁니다. 그렇게 대화를 나눌 수 있겠죠.

미첼 시작이 좋군요. 그 밖에 또 무엇을 할 건가요?

샘 아마 그 전에 산책을 나갈 것입니다. 그러면 머릿속이 깨끗해지고 침착해지겠지요.

미첼 그 밖에 또 무엇을 하겠습니까?

샘 잊어먹지 않도록 다루고 싶은 핵심 포인트를 적어두겠습니다. 사실 중요한 미팅이 있을 때는 늘 그렇게 합니다.

미첼 이 문제가 당신에게 성장의 기회가 된다는 것을 어떻게 알 수 있습니까?

샘 그 문장을 핵심 포인트 리스트 맨 위에 적어놓을 겁니다.

미첼 대화를 언제 갖겠습니까, 샘?

샘 다음 주에 갖겠습니다.

코칭받는 사람에게 반발을 헤쳐나가도록 도와주겠다고 한다.

옹호한다.

미첼 당신이 이것을 우선목표로 삼고 이번 주에 대화를 가지면 좋겠습니다. 그게 당신에게 어떤 영향을 미쳤는지 알고, 당신이 이 문제를 해결하고 싶어한다는 것도 압니다. 당신은 이미 문제를 성장할 기회로 삼아 성공을 거두었습니다. 확신하건대 당신은 그들과 화해하고, 그들이 팀에서 없어서는 안 된다고 느끼게 만들 수 있을 겁니다. 지금 어떤 생각을 하고 있습니까?

샘	그 문제를 우선목표라고 생각하고 당장 고민해보겠습니다.
미첼	당신은 고민하기를 원합니까, 아니면 해결하기를 원합니까?
샘	확실하게 해결하고 싶습니다.

**새로운 책임을 설정하고,
코칭받는 사람이 무엇을 배우고 있는지 점검한다.**

미첼	구체적으로 무엇을, 언제 하겠습니까?
샘	화해의 선물로 초콜릿 두 개를 가지고 새 건물에서 커피 한잔 하자고 할 겁니다.
미첼	정확하게 무슨 말을 하고 무엇을 배우겠습니까?
샘	이메일로 귀찮게 해서 미안하다고 말하고, 머리를 맞대고 신뢰와 존중 속에서 어떻게 관계를 쌓을 수 있을지 생각해보자고 말하겠습니다. 그러면 그들은 팀에 공헌할 수 있게 되겠죠. 나는 그것이 모두에게 이익이 될 거라고 생각합니다. 거부감을 보였던 사람은 나라는 사실을 알지 못했고, 우리 모두 같은 편이라는 것을 깨달을 것입니다.

확신과 자신감을 쌓기 위해 더 많이 인정한다.

미첼	좋은 시작 같습니다. 오늘 저녁 집에 들어가기 전에 이 문제를 어떻게 처리하고 있는지 내게 알려주세요. 빨리 정리해줘서 고맙습니다. 이 문제에서 진짜 성품이 드러나는군요.

미첼은 샘이 무엇을 했고, 그것이 어떤 영향을 미쳤고, 무엇을 배웠고, 무엇을 개선하려고 하는지 생각하게 하기 위해 효과적인 질문을 했다. 미첼은 조안과 캐서린을 찾아가서 대화를 나눠보라고 말하고 싶은 마음을 꾹 참고, 그가 스스로 그런 결정을 내리도록 코칭했다. 이제 샘은 책임감을 갖고 합의한 계획을 실행에 옮길 것이다.

미첼은 샘의 반발을 그냥 지나치지 않았다. 비판하지 않고 그에게 무슨 일이 일어나고 있는지 물어봤다. 그녀의 정확한 지적으로 대화에 진전이 이루어졌고, 부담스러운 대화를 피하려고 하는 샘의 마음이 드러났다. 그녀는 샘이 더욱 편안한 마음으로 새로운 실행계획을 생각해내도록 도와주었다. 또한 새로운 책임을 갖기에 앞서 그 계획을 신속하게 실행해줄 것을 요청했다.

이 예에서처럼 코칭이 리더십과 결합되면 코칭처럼 느껴지지 않는다. 코칭 경험이 없는 사람들은 심지어 그것이 코칭인지도 모를 것이다. 단지 한 사람이 특별하게 도움을 많이 주며 상대방을 배려하고 열심히 경청하고 있다고 보일 것이다. 제도화된 코칭이든 비공식적인 코칭이든, 코칭받는 사람에게 자각과 책임감을 심어주는 기본원칙들은 코칭 접근 방법의 핵심이다.

의지 단계와 성과곡선

미첼이 코칭의 이 마지막 단계에 들어섰을 때, 목표는 샘이 목표달성에 필요한 행동을 취하도록 격려하는 것이다. 이러한 목표로 대화를 하면 좋은 생각은 실행하겠다는 약속으로 바뀐다. 미첼은 샘이 프로젝트 수행 과정에서 그를 움직이게 하는 동기요소들을 스스로 찾아내게 함으로써, 그가 상호의존 단계에서 프로젝트팀을 이끌어갈 수 있게 해주었다. 샘은 잠재능력을 발휘해 훌륭한 팀워크를 이끌어낼 것이다. 미첼은 리더에게는 초기 단계로 되돌아가지 않도록 내적 균형을 유지하는 것이 대단히 중요하다는 사실을 인식하고, 샘이 균형을 지키도록 자기관리의 중요성을 지적해준다. 마지막으로 모든 과정에서 그와 함께한다는 것을 보여주고, 그에 대한 신뢰와 지지를 보여준다.

스스로 배운다 ————

메드트로닉 예에서 볼 수 있듯이, 기업은 성과관리에 대한 완전히 새로운 코칭 스타일을 도입해 리더들에게 일상에서 성과 향상 대화를 갖는 법을 가르쳤고, 이는 큰 성공을 거두었다. 이제 직원에게 '너는 문제가 있고 문제를 고쳐야 한다'는 식의 메시지를 전달하는 전통적 방법은 사라졌다. 코치와 코칭받는 사람은 서로 협력해 일이 잘 진행되고 있는지, 어디에서 성장의 기회를 찾을 수 있는지 탐구한다. 두 사람은 학습에 집중한다. 코칭 정신이 책임의 문화와 결합되면 스스로 학습, 선택, 자기 동기부여에 집중하게 된다. 코칭받는 사람은 코치의 도움을 얻어 무엇이 잘되고 있는지, 방향을 바꾸거나 개선을 위해 어느 부분에 지원이 필요한지 확인한다. 책임을 설정하고 그 책임을 이행할 때 사람들은 목표와 연결되고 지루해 보이는 프로세스 목표에 대해서도 의욕이 생긴다. 전통적인 명령과 통제 문화의 대척점에 서서 사람들의 자각과 책임감을 불러오는 문화는 코칭 원칙을 통한 고성과의 핵심요소이다.

14 의미와 목적을 위한 코칭

중요한 것은 리더가 되는 것이 아니라 자기 자신을 되찾고 자신을 완전하게 이용하는 것이다. 자신의 비전을 실현하기 위해 자신이 가진 모든 재능, 기술, 에너지를 쏟아 부어야 한다.

_워런 베니스

우리는 GROW 모델을 처음부터 끝까지 살펴보았고 코칭의 기초를 실천하는 방법을 알게 되었다. 이제는 보다 근원적인 측면에서 코칭이 삶의 의미와 목적과 연결되는지, 어떻게 우리에게 도움이 되는지 살펴보겠다. 삶의 의미와 목적을 찾는 일은 금광을 찾는 일에 비유할 수 있다. 그래서 어렵다고 생각하겠지만 사실 우리가 할 수 있는 범위에 속한다.

우리는 1장에서 의미와 목적을 찾는 데서 자기실현을 이루는데, 그것은 다른 사람들, 지역사회, 사회 전체에 대한 공헌을 통해 이루어지는 경우가 많다는 것을 알았다. 자신과 관련한 일에서는 공평성을 따지고 역경을 헤쳐나가려고 하듯이, 다른 사람들에게도 공평하게 대해주고 그들이 역경을 헤쳐나가는 데 도움을 주려고 하는 사람들이 점점 더 늘어나고 있다. 이러한 이타적 경향의 출현은 기업의 이익추구 동기는 물론 기업윤리와 가치에 대해서도 의문을 제기하고 있다. 외부의 도전에 어떻게 성공적으로, 지속적으로 대응하느냐는 우리가 자기 자신과 어떻게 연결되어 있느냐와 직결되어 있다. 구글이 사내의 리더십 연구소를 '내면 검색' 연구소라고 부르는 것은 우연이 아니다. 그래서 리더십 연구의 선구자 워런 베니스는 말했다.

"리더십은 리더가 되는 것이 아니라 자기 자신을 되찾는 것이다."

코칭 리더와 전문 코치는 사람들의 잠재능력을 이끌어내서 성과를 극대화시킨다. 현재 기업의 현실을 보면 이러한 접근 방법이 얼마나 절실한지 알 수 있다.

인재쟁탈 전쟁 ─────

〈파이낸셜 타임스〉의 헤드라인 요약에 이런 내용이 있었다. '다시 핵심 가치를 찾는다; 새로운 비즈니스 시대에는 탐욕이 화를 부른다; 직원들은 전체가 부분의 합보다 크다; 기업의 영성: 스티븐 오버렐, 궁극적 경쟁우위 찾기에 동참해 기업이 직원들에게 의미와 목적을 제공하려 노력하고 있다는 사실을 발견하다.' 높은 연봉만으로는 우수한 인재를 얻을 수 없다.

UBS 워버그 뱅킹그룹의 부회장으로 재직할 당시 켄 코스타는 이렇게 말했다.

"사람들이 좌절하는 모습이 보인다. 이는 성취감의 결여와 불확실성 때문으로 결국 그들은 직장을 떠난다. 많은 사람들이 자원봉사 분야에서 일하기 위해 직장을 떠나고 있다. 지난번 대졸 신입사원 공채에서 놀랄 만큼 많은 사람들이 우리 회사에 사회적 책임과 관련한 규정이 있는지 물었다. 그것은 전에 없던 일이었다."

현재 많은 개인이 겪고 있는 존재론적 의미의 위기를 기업도 경험할 수 있는가? 그럴 수 있고 그래야 한다는 것이 나의 생각이다. 그런 위기는 더욱 광범위하게 퍼질 수 있을까? 기업들 혹은 세계가 집단적인 존재론적 의미의 위기에 봉착할 수 있을까? 곳곳에서 그런 징후들이 나타나고 있다. 신호 기능을 상실한 경제적, 정치적 지표들은 더 이상 믿을 것이 못 된다. 기업은 환경오염, 불안한 정치적 지형과 경제적 지형, 기업윤리의 쇠퇴로 인해 유례없는 도전을 맞고 있다. 하지만 기업은 낡은 패러다임에 사로잡혀, 그리고 눈앞에 닥친 위기에서 벗어나기 급급한 나머지 제대로 대응을 하지 못하고 있다. 많은 사람들이 큰 위기가 왔음을 감지하고 있지만, 기업은 그것을 부인하고 있다.

사람들을 섬기는 기업

많은 사람들은 기업의 역할과 태도의 근본적인 변화가 불가피하다고 믿는다. 그리고 실제로 대중의 요구에 의해 그런 변화가 이미 일어나고 있다. 사람들은 기업에 봉사하는 것을 더 이상 용납하지 않는다. 오히려 기업이 그들에게 봉사할 것을 요구한다. 기업이 존재 의미와 목적, 그리고 사회적 책임을 받아들이면서 지속적으로 궤도를 수정해 그런 날을 앞당길 수 있을까? 아니면 더 엄격한 윤리기준과 열망을 가진 사람들이 설치한 바리케이드에 도달할 때까지 어떤 대가를 치르더라도 계속해서 부를 축적해나갈까?

의미 있는 비전을 가진 기업은 사회에 책임이 있다는 것을 이미 깨달았으므로 대중의 정서를 좇아가는 데 그치지 않고 오히려 앞서갈 것이다.

변화하고 있는 기업의 역할

기업의 역할이 바뀌고 있다. 브리티시페트롤룸의 전 CEO 존 브라운은 자신의 저서 《커넥트Connect》에서 이렇게 말했다.

> 무한 투명성의 시대에 세계는 민간부문에 훨씬 더 많은 투명성을 요구한다. 이러한 새로운 요구를 열린 자세로 진실되게 충족시키고, 사회적 필요를 비즈니스 모델에 편입시키는 기업들에게는 아주 명예로운 상이 주어진다.

세계경제포럼의 클로드 스마차는 이렇게 말했다.

> 민간기업은 더 폭넓고 더 큰 사회적 책임감을 가져야 한다. 우리는 새로운 시민사회의 책임 있는 목소리에 귀를 기울여야 한다. NGO의 부상은 정부, 기업, 국제조직, 언론 등 모든 기관에 대한 대중의 각성을 반영한다.

〈뉴스위크〉의 마이클 허쉬는 민간부문의 '공영화'보다는 공공부문의 민영화에 대한 토론이 더 적게 이루어지고 있다고 말한다.

진화의 물결

세계화와 전 세계적으로 이루어지는 실시간 소통으로 우리와 그들을 가르는 시간과 공간의 벽이 사라지고 있다. 외부의 힘과 내부의 변화가 그 장벽을 부수고 있다. 이제 모든 사람이 그 책임을 공유하고 공동의 운명을 받아들여야 한다. 이것이 매슬로의 마지막 욕구 단계인 상호의

존의 사고방식이다. '우리는 모두는 그것에 참여하고 있다.'

외부 현실은 내부 현실을 반영한다

우리 내부의 현실 자각에 상응하는 변화가 외부의 현실 속에서 벌어지고 있다. 세계적으로 이른바 윤리 펀드에 대한 투자가 점점 더 빠르게 증가하고 있다. 직장에 만연한 성차별과 인종차별은 이제 어디서나 비난받는다. 기업의 사회적 책임과 경제 사회 환경의 성과가 새로운 규범으로 서서히 자리를 잡아 가고 있다.

이러한 변화의 추동력은 직장의 부당한 대우에 목소리를 높이고 싶어하는 보통사람들에게서 나온다. 하지만 기후변화 역시 지구촌 차원에서 우리의 가치, 행동, 책임에 대해 엄중한 메시지를 던지고 있다. 이에 더해 공장식 가축 사육, 바이오 연료, 유전자변형식품의 잠재적 위험성이 커지면서, 이미 자연에 대한 사랑을 한참 벗어난 농사법에 대해서도 진지한 재평가를 요구받고 있다. 다음의 지구촌 살리기 교두보는 어디가 될까? 아마 환경 쪽이 될 것이다. 하지만 구체적으로 어디가 될지는 알지 못한다. 자연은 자율시스템 통제기능을 잃어가고 있고 우리는 이미 예측 가능한 대응을 할 수 있는 시기를 놓쳐버렸다. 곧 회복 불가능한 상태에 이를 것이다. 가장 우려되는 점은 정치인과 기업의 단기적이고 불충분한 대응으로는 도저히 회복할 수 없을 만큼 환경파괴가 심각하다는 것이다.

조직의 의미와 목적

이러한 상황에서 조직에서 일하는 사람들이 점점 더 의미와 목적의 문제를 제기하는 것은 놀라운 일이 아니다. 그들에게는 의미 없는 직장생활에서 벗어나려는 강렬한 욕구가 있다. 코치는 코칭받는 사람들에게서 그런 한탄과 함께 이직하고 싶다는 말을 자주 듣는다. 하지만 형식과 구조를 바꾸고 싶은 유혹을 경계해야 한다. 바꿔야 하는 것은 의식이다.

의미와 목적: 차이점 ————

6장에서 우리는 자각을 통해 근원적 차원에서 목적과 연결될 수 있다는 것을 알았다. 의미와 목적은 같은 것으로 인식될 수 있지만, 정확하게 일치하지는 않으며 분명하게 구분되어야 한다. 의미는 나중에 사건이나 행동에 부여하는 중요성인 반면, 목적은 계획에 의해 정해진 행동을 시작하겠다는 의도이다. 의미는 주로 심리적 개념이지만 목적은 영적 개념이다. 더 정확하게 말하자면 의미 혹은 목적, 아니면 둘 다를 명시해야 한다. 이에 대해서는 이렇게 정리하는 것이 좋을 것이다.

- 삶의 의미와 목적 찾기
- 일상적으로 부딪치는 상황에서 의미와 목적 찾기

당신의 의미와 목적 찾기 ————

퍼포먼스 컨설턴트의 코칭 철칙 가운데 하나는 '사람들을 현재 상태에서 만난다'는 것이다. 사람들을 현재 상태에서 만날 때, 그들과 협력해 그들이 원하는 상태로 갈 수 있다. 코칭은 완전한 협력관계이고, 의식의 진화 과정에서 나타나는 의미와 목적에 대한 자각을 존중한다. 의미와 목적을 찾기 위한 활동을 하나 소개하겠다.

활동 | 당신의 의미와 목적 찾기

여러 가지 색의 볼펜과 빈 종이를 가지고 조용한 곳에 앉아라. 아래의 질문에 대한 답을 적어라. 이미지가 떠오르면 적거나 그려라. 이때 중요한 점은 너무 열심히 생각하거나 올바르게 적으려고 하지 않는 것이다. 마음속에 답이 떠오르면 어떤 색이든 원하는 색을 사용해서 적거나 그려라.

- 당신의 꿈은 무엇인가?
- 당신은 무엇을 열망하는가?
- 세상에서 기여하고 싶은 것은 무엇인가?
- 그것과 관련해서 당신에게 중요한 것은 무엇인가?
- 당신이 정말로 인생에서 원하는 것은 무엇인가?
- 당신이 80세가 되어 지나온 삶을 되돌아본다고 상상해보라.
  무엇이 떠오르는가? 마음속에 떠오르는 것을 적거나 그려라.

이 활동에서 얻는 답을 보면 당신의 의미와 목적이 무엇인지 깨닫기 시작할 것이다. 이 활동은 빵부스러기 흔적을 찾는 것과 비슷하다. 삶의 의미와 목적을 찾기 위해 그 단서들을 따라가는 것이다. 종이가 부족하면 종이를 더 사용하라. 이 과정을 시작하면서 당신의 무한한 잠재능력에게 의미와 목적을 찾아줄 것을 요청하라.

노예에서 주인으로

의미와 목적을 찾을 때 가장 중요한 것은 궁극적으로 현실이 기회가 된다는 점을 깨닫는 것이다. 그런 깨달음을 통해 운명의 노예에서 주인으로 다시 태어날 수 있다. 코칭은 현재의 상황에 책임을 지고, 현실에 연결되는 방법을 선택한 다음, 상황을 창조하거나 변화시키고 궁극적으로 더 의미 있는 것을 만들어내는 행동을 취할 수 있도록 코칭받는 사람에게 힘을 준다.

다음 활동을 해보라.

활동 | 도전을 극복하라

현재 직면한 도전을 생각해보고 다음 질문에 답을 적어라.

- 그 도전에 당신이 성장하는 데 당장 필요한 완벽한 선물이 담겨 있다고 상상하라. 그 선물은 무엇인가?
- 당신은 무엇에 대해 감사하는가?
- 그 도전을 극복하기 위해 어떤 사람이 되겠는가?

삶에서 다양한 상황을 맞을 수 있지만, 이런 활동은 지나치게 도전적인 측면으로 기울어져 있는 게 사실이다. 하지만 이런 질문은 운명의 노예에서 운명의 주인으로 다시 태어나 삶의 모든 순간에 의미와 목적을 찾을 수 있도록 도와줄 것이다.

칼 융은 이렇게 말했다.

"당신이 거부하는 것은 사라지지 않는다."

직장에서, 개인생활에서, 남녀관계에서 같은 도전을 계속해서 맞고 싶지 않다면 도전에 당당하게 맞서라.

직장에서 의미와 목적 찾기 ─────────

우리가 지금까지 살펴본 것과 연결해서 이 문제에 다시 접근해보자. 10장에서 시작한 코칭 대화에서 서미트 프로젝트 완수를 위해 함께 노력한 미첼과 샘의 예를 살펴보았다. 미첼이 샘과 함께 의미와 목적에 대해 더 깊이 탐구했다면 어떻게 되었을까? 어떤 상황이 벌어졌을까?

미첼은 아마 이런 질문을 했을 것이다.

- 샘, 당신은 조안과 캐서린이 당신에게 대응하도록 유발한 측면이 있습니다. 당신은 거기에 대해 아는 바가 있습니까?
- 그렇게 유발한 원인이 무엇이라고 생각합니까?
- 이것에 대해 어떤 반응을 선택하겠습니까?
- 무엇이 다른 반응을 선택할 수 있게 해줄까요?
- 다른 반응을 선택하는 것은 당신에게 어떤 점에서 중요합니까?
- 그것은 당신의 삶에 어떤 영향을 미칠까요?

우리가 이 방식을 선택한다면 서미트 프로젝트는 샘이 잠재능력을 발휘하는 플랫폼이 될 것이다. 이 경우 샘은 이 사실을 인정하고 내적인 의미와 목적을 찾아야 한다. 물론 이 방향으로 주의를 집중해야 한다. 이제 샘이 의미와 목적을 찾아, 자신이 열망하는 사람이 되는 것은 그의 경력 개발의 한 부분이 된다. 미첼은 코칭 대화를 통해 그가 직장이나 개인적 삶에서 목표로 하는 비전에 대해 탐구해야 한다. 이때 주의할 점이 있다. 코치로서 또는 코칭 스타일을 선택하는 리더로서 코칭받는 사람을 이 단계로 이끌기 위해서는 당신이 먼저 의미와 목적을 찾고 자신의 운명을 개척하고 있어야 한다. 또 한 가지 주의할 점은 당신이 대답하고 싶지 않은 질문은 코칭받는 사람에게도 하지 말아야 한다는 것이다.

고급 코칭 기술을 가르치는 것은 이 책의 범위를 벗어나므로 이 정도에서 끝내는 것이 좋을 듯하다. 다만 전문 코치나 고급 코칭 훈련을 받은 리더는 이 부분도 촉진할 수 있을 것이다.

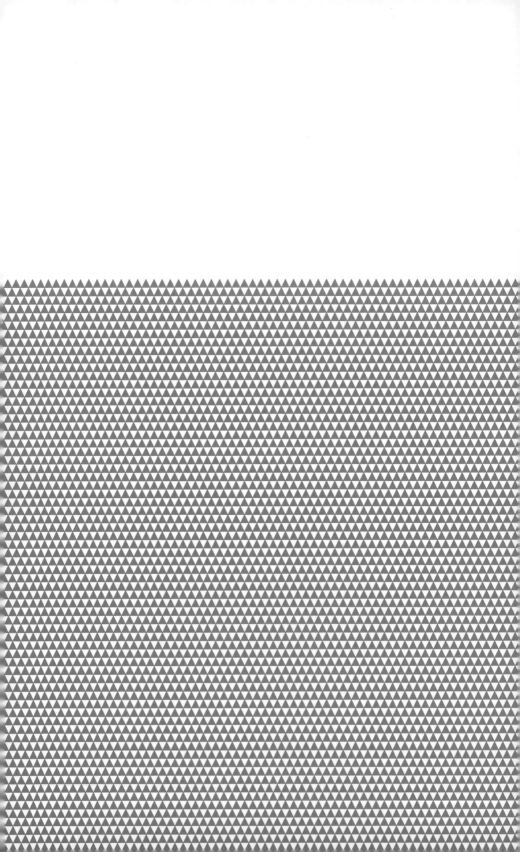

4부

코칭의
구체적
적용

Specific
Applications
of Coaching

15 공식적 일대일 코칭

조사된 기업의 87퍼센트가 일대일 코칭을 제공한다.
_ 국제코치연맹과 인적자원연구소

이 장에서는 사내 코치나 사외 코치가 실시하는 공식적 일대일 코칭만 다룰 것이다. 공식 코칭 세션을 계획하려면 처음부터 구조가 필요하다. 사내 코치이든 사외 코치이든 조직에서 공식 코칭을 실시하는 코치에게는 최대한의 성과를 얻는 데 도움이 되는 지침이 필요하다.

공식 코칭의 기간 ————

일반적으로 일대일 코칭이나 임원 코칭이라고 불리는 공식 코칭은 6개월 동안 실시하는 것이 가장 효과적이다. 몇 달에 걸친 코칭은 코칭받는 사람에게 이익이 된다. 옹호해주고 지지해주는 코치와 함께 일하며 많은 습관을 새로 형성할 수 있기 때문이다. 코칭은 또한 발전과 지속 가능한 행동 변화에 초점을 맞추기 때문에 시간이 필요하다. 코칭받는 사람이 실질적인 이익을 얻기 위해서는 6개월간의 코칭이 권장된다. 여기서도 6개월 코칭에 초점을 맞출 것이다.

'레이저 코칭'이라는 단기 코칭도 있는데, 그 코칭은 3회에 걸친 60분 가상 코칭 세션 형식이며 코칭받는 사람이 직면한 구체적인 도전에 초점을 맞춘다. 조직들은 종종 그런 코칭 세션을 다량으로 구매해 직원들을 지원한다.

코칭 시간 ─────

어떤 코칭이든 첫 번째 단계는 코칭받는 사람이 원하는 걸 찾는 것이다. 이 일은 몇 시간 내에 그들이 선호하는 형식으로 쉽게 가능하다. 가상 코칭과 비교해 대면 코칭은 비용이 올라갈 수 있으며, 이는 예산에 영향을 미친다. 코칭의 이상적인 기간은 6개월이며, 언제든 연장될 수 있다는 점을 기억하라.

형식과 길이 ─────

코칭 시간이 정해졌으면, 두 번째 단계는 코칭받는 사람과 가장 적합한 형식과 세션의 길이에 합의하는 것이다. 기본적으로 세 가지 형식이 있으며, 이번에도 역시 코칭의 형식과 길이는 국가와 지역에 따라 달라진다. 예를 들면 인도의 방갈로르는 너무 넓어서 한쪽 끝에서 반대편 끝까지 이동하는 데 세 시간이 걸리기 때문에 코칭은 주로 비디오 가상공간에서 진행된다. 반대로 중동부에서는 코칭 세션이 대부분 대면 코칭으로 이루어지며 최대 세 시간까지 실시할 수 있다. 퍼포먼스 컨설턴트에서는 모든 코칭이 60분간 일대일 평가로 끝난다(평가 방법은 19장에서 다룬다).

세 가지 형식은 다음과 같다.

- **대면 코칭** 각 120분씩 6회, 6개월 동안 한 달에 한 번씩.
- **전화 코칭 또는 가상 코칭** 각 60분씩 12회, 6개월 동안 2주에 한 번씩.
- **혼합형** 60분의 대면 코칭 1회, 약 2주에 한 번씩 45분의 전화 코칭 12회, 60분 대면 코칭을 한 회 더 하고 끝난다.

그림 14는 전형적인 혼합형 코칭을 보여준다. 다음 몇 개의 세션에서 개별적 세션과 다른 고려사항에 대해 조금 더 자세히 살펴보겠다.

그림 14 | 전형적인 혼합형 코칭

		1주	이해당사자들의 다면평가(옵션)	2~24주	이해당사자들의 다면평가(옵션)	
세션	탐색 미팅	기초 쌓기 미팅		정기적인 코칭 세션		평가 세션
형식	대면 혹은 가상	대면		대면과 가상 혼합		가상
길이	약 30분	1시간		45분 가상 세션 12회 60분 대면 코칭 1회		최종 세션 후 한 달 내에 60분
			6개월 동안 혼합형 코칭 12시간			

탐색 미팅 ─────

탐색 미팅은 코칭받는 사람과 처음 만나는 미팅으로 대개는 무료다. 코치와 코칭받는 사람이 서로 협력해서 좋은 성과를 얻을 수 있는지 확인하는 자리다. 미팅 이후 서로에게 상대와 맞는지 안 맞는지 알려주는 것이 일반적이다. 맞지 않는다고 걱정하지 말라. 서로 궁합이 안 맞는 경우도 있다.

비밀유지 ─────

코치와 코칭받는 사람이 함께 일하기로 결정했으면 협력관계를 설정하고 비밀유지 사항을 정하는 것이 중요하다. 비밀유지는 어떤 코칭 관계에서나 핵심요소이며, 처음부터 그 범위를 정해야 한다. 코칭받는 사람은 깊은 이야기를 하고 개인적 문제도 털어놓을 것이다. 특히 조직에서 비밀유지가 지켜지지 않는다면, 코칭받는 사람은 중요하더라도 민감한 정보는 코치에게 말하지 않을 것이다. 그럴 경우 긍정적 효과를 기대하기 어렵다. 그림 15는 비밀이 유지되면 코칭받는 사람의 상사나 스폰서가 코칭에서 나눈 이야기 내용을 알지 못한다는 사실을 보여준다. 타원 부분은 때때로 '만리장성'으로 불리기도 한다.

  코치는 누가 자신을 고용했고, 그들은 코칭받는 사람과 어떤 관계이며, 코칭과 관련해 누구에게 설명할 의무가 있는지 분명하게 알아야 한다. 예를 들면 코치는 다음과 같은 사람들에게 고용된다.

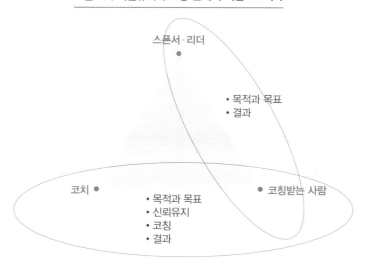

그림 15 │ 비밀유지가 코칭 관계의 핵심요소이다

스폰서·리더

• 목적과 목표
• 결과

코치 •　　　　• 목적과 목표　　　　　• 코칭받는 사람
　　　　　　• 신뢰유지
　　　　　　• 코칭
　　　　　　• 결과

• 팀원과 함께 일하는 리더

• 인사팀을 통해 당신을 고용한 개인

• 회사에서 리더와 함께 일하는 인사팀

　코칭 예산을 담당하고 코칭 비용을 지불하는 스폰서는 코칭받는 사람의 리더와 동일인일 수도 있고 아닐 수도 있다. 그림 15에서 스폰서라는 말은 예산집행권한을 가진 개인을 의미한다. 대체로 코칭받는 사람의 리더이기도 한 스폰서는 코칭의 목적, 목표와 그 결과를 알고싶어 할 것이다. 코치는 코칭받는 사람뿐만 아니라 이 사람들이 코칭과 관련을 갖는지 함께 정하고, 코칭받는 사람이 그 내용을 그들에게 알려주는 것이 중요하다.

코칭 관계를 시작할 때 목적과 목표를 알려주고 끝날 때 결과를 알려주는 것은 코칭받는 사람이 조직과 관계를 맺는 데 힘을 실어준다. 또한 코칭받는 사람이 조직과 한 방향을 보게 한다. 이것은 코칭에서 대단히 중요한 부분이자, 코칭을 실시하는 이유다. 이 때문에 코칭받는 사람의 리더, 스폰서, 혹은 관련자들과의 소통은 항상 코칭받는 사람 자신을 통해 이루어져야 한다. 그렇게 해야 코치는 코칭받는 사람과 조직의 관계에 힘을 실어줄 수 있다.

비밀을 유지하고 코칭받는 사람에게 힘을 실어주기 위해 생각해야 할 점이 두 가지 있다.

- 코칭받는 사람이 목적과 목표를 갖도록 도와주는 리더나 스폰서와 대화하는 것을 도와준다.
- 코칭받는 사람이 목적과 목표에 힘을 쏟지 않을 경우, 어떤 방해요소가 있는지 찾아내고 그의 내적 자원을 끌어내기 위해 리더와 솔직한 대화를 나누도록 도와준다. 이 대화는 코칭받는 사람이 조직의 목표와 같은 목표를 갖도록 만들어줄 것이다.

어떤 경우에는 코치, 코칭받는 사람, 리더가 목표 설정과 성과 평가를 위한 3자 대화를 가져야 할 수도 있다. 하지만 코치는 항상 자신과 조직의 관계를 강화시키는 데 초점을 맞추지 말고, 비밀을 유지하면서 코칭받는 사람에게 힘을 실어주는 데 집중해야 한다.

기초 쌓기 세션 ──────

기초 쌓기 세션의 성공은 코칭 전체의 성공으로 이어진다. 명칭에서 알 수 있듯이, 기초 쌓기 세션은 코칭받는 사람과 기초 단계를 형성하기 위한 것이므로 코치는 이 세션에 충분한 시간을 들여야 한다. 코치는 코칭받는 사람이 원하는 사항을 듣는 데 그치지 말고 자신이 무엇을 필요로 하고 기대하는지 밝혀야 한다. 그래야 함께 성공적인 코칭 관계를 설계할 수 있다.

　이 세션에서 다룰 분야는 여러 가지가 있다. 체크리스트에 간단하게 정리해놓았지만, 인증된 코칭 훈련을 받지 않은 사람은 공식 일대일 코칭을 실시하지 말 것을 권장한다.

기초 쌓기 세션의 체크리스트

- **형식과 장소:** 형식(가상, 대면 또는 혼합), 길이, 빈도, 장소(가상 코칭인 경우에도 중요하다).
- **합의:** 승인이 필요한 사항을 분명하게 정하고 서로의 생각을 공유한다. 코칭받는 사람에게 얼마나 많은 지원과 도전을 원하는지 질문한다. 책임질 부분에 대해 합의한다.
- **코칭받는 사람 '교육':** 코칭이 무엇인지 설명한다(멘토링도 컨설팅도 카운슬링도 아니다). 코칭받는 사람과 코칭 관계에 대한 책임을 공유한다. 코칭받는 사람은 성실하게 참여해야 한다.
- **목표:** 힘과 의욕을 불어넣는 장기목표와 단기목표를 정한다. 필요하면 최근에 이루어진 평가에 대해 언급한다. 목표를 달성하기 위해 어떻게 협력할지 합의한다.
- **삶의 중요한 순간 정리:** 미리 코칭받는 사람에게 지금까지 살아오면서 전환점이 되었던 순간들을 간단하게 정리해줄 것을 요청한다(라이프 스토리가 아니다). 함께 행동패턴과 신념체계를 확인한다.

- **강점 혹은 가치:** 가치와 강점을 발견한다. 코칭받는 사람의 의욕을 고취시켜주는 비유. 사고방식과 제한적인 신념.

세션과 세션 사이 ─────

코칭의 진짜 성과는 세션과 세션 사이에서 이루어진다는 것을 잊지 말라. 코칭받는 사람은 세션을 마친 후 의식적으로 행동 방식을 바꾸려고 노력하고, 세션에서 배운 것을 개인생활과 직장에서 적용해본다. 책임을 지고, 점검하고, 후속조치를 취하는 것이 중요한 이유를 바로 이 때문이다.

원하는 결과, 약속한 행동, 일정을 기록해두었다가 이후의 세션에서 점검하는 것이 중요하다(기록 부분에 대해서는 13장과 19장에서 다룬다).

후속 세션 ─────

대부분의 경우 남은 코칭 세션에서 해야 할 일은 다음과 같다.

- 지난 세션 이후 성과와 진행상황에 대한 점검
- 세션 목표 정하기
- 코칭
- 책임질 부분 정하기

다면평가 ————————

다면평가 세션은 코칭 이전과 이후의 차이점을 비교 분석하는 대단히 유용한 평가다. 코칭의 효과를 파악하기 위해 코칭받는 사람의 리더, 부하직원, 동료들에게 설문지를 보내거나 인터뷰를 한다. 간단한 다면평가 설문지는 우리의 홈페이지에서 다운로드할 수 있다. 코칭 관계를 시작할 때, 이 설문 결과는 코칭에서 집중적으로 개발해야 할 부분을 탐구하는 기준선 또는 출발점이 된다. 코칭을 마치고 실시하는 설문의 결과를 통해 코치는 코칭받는 사람이 얼마나 발전했는지 확인할 수 있다. 12개월 동안 실시하는 장기 코칭이라면 중간에 다면평가를 한 번 더 할 수도 있다.

평가 ————————

개인에 대한 코칭의 효과를 조직과의 관계 속에서 측정한다. 투자수익에 대해서는 19장에서 다룰 것이다.

16 팀 성과 향상을 위한 코칭

코칭은 팀의 정체성과 창의력을 통해 잠재능력을 끌어낸다.

팀에 코칭 문화를 확립하려면 리더는 열린 마음과 호기심을 갖고 코칭 대화 기술을 배워야 한다. 팀 리더는 그러한 마음과 기술을 촉진하는 권한과 영향력이 있으므로, 이 장에서는 팀 리더가 어떻게 코치가 될 수 있는지 살펴본다. 코치는 팀의 잠재능력에 대한 믿음을 바탕으로 열린 마음과 호기심으로 팀을 대해야 한다. 아울러 팀의 잠재능력을 이끌어내기 위해서는 다음과 같은 것들을 알아야 한다.

- 팀은 발전 가능한 지능을 가진 독립적 개체이다.
- 코칭은 팀에 간섭하거나 문제를 고치려 하지 않고 팀이 지닌 역동성을 드러냄으로써 지능과 잠재능력을 이끌어낸다.
- 코칭의 목표는 집단적 자각을 일으키고 공동책임과 공통목표를 갖게 하는 것이다.

팀의 잠재능력을 발현시키고 팀이 성과곡선에서 어느 수준에 도달했는지 파악하기 위해서는 팀 개발 방법을 알아야 한다. 그래서 우리는 팀 개발 이론을 살펴볼 것이다. 국제코치연맹과 인적자원연구소의 연구에 따르면 코칭은 팀 기능과 팀워크를 향상시키는 것으로 나타났다. 우리는 이 장 뒷부분에서 개인 코칭과 대비되는 팀 코칭의 어려운 점, 그리고 팀의 고유한 정체성과 집단지성에 대해서 살펴보도록 하겠다. 먼저 각각의 개발 단계에 팀의 성과를 어떻게 극대화하는지 설명하기 위해 팀의 개성, 특징, 역동성, 진화에 대한 배경을 알아볼 것이다.

팀은 조직의 필수적인 업무단위이다. 팀은 한 개인이 하려면 너무 오래 걸리는 업무, 혹은 개인들로 이뤄진 집단이 동시작업으로 수행하기에는 너무 복잡하거나 어려운 업무를 수행한다. 팀의 업무수행능력은 개인의 재능이나 기술에만 의존하지 않으며, 협력수준과 목적, 목표, 가치, 책임을 공유하는 정도에 의해 결정된다. 고성과 팀은 상호의존성이 높다. 사실 상호의존성이 없는 팀은 팀이 아니라 집단에 불과하다. 팀은 협력하여 시너지를 낼 때만 업무를 성공적으로 수행할 수 있다. 팀의 잠재능력은 팀원 개개인의 잠재능력의 합보다 더 크다. 팀에는 팀원 개개인의 정체성과는 다른 팀만의 정체성이 있다.

진짜 팀은 ①경계가 분명하고, ②공동의 목적을 달성하기 위해 상호의존하며, ③적어도 회원 구성의 안정성을 가지고 있다. 이러한 안정성이 팀원들에게 협력 방법을 배울 시간과 기회를 준다. (해크먼 등)

팀 개발의 4단계 모델 ————

코치의 역할은 팀의 정체성을 알고, 그 정체성을 형성하거나 강화하도록 도와주며, 잠재능력을 발휘하도록 돕는 것이다. 어떤 면에서 팀을 아는 것은 사람을 아는 것과 같다. 모든 팀에 적용할 수 있는 개발 단계의 일반규칙이 존재하기 때문에, 팀이 어느 단계에 있는지 아는 것이 중요하다. 아울러 모든 팀은 고유한 개성과 재능과 강점을 지니고 있다. 15명이 넘는 팀은 몇 개의 하부 팀으로 구성할 수 있지만, 본 팀이든 하부 팀이든 하부의 하부 팀이든 공통된 특징을 가지고 있다.

인간이 아이에서 어른으로 건너뛸 수 없는 것처럼 팀 역시 단기간에 성숙 단계로 건너뛸 수 없다. 유아기, 아동기, 청소년기를 거쳐야 어른이 되듯이, 팀도 상호의존 단계로 들어가기 위해서는 시간이 필요하다. 이 점을 잊지 말고 그것을 자연스럽고 필요한 과정으로 봐야 한다.

팀 개발에는 이해하기 쉬운 4단계 모델이 있다. 바로 소속 단계, 경쟁 단계, 협동 단계, 공동창조 단계이다. 앞의 세 개 단계는 윌리엄 슐츠의 Firo-B(대인 욕구관계 및 행동 측정) 이론을 따른 것으로, 대부분의 스포츠팀과 직장팀에서 인정받았다. 더 복잡하고 정교한 모델이 존재하지만, 내 경험으로 볼 때 다른 모델들은 실용성이 떨어진다. 슐츠는 캘리포니아주 빅 서의 에살렌연구소를 중심으로 한 '대면집단' 치료요법의 선구자이다. 그와 비슷한 인본주의 심리학의 아버지들로는 에이브러햄 매슬로와 프리츠 펄스, 칼 로저스가 있다. 나는 1970년에 에살렌연구소에서 일했고, 많은 Firo-B 그룹에도 참가했다.

집단치료 참가자들은 다른 참가자들을 신뢰할 수 있을 때까지 자신의 감정적 취약성을 노출하려 하지 않는다. 그래서 집단치료사는 가능한 한 빠른 시간 안에 안심하고 말할 수 있는 환경을 조성해야 한다. 코치 역시 팀 개발 원칙을 이해함으로써 같은 일을 해낼 수 있다. 이제 각 단계를 차례로 살펴보자.

소속 단계

첫 번째 단계는 소속 단계로, 사람들이 자신이 팀원인지 확인하고 소속감을 느끼는 단계다. 일반적으로 불안감과 조심스러운 태도를 보이지만, 일부 사람들은 상반되는 보상적 행동을 통해 그러한 감정을 감추기도 한다. 팀원으로 받아들여지기를 원하는 욕구와 거부에 대한 두려움이 교차하는 시기다.

새로운 사회적 환경에 직면했을 때, 뇌는 안전을 지키느라 바쁘게 움직인다. 그래서 사람들에게 받아들여지는 데 몰두한다. 이 단계에서는 팀원들이 자신의 정서적 욕구에 생각이 집중되어 있고 걱정이 많기 때문에 지적 생산성이 별로 높지 않다.

누군가 리더로 지명되면 팀원들은 그에게 받아들여지고 지도받기를 기대한다. 그들은 순응하고 따르기를 원한다. 이 단계에서 리더가 세운 기준은 곧 팀에 수용되어 규범이 된다. 예를 들면 리더가 열린 자세와 정직성을 보여주고 감정이나 자신의 약점까지 솔직하게 드러낸다면, 다른 사람들이 그 본보기를 따름으로써 관계에서 모범관행이 확립될 것이다. 이 단계는 팀원 모두가 주저하는 기간으로, 좋은 리더는 팀 전체가 발전할 수 있도록 팀원들의 우려를 해소하고자 노력할 것이다.

다행스럽게도 대부분의 팀원들은 이 단계에 오래 머물지 않지만, 일부 사람들은 소속감을 느끼는 데 몇 주 혹은 몇 달이 걸릴 수도 있다. 어린 시절 심리적 안정감이 형성된 사람들(이들 중에 리더의 위치에 올라간 사람들이 많다)은 그렇지 못한 사람들을 너그럽게 대하고 그들을 지원해줄 것이다.

경쟁 단계

팀원들 대부분이 소속감을 느낄 때 또 다른 역동적 모습이 나타나는데, 일부 팀원들이 자기주장을 강하게 내세우기 시작한다. 경쟁 단계에 돌입했다는 신호다. 슐츠는 이 단계를 통제가 필요한 시기로 규정했다. 이때는 서로 힘을 과시하고 영역을 넓히려고 한다. 동물들처럼 영역을 표시하고, 영역을 침범하는 적을 쫓아낸다. 서열이 정해지는 단계다. 점잖게 표현하면 역할과 기능이 정해지는 것이지만 실제 행동은 그보다 더 격렬하다. 팀 내 경쟁이 치열하고 개인에 따라 성과 차이가 크게 나타나기도 하는데, 때로는 그 성과를 위해 다른 사람들을 희생시키기도 한다. 사람들이 여러 가지를 시도해보고 자신의 강점을 발견한다. 팀은 생산성을 회복하지만 결속력은 약하다.

경쟁 단계는 중요하지만 리더에게는 그만큼 어려운 시기일 수 있다. 리더십에 대한 도전이 나타날 것이다. 팀원들이 리더에게 동의하기에 앞서 반대할 수도 있다는 걸 알아야 한다. 팀에서 외적으로 의지를 표명하기 위해 내면의 의지를 다져야 한다. 좋은 리더는 팀원들에게 책임을 떠맡도록 격려함으로써 자기주장 욕구를 충족시켜준다. 도전을 허용하는 것이 중요하지만, 안타깝게도 많은 리더들이 도전에 위협을 느낄 때 권위를 내세운다.

이 단계에서 팀의 생산성은 꽤 높을 수 있지만, 오히려 그로 인해 더 큰 잠재능력을 보지 못할 수 있다. 실제로 대부분의 기업이나 스포츠 팀은 이 단계를 넘어 발전하는 경우가 드물다. 왜냐하면 서구 산업사회가 현재 그 단계에 머물러 있고, 기존 규범에서 벗어나야 이 단계를 넘어설 수 있기 때문이다. 그러나 코칭의 도움을 받으면 그것이 생각만큼 어렵지는 않다.

협동 단계

슐츠의 세 번째이자 이상적인 단계는 정의 단계였다. 그런데 일부 기업인들이 정의라는 말을 언급하는 데 부담을 느껴 나는 그것을 협동 단계라 부른다. 하지만 팀이 항상 평화롭고 우호적일 거라고 오해하지 말았으면 한다. 사실 협동 단계의 한 가지 위험은 팀을 지나치게 강조한 나머지 어떠한 반대도 허용하지 않을 수 있다는 점이다. 생산적인 팀이라면 당연히 협력적이지만, 동시에 어느 정도의 역동적 긴장관계도 유지할 것이다. 코치는 이런 관계를 세심하게 관리한다.

예를 들면 협동 단계에 있는 팀에서 한 팀원이 어려움에 빠진다면 모두가 힘을 모아 지원해줄 것이다. 경쟁 단계에 있는 팀이라면 경쟁자의 실패를 내심 반길 것이다. 소속 단계에 있는 팀이라면 동료가 어려움에 빠졌다는 사실을 알지도 못하고 알아도 관심을 갖지 않을 것이다. 한편 협동 단계에 있는 팀에서 한 팀원이 개인적 성공을 거둔다면 모두가 축하해줄 것이다. 경쟁 단계에 있는 팀이라면 모두가 배 아파할 것이다. 소속 단계에 있는 팀이라면 모두가 위협을 느낄 것이다.

공동창조 단계

우리는 경험을 통해 팀 개발 단계에는 협동 단계를 넘어서는 네 번째 단계가 있다는 것을 알아냈다. 바로 공동창조 단계다. 변혁의 단계이자 개인과 조직이 진화하는 시기다. 이 단계에 있는 팀은 전체의 합이 부분의 합보다 크고, 팀은 조직의 잠재능력이 발휘되는 공간이라는 사실을 인지한다.

코치는 각 개발 단계에서 나타나는 역동적 관계를 인식하고 더 큰 성과를 얻기 위해 무엇이 필요한지 알아야 한다. 팀원들이 두려움, 불편함, 욕구를 안심하고 표출할 수 있는 공간을 만들어내는 코치는 팀의 복원력, 자기 돌봄 능력, 강점, 공동책임감을 증진시켜줄 것이다. 코치는 팀이 어느 단계에 있는지 자각하게 만듦으로써 개발 과정에 대해 책임을 지고 스스로 조정하도록 해준다.

매슬로의 욕구단계론과 성과곡선 ─────

개인적 진화에서처럼 팀도 협동 단계와 공동창조 단계에 이르기 위해서는 몇 개의 단계를 거쳐야 한다. 코칭은 이 부분에서 도움을 준다. 그 과정이 반드시 한 방향으로만 진행되기보다는 진행, 정체, 도약, 후퇴, 개발이 계속되는 과정이다.

1장에서 우리는 매슬로의 욕구단계론을 살펴보았다. 그룹개발 단계는 매슬로의 욕구발전 단계에 상응한다. 자아를 실현하는 개인들로 이루어진 팀은 상호의존 단계에서 빠른 속도로 최고의 협력 수준에 도달

표 5 | 팀 개발의 4단계 모델

팀 개발 단계	문화	특징	매슬로의 욕구 단계
공동창조(성취기)	상호의존적	에너지가 공동의 가치와 외부 세계로 향한다.	자아실현 욕구
협동(규범기)	독립적	에너지가 공동의 목표를 향한다.	자기존중 욕구 인정받고자 하는 욕구
경쟁(혼돈기)		에너지가 내부의 경쟁에 집중된다.	
소속(형성기)	의존적	에너지가 팀 내부를 향한다.	소속 욕구

하고 눈부신 성과를 거둔다. 자존감을 추구하는 개인들로 이루어진 팀은 개인적으로는 높은 성과를 내겠지만 독립 단계에 맞게 '자기 일만 한다.' 다른 사람들에게서 존중을 얻으려고 하는 개인들로 이루어진 팀은 서로 치열하게 경쟁하고, 그 결과 일부는 뛰어난 성과를 내지만 일부는 패자가 된다. 소속되기를 원하는 개인들로 이루어진 팀은 순응하고 짜증을 내면서 도움을 주겠지만 행동보다는 말이 앞서고 의존 수준에 머물러 있을 것이다.

표 5는 매슬로의 욕구 단계와 브루스 터크만의 팀 발달 단계(괄호 안)인 형성기-혼돈기-규범기-성취기, 그리고 성과곡선의 4단계를 발달 순서대로 나타낸 것이다. 표에서는 팀의 각 발달 단계에서 나타나는 주요 특징들도 덧붙였다. 물론 각 단계가 분명하게 구분되는 것은 아니며, 중복되는 부분도 있고 팀원들이 교체되면 팀의 수준과 상태는 달라질 수밖에 없다.

고성과를 위한 팀 코칭 —————

오늘날에는 다음과 같은 이유로 팀에서 최고의 성과를 이끌어내기가 훨씬 더 어렵다.

- 글로벌 이동성 증가로 다양한 형태와 기능의 팀들이 등장하면서 유연한 사고방식이 필요해졌다.
- 사람들은 더 이상 고정된 팀에서 일하지 않는다. 팀은 계속해서 만들어지고 또 만들어진다.
- 프로젝트팀, 매트릭스팀, 기능적 팀, 운영팀, 가상팀, 스스로 조직한 팀 등 다양한 팀이 존재한다.
- 일부 팀은 팀원들이 지리적 경계를 넘어 분산되어 있어서 연락이 어렵고 문제가 생기기 쉬우며 가상공간에서만 만날 수 있다.
- 기업이 맞은 도전에 응하기 위해 팀을 구성하고 업무를 실행하는 데 주어지는 시간이 그 어느 때보다 짧아졌다.
- 기업이 맞이하고 있는 도전 자체가 더욱 복잡한 양상을 띠고 있다.

코칭은 사람들이 협력해서 일하도록 도와주는 대단히 중요한 역할을 한다. 사람들이 팀에 참여해야 하는지, 참여해야 한다면 언제 참여해야 하는지를 결정하는 데 도움을 준다.

코칭은 또한 팀 리더십을 발휘하는 데도 중요한 역할을 한다. 리더에게는 두 가지 기능만 있다고 한다. 하나는 일을 해내는 것이고 다른 하나는 사람들을 발전시키는 것이다. 이 가운데 리더는 일을 해내는 데만

바빠서 직원들의 발전을 제대로 챙기지 못하고 있다. 때로는 일을 해내는 것과 직원들을 발전시키는 것이 상충되는처럼 보일 수 있다. 일을 잘 해내고자 하는 욕구는 '감사의 문화'를 만들어냈다. 우리는 모든 것을 정량화하고 측정함으로써 개인, 팀, 조직의 아웃풋을 완벽하게 통제할 수 있다고 믿기 시작했다. 하지만 발전은 잠재능력, 미래, 비전, 혁신, 창의성, 성장에 대한 것이다. 일을 해내는 것과 직원들을 발전시키는 것 사이에 끼여 어중간한 입장에 놓였던 조직은 관리와 리더십을 분리해 두 역할의 분리를 시도했다. 알마 해리스는 이렇게 말했다.

> 리더십은 함께 학습하며 의미와 지식을 집단적으로, 협력적으로 쌓는 것이다. 그것은 함께 아이디어를 만들고, 공유된 신념과 새로운 정보에 비추어 업무를 이해하고, 이러한 새로운 인식을 토대로 행동을 만들어내는 것이다.

관리는 운영, 일의 완수, 프로세스, 현재에 초점이 맞춰져 있다. 반면에 리더십은 발전, 비전, 미래에 관한 것이다. 하지만 빠르고 복잡한 세계에서 비즈니스가 일상이 된 요즘에는 관리와 리더십 사이의 경계가 모호해졌다.

코칭 접근 방법은 관리와 리더십 사이의 긴장관계를 지렛대로 삼는다. 코칭은 팀이 '안전한 운영'을 지향하는 관리의 문화와 '모험'을 지향하는 리더십의 문화 사이를 자유롭게 오가도록 지원한다. 그리고 행동과 책임은 물론 학습, 혁신, 자각을 동시에 추구하는 환경을 허용한다.

프로젝트 성과 ─────

팀과 함께 일할 때는 언제라도 코칭 접근 방법을 적용할 수 있다. 그것은 집단지성의 활용을 도와준다. 많은 팀 리더들이 완수된 일을 평가할 때와 새로운 프로젝트를 시작할 때 이 접근 방법을 사용한다. 그들은 프로젝트의 각 단계에서 코칭 대화를 통해 팀이 생각하고, 함께 배우고, 잠재능력을 발휘할 수 있는 환경을 조성한다. 이러한 환경은 팀원들이 각자 일할 때보다 훨씬 더 높은 수준의 성과를 낳는다.

어느 비즈니스팀이 새로운 프로젝트를 맡았다고 해보자. 코치가 해야 할 질문은 이런 것이다.

- 이 프로젝트의 관점에서 어떻게 팀이 잠재능력을 자각하게 하는가?(팀원 개개인이 아닌 팀 전체에 초점을 맞춘다.)
- 어떻게 전체 프로젝트에 대해 주인의식과 책임감을 갖게 하는가?(역시 팀원 개개인의 역할이 아닌 팀 전체에 초점을 맞춘다.)
- 어떻게 이 팀은 프로젝트를 강하면서도 유연하게 담아올리는 그물이 될 수 있는가?

코칭은 집단적 렌즈를 통해 대화에 접근함으로써 GROW 모델을 따라갈 수 있다. 몇 가지 질문의 예를 소개하겠다. 이런 질문은 수없이 나올 것이며, 특정 맥락으로 질문의 범위가 정해질 것이다.

목표

- 우리의 목표는 무엇인가?

- 이 목표에서 중요한 것은 무엇인가?

- 이 프로젝트가 성공한다면 어떤 결과가 나올까?

- 우리와 고객과 이해당사자들에게는 무엇이 달라질까?

- 우리가 최대한도로 협력한다면 우리는 어떤 모습으로 일을 할까?

현실

- 이 과제를 완수하는 데 도움이 되는 우리 팀의 강점은 무엇인가?

- 팀은 어떤 도전에 직면할 것으로 예상되는가?(외부와 내부)

- 이 과제를 완수하고자 하는 우리의 각오는 어느 정도인가? 1에서 10까지의 수치로 대답하라.

- 우리는 어떤 도움이 필요한가?

대안

- 우리는 이 과제에 대한 준비를 어떻게 강화할 수 있는가?(가능한 방법을 브레인스토밍 하라.)

- 이 과제를 완수할 때 누가 우리의 지원세력이 될 수 있는가?(리스트를 만들어라.)

- 우리는 무엇을 할 수 있는가?(행동을 브레인스토밍 하라.)

의지

- 우리는 팀으로서 무엇을 하려고 하는가?(팀 행동을 생각해내라.)

• 우리 팀원들은 각각 무엇을 하려고 하는가?(팀원 각자의 행동과 책임)

사용하기 쉽도록 질문을 GROW 모델의 순서대로 배열했지만, 모든 코칭이 그렇듯 그 과정이 순차적으로 이루어지는 경우는 드물다.

코칭 대화 퍼실리테이팅 하기 ————

팀 코칭 대화의 퍼실리테이팅 과정은 다양한 형태로 진행된다. 코치는 질문을 하고 팀원 두세 사람과 목표와 현실에 대한 대답을 놓고 토의를 한 후 전체 팀원에게 그 결과를 보고하게 한다. 새로운 아이디어를 얻기 위해 서로 다른 기능을 가진 사람들을 섞어놓을 수도 있다. 코치가 두세 사람의 토의 그룹에 직접 참여할 수도 있다. 전체 팀의 자원과 아이디어는 대안을 브레인스토밍 하는 데 사용할 수 있다. 합의된 실행계획은 팀의 의지로 추진된다.

코칭 대화는 한 과제에 대한 팀의 과거 성과를 쉽고 자연스럽게 평가하는 데 사용된다. 팀 학습에 초점을 맞추면 대화는 GROW 피드백 프레임워크를 따라가겠지만, 역시 독립된 개체로서의 팀에 초점이 맞춰진다.

• 우리는 팀으로서 무엇을 잘했는가?
• 이 프로젝트를 실행하는 중에 우리 팀의 어떤 강점이 나타났는가?
• 우리는 팀으로서 무엇이 어려웠는가?
• 다음에 우리의 행동은 어떻게 달라질까?

이전에도 살펴보았듯이, 이 과정이 어떻게 동시적으로 자발적 피드백과 피드포워드 회로를 만들어내는지 보라. 그것은 대단히 철저하고, 구체적인 내용을 지적하고, 분명한 이해를 보장하고, 모든 팀원의 자원을 이끌어낸다. 또한 주인의식과 책임감을 촉진하고, 자기 신뢰와 자기 동기부여를 강화한다.

솔선수범을 통한 코칭 ─────────

원하는 변화를 촉진하는 유일한 방법은 모범을 보이는 것이다. 먼저 태도를 통해 모범을 보이고, 그 태도가 팀에 확립되고 나면 그 다음에는 팀원들과의 대화를 통해 변화를 이끈다.

팀 리더는 끈끈한 장기적 관계와 성과를 촉진하기 위해 팀에 시간과 노력을 쏟겠다고 각오해야 한다. 리더는 팀 전체가 관계를 시간 들일 만한 가치가 있는 것으로 여기는 문화를 만들어야 한다. 리더가 말만 하고 실천하지 않는다면, 그것을 팀원들에게서 그대로 되돌려 받을 것이다. 하지만 팀 프로세스에 헌신하면 좋은 결과를 얻을 것이다.

리더가 팀 내에 열린 자세로 솔직하게 말하는 분위기를 조성하고 싶으면 먼저 솔선해서 열린 자세와 솔직한 모습을 보여줘야 한다. 팀원들이 서로 신뢰하기를 원한다면 솔선해서 신뢰할 수 있는 모습을 보여줘야 한다.

하지만 리더 혼자 이러한 문화를 만드는 것은 아니다. 리더는 대화를 통해 팀과 공동으로 그러한 문화를 창조해야 한다. 리더는 이처럼 솔선하고 촉진하며 이끌지만, 강요하지 않고 팀의 가능성을 분명하게 보면서도 현실을 받아들이는, 섬세하지만 강력한 역할을 한다.

코칭과 팀 개발 ─────

네 개의 팀 개발 단계는 코칭을 팀에 적용하는 기초다. 팀이 공동창조 단계에 이르렀을 때 최고의 성과를 낸다는 사실을 리더가 알게 된다면, 리더는 다음 단계로 올라가기 위해 전체 팀과 각 팀원들에게 코칭을 사용할 것이다. 예를 들어 합의된 목표가 팀을 공동창조 단계로 끌어올리는 것이고 현재는 소속 단계와 경쟁 단계 사이 어딘가에 위치하고 있다고 하자. 이때 어떤 대안을 가져야 하고 팀원들은 무엇을 해야 하는가? 코칭을 팀을 다음 단계로 올려놓기 위해 변화의 모범을 보이는 것이고, 집단적 지혜를 이끌어내는 것이다.

불확실성에 대처하기

팀은 기민하고 창의적이고 혁신적이어야 성과를 낼 수 있다. 하지만 사람들은 대부분 실제 변화이든 예상되는 변화이든 변화에 대해 스트레스를 느끼며, 변화의 속도와 범위는 그 스트레스를 가중시킨다. 뇌는 불확실성을 좋아하지 않는다. 예측할 수 없거나 통제할 수 없는 상황에 놓일 때 우리는 생존 모드로 전환한다. 직장에서 스트레스는 사람들의 협동심과 창의력과 효율성을 떨어트린다. 그래서 코치의 역할이 중요하다. 코치는 팀의 성공을 도와주기 위해 팀원들이 자율적으로 할 수 있는 일이 무엇이고 어떤 강점을 가지고 있는지 상기시켜줘야 한다.

팀에서 코칭 문화를 촉진하는 실제적인 방법 ————

모든 가족, 모든 협력관계가 다르듯이 모든 팀은 다르다. 모든 관계에 적용할 수 있는, 생산성과 성과를 높여주는 일반 원칙과 관행이 존재하는 것은 사실이지만, 나는 "행복한 가족들은 모두 비슷하다. 그러나 불행한 가족들은 각기 다른 방식으로 불행하다"는 톨스토이의 말에 동의하지 않는다. 팀은 하나의 독자적인 생태계이기에 창의적 태도로 탐구하여 자신만의 존재 방식을 찾아야 한다. 한 팀에 통하는 것이 다른 팀에는 통하지 않는다. 팀에서 최대한의 능력을 이끌어내기 위해서는 지속적인 관심과 탐구를 통해 팀의 역동성을 길러야 한다.

다음에 소개하는 방법들은 우리의 팀 개발 워크숍 참가자들의 제안을 정리해놓은 것이다. 코칭 접근 방법을 사용하는 팀은 이런 방법들을 고려해도 좋다. 이 방법들에 대한 토의는 팀 리더가 이끌 수 있겠지만 결정은 팀원들이 내려야 한다.

모든 팀원이 받아들이고 참여하여 만든 운영원칙에 합의하라
이 운영원칙은 제대로 지켜지고 있는지, 개정하거나 업데이트할 필요는 없는지 정기적으로 확인해야 한다. 모든 당사자는 합의사항이 지켜지지 않을 경우에 내려지는 조치에 동의해야 한다. 그 조치는 처벌 수단이 아니라 팀원이나 팀이 관계를 회복할 책임을 지게 하는 방식이어야 한다. 팀은 미리 업무합의서를 만들고 필요할 때마다 조정함으로써 튼튼한 관계를 형성하고 협동심과 성과를 높일 수 있을 것이다(다음에 소개하는 제안들 가운데 상당수는 운영규칙에 포함된다).

팀의 지속적 성공에 필요한 핵심소통기술과 역동적 관계를 가르쳐라

모든 팀에 공통적으로 적용할 수 있는 몇 가지 지배원칙과 관행이 팀의 건강성, 효과성 그리고 소통능력을 향상시키는 데 도움이 될 것이다. 이런 지배원칙을 투명하게 만들고 그것을 사용하는 방법을 가르치면 원하는 관계와 성과를 얻을 수 있다. 팀원들은 각자가 팀의 건강성에 영향을 미치고 팀의 역동성은 팀원 각자의 건강성에 영향을 미친다는 점을 알아야 한다. 각 팀원은 조직의 문화에 영향을 미치고, 팀은 조직 전체를 바꿀 수 있는 힘을 가지고 있다.

토의를 통해 합의된 팀의 공동목표를 만들라

처음에 팀의 목표를 어떻게 정했는지에 관계없이 이 작업이 팀 안에서 이루어져야 한다. 항상 목표를 수정하고 업무실행 방식을 결정할 여지가 있다. 각 팀원은 토의와 합의 과정에 참여하고, 전체 팀의 목표에 기여하는 개인적 목표를 가져야 한다.

개인과 집단의 의미와 목적에 대해 팀 토의를 가져라

목표를 고민하는 것보다 더 폭넓고 깊이 있는 토의가 될 것이다. 의미와 목적은 사람들을 움직이게 만든다. 의미와 목적이 없는 사람은 무기력하고, 우울증에 빠져 있고, 건강이 나쁘다. 우리가 거의 의식하지 못하는 어떤 것을 분명하게 자각하고 이해할 때 직장과 가정에서 삶의 목적과 질이 높아질 것이다.

정기적으로 팀 개발 작업 시간을 확보하고 업무일정에 포함시켜라

이 시간에 합의사항을 검토하고 감사와 불만을 표하게 한다. 터놓고 이야기할 수 있는 분위기가 형성되도록 개인적 의사표현도 허용한다. 코치가 퍼실리테이팅 하는 미팅을 몇 차례 경험한 고성과 팀은 독자적으로 이 토의를 할 수 있을 것이다.

개인의 문제나 우려사항을 상시적으로, 필요하면 비공개로 처리하는 시스템을 만들라

지리적인 이유나 다른 이유로 프로세스 미팅을 자주 열 수 없을 때, 필요하면 둘이 짝지어 이야기를 나눌 수 있는 버디 시스템을 제도화할 수도 있다. 이런 식으로 사소한 문제를 신속하게 해결하면 귀중한 프로세스 미팅 시간을 낭비하지 않을 것이다.

사교적 모임을 갖는 것에 대한 팀원들의 의견을 조사하라

어떤 팀은 관계를 강화할 때 비업무적 활동을 함께 함으로써 더 좋은 성과를 얻는다. 정기적인 행사가 계획되어 있더라도 팀원들이 선약이 있거나 가족들과 더 많은 시간을 보내기 위해 행사에 참석하지 않는 것을 존중해야 한다. 하지만 그런 팀원은 자신이 선택한 것이므로 고립감을 느끼는 건 감수해야 한다.

업무 이외의 공통 관심사를 만들라

어떤 팀에는 스포츠 같은 활동을 갖거나 업무 이외의 공통 관심사를 만드는 것이 팀원들 간의 유대를 강화하는 기회가 될 수 있다. 내가 기억하는 어떤 팀은 개발도상국의 한 아이와 자매결연을 맺고 매달 팀원들이 조금씩 돈을 모아 학비를 대주었다. 이 팀은 그들이 아이의 삶에 기여한 것보다 아이가 그들의 삶에 더 많은 기여를 했다고 생각했다.

새로운 기술을 함께 배워라

어떤 팀들은 외국어를 함께 배우거나 업무 관련 강의를 함께 듣거나 코칭 교육을 받기로 했다. 이것은 같은 조직 내 다른 지역 팀들과 건전한 경쟁이 될 수 있다.

이런 방법의 도입 여부를 결정할 때는 그 과정이 민주적이어야 하며, 13장에서 권했듯이 결정사항이 구체적이어야 하고 모든 내용을 기록해야 한다. 팀의 성과를 향상시키기 위해서는 개인과 팀의 자각과 책임감을 강요하지 말고 스스로 느끼게 해야 한다는 점을 기억하라.

성과곡선이 보여주듯이, 팀이 고성과를 내고 고성과 유지에 필요한 사고방식과 문화를 만들어내며 그 조건을 형성하기 위해서는 리더의 의지와 집중력, 그리고 높은 감성지능이 필요하다. 팀 코칭은 학습과 조정과 실시간 개발이 가능한 공간을 제공한다.

17 린 성과 향상을 위한 코칭

린과 코칭은 비할 데 없는 성과 향상의 선순환을 만들어낸다.

린 시스템은 낭비를 없애고, 서로 일치하지 않는 요소를 줄이고, 업무량의 불규칙한 흐름을 조정해 프로세스 성과를 향상시키는 제조 시스템으로 여러 산업 분야에서 채택되었다. 20세기 후반 토요타가 개발했으며 비즈니스 분야에서 광범위하게 사용되고 있다.

린 시스템을 사용하는 조직이 코칭 리더십을 함께 사용하면 진정한 학습환경을 조성하고 최대 성과를 내기에 이상적인 조건을 만들수 있다. 그 이유는 린 시스템의 핵심인 '학습을 통한 지속적 개선'을 이루기 위해 사람들은 일상적으로 머물러 있는 '안전지대'에서 나와 잠재능력을 이끌어내는 '학습지대'로 들어가기 때문이다. 코칭은 안전지대로 돌아가기 전에 잠깐 경험하는 학습이 아니며, 활동범위를 학습지대까지 넓힐 것을 요구하고 새로운 행동과 기준을 만들기 위한 학습과 계발을 지원한다.

메드트로닉스의 학습·개발 이사 캐롤라인 힐리는 말한다. "코칭 접근방법은 공감, 마음, 목적이 린의 중심에 오게 하고, 린 실행자들에게 성과 향상의 터보엔진을 달아준다. 린 실행자들이 현재 하는 일을 완벽하게 보완해주는 코칭 기술을 갖추게 함으로써 린 실행자와 그들의 팀은 더 능력있고, 더 깊이 참여하고, 효율성이 높아졌다고 느낀다."

일부 조직은 린 시스템을 정착시키는 데 어려움을 겪는다. 그 이유는 코칭 접근 방법을 실행해 사람들을 그 과정에 참여시켜야 하는데 그러지 못했기 때문이다. 이 장에서는 린 시스템의 성공 요소들을 간단히 살펴보고 그것들을 코칭과 연계시켜, 코칭과 린의 상승효과에 대해 설명할 것이다.

의존에서 상호의존으로 —————

생산 측면에서 볼 때, 잘 운영되는 린 시스템은 상호의존적 학습과 고성과의 문화를 생산 현장에서 구현한 결과이다. 그 시스템은 프로세스의 각 단계가 다음 단계에 미치는 영향, 그리고 다음 단계에서 필요한 걸 아는 것의 중요성을 보여준다. 이를 팀의 경에 적용하면, 각 팀원이 함께 성공적인 결과를 얻기 위해 자신의 행동이 다른 팀원들의 행동에 어떤 영향을 미치는지 이해하고 그들이 필요한 것을 서로에게 알려줄 수 있다는 것을 의미한다.

그렇다면 왜 린 시스템을 선택해 처음에 비용 절감 효과나 효율성 개선을 이룬 많은 조직들이 그 이익을 지속적으로 얻는 데 어려움을 겪는가? 한 가지 가능성을 생각해본다면, 린의 기술적 요소에만 많은 노력을 쏟고 인적 요소에는 관심을 기울이지 않았기 때문일 것이다. GROW

모델을 사용하는 것 자체가 코칭이 아닌 것처럼(독재자도 GROW 모델을 사용할 수 있다), 린 시스템의 단계들을 밟아가는 것만으로는 지속 가능한 향상을 이루지 못한다. 사람들이 그 과정에 참여하지 않는다면 그 조직은 지시 스타일을 사용하고 있을 가능성이 크다. 그런 방식은 의존의 문화를 심화시키고 린 시스템을 약화시킬 뿐이다.

실제로 리더와 팀 사이에 정립된 관계의 중요성은 가장 성공적인 린 문화로 평가받는 토요타생산시스템TPS의 핵심요소이다. 이 시스템은 일하는 사람들과 팀에 대한 존중을 핵심원칙으로 삼는다. 여기에 코칭 기술과 원칙을 적용할 때 린 시스템의 효과는 배가되고 진정한 상호의존 단계와 고성과로 이어질 수 있다.

마음속 목표에서 시작하라 ————

린 문화는 팀이 전체적인 문제를 확인하는 것에서 시작한다. 조직이 해결하려고 하는 문제들은 일반적으로 낭비 요소를 줄이고, 비용을 절감하고, 고객만족을 증대시키는 것이다. 이것을 10장에서 살펴본 최종목표 그리고 꿈의 목표와 비교해보라. 그 목표들은 코칭 과정에서 일관된 방향을 제시했다.

이렇게 전체적인 문제를 확인하면 단기목표와 활동(성과목표와 프로세스 목표)을 정하기 쉽다. 그러면 팀은 원하는 성과를 얻는데 노력을 집중하고 효율적으로 일할 수 있다. 린 실행에서 개선을 위한 대화를 자주 갖는 습관은 전체적인 문제를 자각하게 함으로써 단기목표에 집중할 수 있게 해준다. 방향을 명확하게 인식할 때 더 분명한 의도를 가지고 행동을 하게 된다. 그리고 행동의 의도가 분명할 때 원하는 목표에 더욱 가까워질 것이다.

충분하지 않아 ————

린 문화의 유명한 원칙은 카이젠改善/かいぜん 혹은 '충분하지 않아'이다. 프로세스가 결코 완벽하지 않다는 생각은 지속적 혁신과 변화의 가능성을 열어주고 점진적 개선과 가끔씩의 획기적 발전을 통해 문제에 다가서게 한다.

누구나 발휘하지 않은 잠재능력을 가지고 있다는 사실이 왜 코칭 사고방식이 필요한지를 말해준다. 코치는 코칭받는 사람이 이 내적 자원에 접근하도록 도와주고 이를 통해 지속적인 성과 향상을 이루게 한다.

수준 높은 자각이 핵심이다 ————

린에서도 코칭에서도 현재 상황(현실)을 아는 것이 중요하다. 린 시스템에서는 현장에 가서 상황을 숨길 수 없이 가능한 한 분명하게 드러내도록 한다. 코칭에서는 추정이나 습관에 근거해 결정을 내리지 않고 코칭받는 사람의 관점에서 상황을 인지하는 것을 의미한다.

린은 과학적 사고와 학습을 상황에 적용하는 훌륭한 방식이다. 예상과 추정 대신 집중과 측정을 통해 현실을 확인한다. 더 구체적으로 탐구하고 추정에 도전하는 질문을 하는 것에서 학습이 시작된다. 실제로 이것은 높은 수준의 자각을 가져다준다. 그러한 자각에서 자기 신뢰와 책임감이 생기고 성과 향상의 길이 열린다.

계획-실행-평가-개선 ————

린과 같은 지속적 개선 시스템은 계속해서 성과관리 방법으로 발전해왔다. 지금 하는 일이 여전히 효과가 있음을 정기적으로 그리고 자주 확인하는 것이 중요하다. 또한 개선이 필요한 때라는 것이 확인되면 일하는 방식을 바꿔야 한다.

린에서 말하는 점진적 개선 방법은 계획-실행-평가-개선(PDCA) 사이클이다.

- **계획(Plan)**: 이 프로세스의 목표는 무엇이고, 개선의 결과로 무엇이 바뀌는가?
- **실행(Do)**: 확인된 변경사항을 실행한다.
- **평가(Check)**: 결과를 계획과 비교 평가한다.
- **개선(Act)**: 새 프로세스에 어떤 개선사항이 표준화되는가?

이 사이클을 따를 때 성과 향상에 지속적으로 집중할 수 있는데, 그 바탕에는 이미 개선된 상황에서 또 다른 개선의 기회가 생긴다는 카이

젠 접근 방식이 있다.

코칭 사고방식으로 무장하고 코칭 프로세스를 따르면 자연스럽게 이 사이클의 각 단계를 거치게 되고 코칭에 더 많은 시간을 할애할 수 있다. 그림 16은 이 선순환을 나타낸다.

그림 16 | 코칭과 계획-실행-평가-개선 사이클

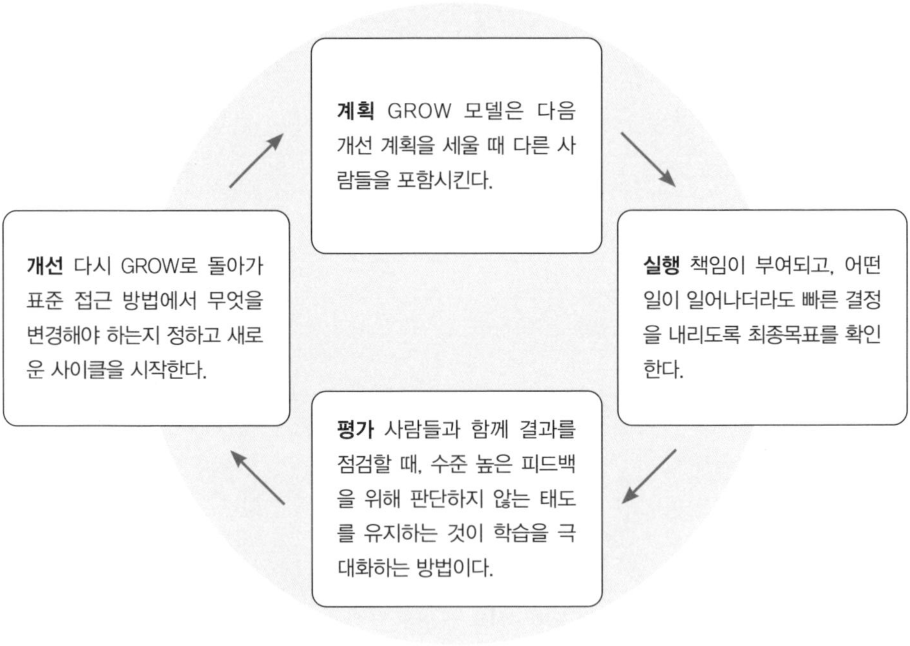

계획 GROW 모델은 다음 개선 계획을 세울 때 다른 사람들을 포함시킨다.

실행 책임이 부여되고, 어떤 일이 일어나더라도 빠른 결정을 내리도록 최종목표를 확인한다.

평가 사람들과 함께 결과를 점검할 때, 수준 높은 피드백을 위해 판단하지 않는 태도를 유지하는 것이 학습을 극대화하는 방법이다.

개선 다시 GROW로 돌아가 표준 접근 방법에서 무엇을 변경해야 하는지 정하고 새로운 사이클을 시작한다.

학습지대와 인적 요소 ─────

린 시스템을 따를 때 이익을 극대화시키는 결정적인 요소는 지원과 도전 사이에서 균형을 이루는 것이다. 린이 잘 작동할 때는 사람들이 프로세스에 따라 새로운 방법을 실험하고 시도해본다. 성공하는 경우가 많겠지만 실패하는 경우도 있다. 중요한 점은 어느 쪽이든 그 경험에서 배운다는 것이다.

개인이든 조직이든 변화를 원할 때는 언제나 한 가지 학습요소를 갖춰야 한다. 안전지대에서 나와 학습지대로 들어가는 것이다. 의존적 문화 단계에 있는 조직에 속했을 때 어떠했는지 기억해보라. 하거나 하지 말아야 할 일에 대한 규칙이 얼마나 많았는가? 좀 더 독립적인 단계로 나아가기 위해서는 무엇이 필요했는가? 리더는 전문가 역할을 내려놓고 다른 사람들이 결정을 내리도록 허용하는 것에 대해 어떻게 반응했는가?

5장에서 만난 프레드의 예를 생각하면, 학습지대는 때로는 불편하고 겁나는 장소일 수 있다. 의미 그대로 학습지대는 미지의 영역이다. 어떤 상황과 마주칠지 100퍼센트 확신하지 못하고 실패를 걱정한다.

코칭받는 사람이 학습지대로 들어가지 않거나 실수의 결과를 두려워하면 코칭은 큰 효과를 발휘하지 못할 것이다. 코치의 역할은 미지의 영역에 들어가기 위해 필요한 지원과 도전 사이에서 균형을 잡고 두려움과 걱정을 통제하도록 도와줌으로써 개인, 팀, 조직이 안전지대와 학습지대 사이를 자유롭게 오가도록 도와주는 것이다.

코칭 접근 방법 ──────

리더가 코칭 접근 방법을 사용해 프로세스에 문제가 생긴 상황을 어떻게 극복하는지 살펴보자. 기계조작팀의 감독자 짐이 그의 상사 앨리스와 만나고 있다.

PDCA의 계획 단계

앨리스 짐, 안녕하세요. 무슨 일인가요?

짐 잉여 재고가 너무 많아서 문제가 생겼습니다. 작업장 팀장에게서 우리 라인의 재고 공간이 부족하다는 말을 들었습니다.

목표를 확인한다.

앨리스 지금 10분 정도 시간이 있는데, 이 대화에서 어떤 결과를 얻고 싶은가요?

짐 이 상황을 해결하기 위해 내가 무엇을 할 수 있는지 알았으면 좋겠습니다.

앨리스 알겠습니다. 이 문제를 해결하는 게 지금 당신에게 아주 중요한 것 같군요. 세부적으로 들어가기 전에 한 가지 묻겠습니다. 이 문제를 해결하면 당신 팀에 어떤 도움이 될까요?

짐 팀원들이 최대한 효율적으로 일할 수 있을 겁니다. 당장 다음 주에 업무량이 얼마나 될지 모릅니다. 그래서 당번과 연장근무

계획을 세우는 게 악몽 같습니다.

더 큰 '도전'

앨리스   어떤 장기적인 그림을 그리고 있습니까?

짐   음, 원하는 것은 업무의 일관성입니다.

앨리스   업무의 일관성이요?

짐   네, 작업 흐름이 조금 더 예측 가능하면 좋겠습니다. 작업이 몰릴 때는 정신없이 바쁘다가 작업이 없으면 손 놓고 쉽니다. 팀도 역시 어렵습니다. 내가 언제 연장근무를 요청할지, 일을 더 하겠다는 그들의 요청에 언제 안 된다고 하게 될지 모르기 때문입니다. 내가 모르니 그럴 수밖에요. 그것은 작업의 질에도 영향을 미칩니다. 바쁠 때는 더 많은 제품이 반품됩니다.

다음 목표 조건

앨리스   그 밖에 또 무엇을 느꼈습니까?

짐   적절한 때 그것을 회사에 알려줘야 합니다. 이런 환경에서는 효율적으로 일할 수 없습니다. 작업을 끝낼 때마다, 효율성 극대화가 우리의 목표가 되어야 한다는 것을 절실하게 느낍니다.

앨리스   그것은 분명히 장기 비전이네요. 그럼 효율성을 높이기 위해 다음에 어떤 조치를 취하고 싶습니까?

짐   우선은 수요를 맞추기 위해 생산율을 꾸준하게 관리해야 합니다.

현실을 직시한다.

앨리스   지금 상황은 어떤가요?

짐   재고가 많습니다.

앨리스   얼마나 많은가요?

짐   어젯밤에는 20개였는데 너무 많았습니다. 목표는 2개 이하로 낮추는 것입니다.

앨리스   알겠습니다. 구체적으로 무엇을 해봤습니까?

짐   주로 생산율 조절로 대처해왔습니다. 임시직원 두 명에게 이번 주에는 더 이상 출근할 필요가 없다고 말했습니다. 다른 두 명도 이른 저녁에 보낼 거고요.

앨리스   그것은 어떤 효과가 있을 거라고 예상하나요?

짐   현재대로라면 이번 주말까지는 재고가 소진될 겁니다.

앨리스   이런 일이 얼마나 자주 일어나죠?

짐   매달 그런 것 같습니다. 그래서 사람들에게 연장근무를 해달라고 부탁하거나 일을 천천히 해달라고 요청해야 합니다.

가능성 있는 다음 단계

앨리스   장기적으로 이 문제를 해결하기 위해 무엇이 더 필요합니까?

짐   미래의 수요를 알아야 합니다. 어떤 주문이 진행 중인지 알고 싶습니다.

앨리스   그 정보는 어디서 찾을 수 있을까요?

짐   판매팀이죠. 고객들과 거래를 하고 있으니까 주문받은 양과 기
         한에 대해 자세하게 알고 있을 것입니다.

앨리스   판매팀에서 그 정보를 얻는 데 방해가 되는 게 있습니까?

짐   전혀 없습니다.

행동 조치에 동의한다.

앨리스   그러면 다음에는 어떻게 하려고 합니까?

짐   그곳 책임자 마크와 이야기하겠습니다.

앨리스   마크에게 무엇을 말하고 싶습니까?

짐   주문을 받으면 사전에 통보해달라고요.

행동에 대한 도전은 가능한 구체적일수록 좋다.

앨리스   구체적으로 어느 정도 빠른 사전 통보를 원합니까?

짐   빠를수록 좋습니다.

앨리스   알겠습니다만, 그러면 막연해서 계산하기가 어렵습니다. 그것
         이 어떻게 되고 있는지 평가할 수 있도록 시한을 정하는 게 어
         떨까요?

짐   신규주문에 대해 2주 전에 통보해주면 좋을 것 같습니다.

앨리스   네, 2주요. 주문사항에 변동이 생기면 어떻게 합니까?

짐   아 네, 매주 얼마나 많이 필요한지 알고 있기 때문에 규칙적이
         고 반복적인 주문을 받는다면 괜찮습니다. 변경이 생겼을 때

마지막 순간까지 모르는 게 문제죠.

앨리스　그런 경우에는 어떻게 해야 하나요?

짐　변동 폭이 작으면 일주일이면 되겠지만 변동 폭이 크면 2주일
은 돼야 할 겁니다.

앨리스　변동 폭이 작은 것과 큰 것은 정확히 어떤 의미입니까?

짐　정상주문의 10퍼센트보다 작으면 작은 거고 그보다 크면 큰 겁
니다.

앨리스　잘 알겠습니다. 그럼 마크에게 뭐라고 요청할 거죠?

짐　신규주문과 정상주문의 10퍼센트가 넘는 변동에 대해서는 2주
전에 통보를 해주고, 변동 폭이 10퍼센트 미만인 경우에는 일
주일 전 통보를 요청할 생각입니다.

앨리스　그게 효과가 있다는 것을 어떻게 알죠?

짐　연장근무를 하지 않고도 수요를 맞출 수 있을 것입니다.

앨리스　재고 수준은 어느 정도로 생각합니까?

짐　최대 2유닛 이내입니다.

앨리스　먼저 마크를 만나서 이야기해야 할 것 같군요. 언제 만나고 싶
습니까?

짐　이번 주에 만날 수 있을 것 같습니다.

앨리스　이번 주요? 이번 주 정확히 언제입니까?

짐　고객 문의가 있어서 오후에 마크를 봐야 합니다. 그때 이야기
해보겠습니다.

앨리스　어떻게 되었는지 언제 점검하는 게 좋겠습니까?

짐　미팅 후에 마크와 대화한 결과를 알려드리겠습니다. 2주 정도

지나면 이 조치가 작업량에 어떤 영향을 미치는지 알 수 있을 것입니다.

앨리스   알겠습니다. 오늘 일을 마칠 때 다시 연락하기로 하죠. 그리고 나서 다음에 할 일을 정할 수 있을 겁니다.

후속 코칭

짐이 자신이 맡은 책임을 분명하게 인식할 수 있는 건 기대와 목표가 정확하게 일치했다는 것이다. 앨리스는 그와 함께 점검하기를 원할 것이다. 판단을 배제한 채 첫 번째 실행의 결과를 듣고, 나중에는 PDCA 개선 사이클 '평가' 단계의 일환으로 결과를 확인할 것이다. 사람들이 학습지대로 들어갈 때 그들을 지원 및 점검하고 후속 코칭을 하는 것이 학습문화를 창조하는 길이다.

첫 번째 점검을 살펴보도록 하자.

PDCA 단계를 점검한다.

앨리스   짐, 계획했던 마크와의 대화가 어떻게 되었는지 확인하고 싶습니다. 지금 시간 좀 있나요?

짐   네, 괜찮습니다. 잘되었습니다. 고맙습니다.

무엇이 일어났는가?

앨리스   어떻게 되었는데요?

짐 우리가 재고를 줄이는 데 문제가 있다고 이야기했습니다. 마크는 그 문제를 해결해야 한다는 데 동의했고요.

앨리스 다음 조치들에 대해 어떻게 합의했습니까?

짐 주문에 대해 조금 더 일찍 통보해주면 도움이 되겠다고 말하고, 도와줄 수 있는지 물었습니다. 그는 그렇게 하겠다고 했고, 4주 단위로 주문을 맞출 수 있게 해주겠다고 말했습니다.

앨리스 4주라고요? 당신이 원했던 것보다 더 길지 않나요?

짐 네, 그렇긴 하지만 어쨌든 정보를 생산하기 때문에 이 경우 보고서를 따로 만들 필요는 없을 것입니다. 내 계획에 맞춰 최근 2주간의 정보만 사용할 생각입니다.

앨리스 언제 시작할 건가요?

짐 이번 주 금요일이 좋겠습니다.

무엇을 배웠는가?

앨리스 결과에 만족하는 것 같군요. 잘 해결되었고 발전이 있어서 나도 기쁩니다. 그것이 현재의 상황에 어떤 효과를 미치는지 평가하는 것도 흥미로울 겁니다. 지금까지 배운 게 뭔가요?

짐 우리가 그 상황을 설명했을 때 사람들이 도와줄 수 있어서 기뻐한다는 것을 알았습니다.

앨리스 좋은 것을 배웠군요. 그 밖에 또 무엇을 배웠나요?

짐 다른 부서들과 조금 더 긴밀하게 협력하면 개선할 수 있는 부분이 더 있다는 점을 알았습니다.

앨리스 예를 들면요?

짐 작업장팀과 그 상황에 대해 자세한 이야기를 나누지는 못했지만 그들도 새롭게 알게 되는 게 있으리라고 확신합니다.

다음에 할 일은 무엇인가?

앨리스 그러면 다음에 할 일은 무엇입니까?

짐 우리와 판매팀과 작업장팀 이렇게 3자 미팅을 갖는 게 가능할까요?

앨리스 틀림없이 가능할 겁니다. 우리가 다시 일대일로 만나 더 구체적으로 이야기를 나누면 도움이 되겠습니까?

짐 네, 좋은 생각 같습니다.

앨리스 그 미팅 전에 생각해볼 질문을 하나 해도 될까요?

짐 물론입니다. 말씀하십시오.

상호의존적 협력을 강화하기 위해 씨를 뿌린다.

앨리스 고마워요, 짐. 모든 부서가 다른 사람들을 편히 일하도록 하기 위해 무엇을 할 수 있는지를 안다면, 어떤 것이 가능할까요? 당신 생각을 듣고 싶습니다.

짐 좋은 질문입니다. 생각하려면 시간이 조금 걸릴 것 같습니다. 다음 주에 대화할 때 말씀드리겠습니다.

PDCA의 평가와 개선 단계

다음 4~8주에 걸쳐, 앨리스는 짐과 긴밀하게 협력하며 변화사항 실행의 효과를 평가하기 위해 재고수준을 확인할 것이다. 정기적인 후속 코칭과 피드백 대화(두 번째 대화에서 거론된 3자 미팅 같은 대화)를 통해 계속 추가적인 변화사항이 확인될 것이다. 각각의 변화사항은 후속 대화를 사용하는 '미니' PDCA 사이클을 만들어낸다. 그 목적은 실험을 촉진하고 상황에 대한 자각을 높이는 것이다.

8주 후 철저한 평가를 실시하고, 프로세스와 시스템에 어떤 지속적인 변화가 이루어졌는지 확인하고 합의에 도달할 수 있다. GROW 모델은 다음에 집중할 개선사항을 부각시키고 대화를 구조화하는 데 사용된다. 그리고 사이클은 다시 시작된다. 이것은 린 사용자들에게는 코칭 같은 접근 방법에서 이익을 얻을 수 있는 기회를 잘 보여준다.

18 안전 성과 향상을 위한 코칭

코칭은 상호의존과 높은 안전 성과의 문화를 만들어낸다.

2장에서 언급했듯이 안전환경에서 코칭 접근 방법을 가르치면 안전 성과는 급격하게 향상된다. 예를 들면 고신뢰 조직인 린데에서는 성과가 73퍼센트나 향상되었다. 거기에는 분명한 이유가 있다. 연구에 따르면 상호의존의 문화는 최고의 안전 성과를 낸다. 코칭을 통해 리더와 감독자들은 이러한 문화를 만들어내고 모든 팀원이 안전 성과를 내는 데 참여시키고 안전 성과를 낼 수 있도록 힘을 보태주었다. 전체적인 안전환경을 만들 뿐 아니라 코칭 접근 방법이 적용될 수 있는 안전상황에는 사업장 점검, 안전대화, 사고조사, 도구 안전성 점검 대화, 위험평가가 포함된다.

코칭은 상호의존관계를 만들어낸다 ─────

학습에 대한 두 가지 접근 방법을 살펴보자. 지시는 의존적 문화를 심화시키지만 코칭은 상호의존적 문화를 촉진한다.

둘 다 성과 향상에 도움이 되지만 각각 다른 방식으로 성과에 접근한다. 코칭이 효과가 훨씬 더 크다. 그 이유는 무엇인가? 지시의 효과는 극히 제한적인데, 대개 자신의 방식을 찾기보다 다른 사람들의 방식을 배우기 때문이다. 그 결과 지시하는 사람에게 의존하게 된다. 예를 들어 단기간에 많은 정보가 필요한 작업이 있는데, 다음에 그 작업을 반복하는 상황이 오면 다시 그 지시자의 도움을 받아 정보를 기억해내야 한다.

반면에 코칭은 코칭받는 사람이 특정한 작업을 수행할 때 자신에게 맞는 최상의 방법을 찾도록 도와준다. 그 작업을 수행할 방법은 한 가지밖에 없다는 생각에 얽매이지 않고 잠재능력과 가능성을 찾아 나서게 만든다. 그 과정에서 자기 신뢰를 갖게 된다. 자기만의 방법을 인식하기 때문에 자신에게 신뢰가 생기는 것이다. 코칭은 또한 배우는 과정을 즐겁게 한다. 성과를 반복할 수 있다는 측면에서 학습이 쉽다는 뜻이다.

미국이 우주에 사람을 보낼 준비를 하던 1960년대 초 대통령의 미항공우주국NASA 방문에 대한 유명한 일화가 있다. 케네디 대통령이 마침 한 건물관리인이 작업을 하고 있는 복도를 걸어가고 있었다. 대통령은 잠깐 멈춰 서서 그에게 물었다.

"여기서 무엇을 하고 계십니까?"

그가 대답했다.

"아 대통령님, 달에 사람 보내는 것을 도와주고 있습니다."

이 사례는 기여하는 바가 아무리 적어도 그런 기여가 없으면 전체 목표 달성이 어려워진다는 사실을 이는 사람의 좋은 예다. 각자가 다른 사람들에게 미치는 영향에 대해 아는 것은 상호의존적인 팀에 핵심적인 요소이다.

안전환경에서 리더에게 심하게 의존하는 팀을 생각해보라. 아마 해야 할 일과 하지 말아야 할 일에 대해 긴 목록과 두꺼운 규정집을 가지고 있을 것이다. 리더는 그러한 규정을 실행하고, 사람들이 그 규정을 따르게 하며, 실수를 방지하는 데 많은 시간을 보낼 것이다. 팀원들은 그 규정이 왜 그렇게 복잡한지 이해하지 못하지만 리더가 보고 있으니 따를 것이다. 하지만 리더가 보고 있지 않을 때는 편법을 사용할 것이다. 물론 그렇게 하면 사고의 위험성은 훨씬 더 커진다. 사고가 일어나면 의존적 환경에서의 반응은 비난과 판단과 처벌이다. 거기서 거의 아무것도 배우지 못할 것이다. 그래서 사고가 반복될 가능성은 더 커진다.

성과곡선에서 상호의존적으로 협력하는 팀은 다른 단계에 있는 팀들과 확연하게 구분되는 특징이 여러 가지 있다.

- 협동작업의 가치와 가능성을 인식하며, 팀원들은 원대한 목표를 품고 있을 가능성이 훨씬 더 높다. 그들은 더 큰 성취가 가능하다는 것을 안다.
- 현재의 활동에 집중한다.
- 직장에 즐거움이 넘친다. 사람들과 함께 일하는 것이 독립적으로 일하는 것보다 더 즐겁기 때문이다.
- 피드백이 많다. 한 방향이 아니라 팀 내에서, 팀 밖에서, 여러 방향에

서 피드백을 받는다. 그런 다면평가가 학습을 증진시키기 때문이다.

- 신뢰수준이 높고 분위기가 개방적이다.
- 팀원들이 기쁜 마음으로 도전적 대화를 나눈다. 대화 중에 더 좋은 성과를 가능하게 해주는 문제들이 떠오르기 때문이다.
- 서로가 서로에 대해 책임을 진다. 동료들에게 잘하면 잘한 대로, 못하면 못한 대로 피드백을 제공한다.
- 팀과 팀의 다른 동료들이 어떻게 하고 있는지 알고 있다. 그래서 각 팀원에게 언제 도전과 지원이 필요한지 알 수 있다.
- 상시적으로 성과 향상이 가능하도록 평가와 학습을 일상적으로 강조한다.

상호의존의 문화 만들기: 실제 ─────

산업안전과 관련해 코칭이 어떻게 상호의존의 문화를 만드는지 살펴보자.

현장에서 누가 위험에 빠져 있다면 리더는 즉시 중단을 명하고 더 안전한 방법으로 하라고 지시할 것이다. 그러면 그 순간에는 안전하다. 하지만 직원이 자신이 하는 일이 아주 위험하다는 사실을 모른다면, 또는 더 안전한 방법을 모른다면 같은 실수를 반복할 것이다. 그런다고 리더가 쫓아다니면서 감독할 수도 없는 노릇이다.

우리는 이 문제를 조금 더 깊이 들여다 볼 필요가 있다. 지게차 운전자와 관련한 사고에 대해 두 가지 상반된 접근 방법을 살펴보자.

하지 못하게 하는 방법

매니저 보고도 믿어지지가 않네. 속도가 너무 빨라요, 빠르다고요! 포크가 너무 높이 올라가 있어요.

운전기사 네, 나는 그냥….

매니저 그러다 쓰러집니다.

운전기사 봐요, 주변에 아무도 없어요.

매니저 당신이 운전석에서 뛰어내리는 거 못 본 줄 알아요? 그거 정말 안전하지 않습니다. 당신은 운전석에서 뛰어내렸어요. 3지점 접촉 규정은 어디로 간 거죠?

운전기사 일을 빨리 해야 하는데….

매니저 사실 당신은 안전벨트를 매지 않았잖아요. 맸었나요?

운전기사 주변에 아무도 없잖아요.

매니저 시야가 확보되었나요? 그런데 당신은 앞으로 나왔어요. 작업장에서 나올 때는 뒤로….

운전기사 가봐야 합니다. 작업을 해야….

매니저 못 갑니다. 그냥 넘길 수 없어요. 이야기 좀 해야겠어요. 당신은 안전규정을 제대로 모르고 있어요. 내가 여기를 지나가지 않았으면 어떻게 됐겠어요? 당신은 항상 이렇게 운전합니까?

운전기사 주변에 아무도 없는데, 그게 정말 문제인가요?

매니저 변명은 듣고 싶지 않습니다. 오늘 오후에 면담을 해야겠습니다. 이건 심각한 일이라고요. 아마 내가 없으면 늘 이런 일이 일어날 겁니다.

운전기사 나는 그냥 일을 빨리 하려고 그랬던 겁니다.

매니저 물론 일을 해야겠죠. 하지만 안전한 방법으로 하는 게 아니잖아요. 오늘 오후에 다시 이야기합시다.

매니저의 행동이 의존적 문화를 만든다는 것을 분명하게 알 수 있다. 이제 코칭 접근 방법을 살펴보자.

하게 하는 방법

> 안전하지 못한 행동을 즉시 중단시킨다.

매니저 작업장에서 나오시는 걸 보았는데 우려가 돼서 멈추게 했습니다. 자신이 어떻게 운전했는지 알고 있습니까?
운전기사 포크를 높이 올렸습니다.

> 자각을 하는지 확인하기 위해 열린 질문을 한다.

매니저 약간 높았죠. 그 밖에는요?
운전기사 차를 앞으로 몰았습니다.
매니저 네, 그리고 또?
운전기사 아마 속도가 너무 빨랐을 겁니다.

> 계속적으로 자각을 이끌어내고 생각하고 대답할 시간을 준다.

매니저 그렇습니다! 앞으로 운전을 했고, 과속을 했고, 포크를 높이 올 렸습니다.

운전기사 서둘러 일을 마치려다가 그랬습니다.

매니저 서둘러 마치려고 했다, 알겠습니다.

운전기사 작업장을 나오다가 그냥 선적구역까지 가게 된 겁니다.

구체적인 행동을 확인하기 위해 닫힌 질문을 한다.

매니저 운전석에서 뛰어내릴 때 안전벨트를 풀었습니까?

운전기사 아니오. 매지 않았습니다.

생각할 시간을 준다. 안전 성과에 잠재적으로 방해가 되는 요소를 부각시키기 위함이다.

매니저 3지점 접촉 규정을 기억하십시오. 1, 2, 3.

운전기사 작업을 서둘러 마치려다 보면 늘 그렇게 됩니다.

운전기사의 강점을 인정하고 위험을 알고 있는지 확인한다.

매니저 서둘러 마치려다 보면 늘 그렇다…. 당신은 경험이 많고 우리 와 함께 일한 지도 꽤 됐습니다. 무거운 짐을 싣고 포크를 높이 올려서 그런 속도로 운전을 하면 어떻게 되지요? 어떤 사고가 일어날 수 있습니까?

운전기사 지게차가 쓰러져서 짐이 쏟아질 수 있습니다.

재발 방지를 위해 접근 방법을 어떻게 바꿔야 하는지 묻는다.

매니저   짐이 쏟아질 수 있다. 그러면 물건에 피해가 갈 수 있겠네요. 인
       적 피해는요? 이런 일이 일어나지 않게 하려면 어떻게 해야 할
       까요?

운전기사 교육받은 대로 지게차를 몰아야 합니다. 시야가 확보되지 않으
       면 속도를 낮춰서 작업장에서 뒤로 나와야 합니다. 속도를 줄
       여야 하고요.

**개인적 책임을 확인한다. 의존적 태도(해야 한다)가 아니라
독립적 태도(하겠다)를 점검한다.**

매니저   '해야 한다'고 말했는데 그것을 '하겠다'로 바꿔보겠습니까?

운전기사 이제부터 포크를 적정한 높이에 올리고 안전 속도로 운전하겠
       습니다. 반드시 그렇게 하겠습니다.

직접 말해주는 대신에 안전운전이 무엇인지 이해하는지를 확인한다.

매니저   반드시 그렇게 해야 합니다. 작업장에서 짐을 싣고 나올 때 안
       전을 위해 어떻게 해야 한다고 했죠?

운전기사 교육받은 대로 제대로 하겠습니다.

매니저   그래요. 포크를 내린 상태로 천천히 후진으로 몰고 나와야 합
       니다.

운전기사 알겠습니다.

두 번째 예는 앞에서 살펴본 핵심 코칭 원칙 몇 가지를 보여준다. 예를 들면 이런 것이다.

- **판단하지 않는다:** 행동이 요구되는 기준에 미치지 못해도 학습문화를 조성하기 위해 협력해서 탐구해나간다.
- **학습을 추구한다:** 관찰된 행동이 기대 이상이든, 기대한 만큼이든, 이하이든 항상 배울 것이 있다.
- **코칭 사고방식:** 코칭받는 사람을 유능하고, 창의적이고, 잠재능력이 가득한 사람으로 본다.
- **탐구적 태도:** 코칭받는 사람이 경험하고 있는 도전과 그 도전을 극복하기 위해 필요한 것에 대해 탐구적인 태도를 갖는다.
- **방해요소와 함께 잠재능력을 찾는다:** 코칭받는 사람이 적극적으로 참여할 때는 약점보다는 강점에 초점을 맞추는 것이 더 효과적이다.

코칭 대화는 코칭 받고 있는 사람이 하는 일의 위험성을 자각하게 함으로써 학습문화를 만든다. 또한 앞으로 그 일을 더욱 안전하게 마쳐야 한다는 책임감을 길러준다.

이렇게 하면 학습수준이 올라가고, 리더의 자신감과 신뢰가 높아지며, 장기적인 행동 변화의 가능성이 커진다. 교육적 접근 방법을 취하면 위험한 행동의 증상을 없애지만, 코칭은 위험한 행동을 고칠 것이다.

5부

코칭의
잠재력
이해

Realizing the Potential of Coaching

19 코칭의 이익과 투자수익률 측정하기

경제적 효과 측정이 미래의 투자를 결정한다. 손에 잡히는 효과를 보여줄
수 있다면 완전히 다른 게임이 된다.

_알란 바턴(아룹 이사)

코칭은 리더와 직원, 코치와 코칭받는 사람에게 어떤 이익을 주는가?
코칭 문화는 조직에 어떤 이익을 가져오고, 코칭의 투자수익률은 어떻
게 측정하는가? 코칭의 효과 측정은 성배와도 같다. 이 장 뒷부분에서
처음으로 코칭의 이익을 열거해보겠다.

성과와 생산성 향상

성과와 생산성 향상이 가장 중요한 이익이다. 사람들은 이 부분에 효과
가 없으면 코칭을 사용하지 않는다. 코칭은 개인과 팀에게서 최대한의
능력을 이끌어낸다. 지시 방식으로는 생각할 수도 없는 일이다.

인력 개발

직원들을 1년에 한두 번 단기교육을 보내는 것으로는 인력 개발이 되
지 않는다. 인력 개발은 학습문화를 조성함은 물론 일의 즐거움을 높여

주고 이직률을 낮춘다. 어떤 리더십 스타일을 선택하느냐에 따라 직원들이 발전할 수도 있고 못할 수도 있다. 그것은 리더에게 달려 있다.

관계 개선과 자발적 참여

직원들을 존중하고 아낄 때 관계는 가까워지고, 참여는 증가하며, 성공은 지속된다. 사람들에게 질문하는 행위 자체만으로도 그들을 소중하게 생각한다는 사실을 보여줄 수 있다. 지시만 해서는 대화가 이루어지지 않고, 따라서 어떠한 이익도 발생하지 않는다. 차라리 벽에다 말하는 것이 나을 것이다. 한번은 유난히 말이 없는 테니스 유망주에게 그의 포핸드에서 어떤 점이 좋다고 생각하는지 물었다. 그는 미소를 지으며 대답했다.

"모르겠어요. 지금까지 제 의견을 물어본 사람이 없었거든요."

그의 대답 속에 모든 것이 담겨 있었다.

직무만족도 증가와 이직률 하락

직원들 간에 협력이 잘되면 즐거움이 커지고 분위기가 좋아진다. 코칭리더십을 사용하는 사람들은 팀원들은 물론 자신의 직무만족도 또한 높아졌다고 말한다. 당연히 직장을 떠나는 사람들도 줄어든다.

리더의 가용시간 증가

팀원들은 스스로 책임지는 것을 반긴다. 일에 쫓기거나 감독받지 않아도 되기 때문이다. 리더는 책임과 부담을 덜고, 시간적 여유가 생겨서 전략적으로 생각하는 시간을 갖게 된다.

혁신 강화

코칭은 설익은 생각이나 터무니없는 의견이라고 비웃음당하는 것에 대한 두려움을 없애주고, 팀원들의 창의적 의견을 북돋아준다. 하나의 창의적 생각 다른 많은 창의적 생각들을 촉발하는 경우가 많다.

사람과 지식의 활용

리더는 코칭을 시작하기 전까지는 숨겨진 자원이 있는지 모른다. 코칭은 리더에게 직원들의 강점과 능력을 이끌어내는 사고방식과 기술을 제공한다. 이렇게 되면 리더는 팀에 존재했지만 그동안 드러나지 않았던 많은 재능을 발견해내고, 업무를 일상적으로 취급하거나 전문지식을 갖춘 사람들만 아는 실무적 문제에 대한 해결책을 찾을 수 있을 것이다.

직원들의 적극적인 업무태도

모두가 소중하게 대접받는 분위기에서는 하라고 하지 않아도 알아서 더 많이, 더 열심히 한다. 하지만 대접받지 못하고 시키는 대로만 하는 대부분의 조직에서는 아무도 그렇게 하지 않을 것이다.

유연성과 적응력 향상

코칭 사고방식은 기본적으로 변화를 지향한다. 코칭은 변화에 대응하고 책임진다. 미래에는 유연성에 대한 요구가 증가할 것이다. 경쟁 심화, 기술혁신, 세계적인 실시간 소통 확산, 불확실한 경제, 사회불안 등으로 인해 유연한 조직만이 번영을 누릴 것이다.

고성과 문화

많은 기업 및 조직의 리더들이 고성과 문화를 만드는 데 필요한 리더십 스타일을 원하는데, 바로 그러한 리더십 스타일의 중심에 코칭 원칙이 있다. 무엇보다 리더는 지시에 의존하지 않고 코칭을 통해 직원들과 함께 고성과 문화를 만들어나간다.

삶의 기술

코칭은 직장 안에서는 물론 밖에서도 폭넓게 적용되는 태도이자 행동 방식이다. 코칭에 대한 수요는 점점 많아지고 있으며, 심지어 직장을 바꾸려는 사람들도 어딜 가든 코칭이 귀중한 기술이라는 사실을 깨달을 것이다. 리더들은 회사가 삶 전체에 긍정적 영향을 미치는 기술에 투자는 것을 대단히 고마워한다. 상대하기 힘든 10대 청소년들에게 코칭 기술을 적용하면 효과가 있다는 것이 보고되기도 했다.

코칭의 투자수익률 ─────────

그렇다면 이런 이익들을 어떻게 객관적으로 측정하는가? 코칭 성과를 측정할 수 있는 사람은 거의 없다. 이것이 코칭 산업의 발전을 가로막고 있다는 게 내 생각이다. 행동 변화와 수익에 미치는 영향을 측정하지 못하면 코칭은 계속 블랙박스로 남아 있을 것이다.

　10여 년 전에 퍼포먼스 컨설턴트는 행동 변화가 수익에 미치는 영향을 측정하기 위해 '성과 향상을 위한 코칭의 투자수익률'이라는 평가

방법을 개발했다. 이전에 그런 것을 본 적 없는 고객들은 이 소식을 듣고 안도의 한숨을 쉬었다. 우리는 800퍼센트에 이르는 평균 투자수익률을 일관되게 보여줄 수 있다. 코칭 산업을 전문화해 조직에서의 코칭 수준을 높이고 코칭 기준을 마련하는 것이 우리의 사명이다. 이 목적을 위해 우리는 방법을 개발하고 있다. 평가도구 양식은 우리의 웹사이트에서 다운로드할 수 있다.

평가 방법은 성인학습이론에 기반을 둔다. 코칭받는 사람과 함께 이 평가를 실시하면, 코칭받는 사람은 그 가치를 더 깊이 인식하고 더 높은 수준으로 발전할 수 있다. 이 평가 방법은 참가자의 비밀을 보호하는 데 철저하며, 코칭 원칙을 충실하게 지키고 있다.

180명으로 구성된 팀을 책임지는 한 젊은 운영관리자에 대한 평가의 예를 살펴보자. 편의상 그를 켄이라고 부르겠다. 코칭을 시작할 때 그의 장기목표는 3년 안에 이사가 되는 것이었다. 그는 상사에게 자신의 목표를 말하지 않았지만, 상사와의 코칭을 통해 그의 경력 개발에 대한 견해를 일치시켰다. 목표를 일치시키는 것이 직원의 참여를 끌어내고 회사가 성공하는 데 얼마나 중요한지는 이미 이야기한 바 있다.

코칭을 시작할 때 켄의 상사는 그가 이사가 되는 길을 제대로 가고 있는지 묻는 평가에서 10점 만점에 1점으로 평가했다. 그러나 3개월 후 다시 평가를 실시했을 때는 9점을 주었다. 성과의 수직상승은 수치상으로 분명하게 나타났다. 그가 6개월 만에 목표를 달성했다는 것은 일대일 코칭이 금방 효과를 내는 맞춤형 리더십 개발 프로그램임을 보여준다. 코칭의 투자수익률 계산은 코칭 스폰서들에게 투자효과를 입증시켜주었다.

코칭의 이익을 측정하기 위해서는 13장에서 설명한 세 가지 요소를 기록해야 한다.

- **목적과 목표:** 코칭받는 사람이 정한 목표
- **지속되는 행동:** 코치와 코칭받는 사람이 취한 행동을 나중에 볼 수 있도록 정보를 기록한다.
- **진행상황에 대한 기록:** 코치와 코칭받는 사람이 나중에 볼 수 있도록 동료들의 피드백을 포함해 진행상황에 대한 정보를 기록한다.

코치와 코칭받는 사람은 행동과 진행상황에 대한 기록을 공유해야 한다. 필요한 정보를 기록하지 않으면 나중에 찾을 수 없다. 코칭받는 사람들은 대체로 이 부분을 게을리 한다. 하지만 기업으로부터 코칭 서비스에 대해 많은 돈을 받고 있다면, 어떤 상태에서 코칭을 시작했고 어느 정도 발전이 이루어졌는지 몰라서 당신의 훌륭한 코칭과 코칭받는 사람의 적극적인 노력이 과소평가되는 일이 없도록 철저히 기록하는 습관을 들여야 한다.

켄은 다음과 같이 목표를 정했다.

6개월 목적과 목표

- 나무보다는 숲을 보는 데 더 많은 시간을(전체 시간의 60퍼센트) 할애한다.
- 위임성과를 높인다.
- 구조조정을 한다.

- 중간 리더를 충원한다.

- 직원을 5명으로 줄인다.

- 나만의 리더십 스타일을 개발한다.

- 부하직원을 키운다.

표 6 | 코칭 평가: 질적 평가

분야	시작할 때의 기술 수준과 현재 실행되는 기술 수준	행동 변화	비즈니스에 미친 효과
전략에 더 집중하기 나무보다는 숲을 보기	1점이었지만 지금은 7점이다.	매일 비즈니스 전체를 바라보고, 미래의 계획을 구상하고, 현재의 문제를 더 큰 맥락에서 바라보려고 노력한다.	잠재적으로 문제가 발생할 수 있는 분야를 찾아냈다. 조금 더 앞을 내다보고 미래를 위해 약간의 거래처를 확보했다. 관리팀의 직원개발에 시간을 썼다.
위임 업무를 위임하는 능력	3점이었지만 지금은 8점이다.	직접 모든 업무에 관여하는 대신 직원들에게 위임한다. 매일 프로젝트와 업무를 팀에게 넘겨준다.	팀원들의 열의가 눈에 띄게 향상 되었고, 팀이 크게 발전했다. 생산성이 높아졌다. 비용 절감이 보고되었다. 새로운 프로젝트 계획에 투입하는 시간이 늘어났다.

보충설명
- 분야: 집중하는 분야와 그 분야에 대한 간단한 설명
- 시작할 때의 기술 수준과 현재 실행되는 기술 수준: 1~10점 척도, 10점은 가장 이상적인 실행 기술 수준
- 행동 변화: 자신이 느끼는 태도와 행동의 변화
- 비즈니스에 미친 효과: 태도와 행동 변화가 비즈니스에 미친 가시적 혹은 비가시적 효과

장기 목적과 목표

• 35세가 되기 전에 이사가 된다.

조직목표나 기술적 목표는 물론 행동목표들이 뒤섞여 있는 점에 주목하라. 이 예에서 코칭이 조직에 이익이 되는지, 지속되어야 하는지를 확인하기 위해 3개월 후 코칭에 대한 평가를 실시했다.

먼저 코칭의 질적 효과, 즉 행동과 태도의 변화와 그 변화가 가져온 효과부터 살펴보자. 코칭받는 사람이 주관적으로 판단한 행동 변화의

표 7 | 코칭 평가: 양적 평가

분야	재정적 효과	계산 방법 노트	신뢰도	3개월간 수익
전략에 더 집중하기 나무보다는 숲을 보기	마케팅 문제 확인 – 월 6,400 파운드 절약	주 1,600파운드 절약	100	6,400파운드× 3×100% =19,200파운드
	분배 재설계 – 5천~1만 파운드 절약	비용 절감을 위한 재설계 – 새로운 해결책을 검토하고 제안할 시 간을 가졌다.	60	7,500파운드× 60% =4,500파운드
위임 업무를 위임하는 능력	팀원에 의해 확인 된 잠재적 물류 – 월 1천~2천 파운드 절약	월 평균 1,500파운드 절약	60	1,500파운드× 60% =900파운드
총 절약 비용				24,600파운드

보충설명
• 분야: 집중하는 분야와 그 분야에 대한 간단한 설명
• 계산 방법 노트: 자체적인 계산 방법을 사용해 확인된 정량화된 비즈니스 효과
• 신뢰도: 재정적 효과 추정치의 신뢰도

효과다. 예를 들면 코칭받는 사람의 상사, 팀원, 동료들에게 미친 영향을 평가하는 것이다. 표 6은 보고서에서 이 부분을 발췌한 내용이다. 이 표를 보면 처음 두 개의 분야가 처음 두 개의 목표에 상응한다는 것을 알 수 있다.

이제 다음 단계로 넘어가서 코칭의 투자수익률을 알아내기 위해 코칭이 수익에 미치는 양적 효과를 측정해보겠다. 물론 투자수익률을 추정하는 것은 과학이 아니라 기술이라는 점을 강조하고 싶다. 코칭받는 사람이 정밀 분야에 종사한다면, 예를 들어 엔지니어라면 특히 이 사실을 강조해야 한다. 표 7 역시 두 개의 분야를 보여준다.

양적 효과 자료수집이 끝났으면, 다음에는 이 공식을 이용해 코칭의 투자수익률을 계산해야 한다.

$$\text{합계} = \frac{(\text{재정적 수치} \times \text{신뢰도}) \times 100}{\text{코칭 비용}}$$

이 표는 전체 보고서에서 발췌한 것이다. 추정치는 제3자나 보완적 조사자료를 통해 확인한다. 코칭받는 사람이 추정한 총 투자수익은 3개월간 7만 8천 파운드였다. 코칭받는 사람이 평가를 마쳤으면, 비밀을 보호하기 위해 그 자신이 이 보고서를 직접 조직에 제출해야 한다. 코칭받는 사람은 보통 자신이 해온 일과 그것이 비즈니스에 미치는 효과를 증명해줄 수 있어서 정말 기뻐한다. 실제로 켄은 이 평가 이후 3개월 만에 이사가 되었다. 계획보다 3년이나 앞선 목표달성이었다.

퍼포먼스 컨설턴트의 또 하나의 사명은 인적 자본 투자에 대한 인식을 바꾸는 것이다. 인적 자본 투자가 비수익 활동이 아니라 전략 수립의 핵심요소인 수익창출 활동으로 인식되게 하는 것이다. 우리는 조직에서 공식적인 코칭을 실시하는 모든 사람들에게 이 코칭의 투자수익률을 사용할 것을 강력하게 권한다. 우리는 조직이 엄청난 잠재능력을 가진 사람들을 그대로 방치하고 있다는 사실을 인식하도록 도와줘야 한다.

문화와 성과 측정하기 ─────

2장에서 우리는 성과곡선을 살펴보았다. 코칭의 투자수익률의 경우와 마찬가지로, 성과곡선 조사는 코칭이 전체 조직문화에 미치는 효과를 측정하는 것이다. 산업심리학 분야의 연구성과를 토대로, 문화를 성과곡선에 표시하면서 코칭 문화의 지배적 사고방식과 그것이 만들어내는 성과의 조건을 측정한다.

6장에서 우리는 자각과 책임감이 코칭 프로세스의 기초라는 점을 확인했다. 개인과 마찬가지로 조직도 그 문화가 어떤 기초 위에서 작동되는지를 안다면 성과 향상을 위해 어떤 행동을 바꿔야 하는지 알 수 있다. 성과곡선 조사는 자각과 집단적 책임감을 일으키기 위한 것이다. 고성과의 조건을 만드는 것은 조직과 개인 모두의 책임이다.

조사 결과는 조직이 네 개의 성과 단계 가운데 어느 단계에 속해 있고 다음에 어디에 집중해야 하는지를 말해준다. 사실 이 조사는 조직에만 적용되는 것은 아니다. 탐구적 태도를 가진 개인도 실시할 수 있다.

20 기업문화 혁신

비전의 크기와 스스로 제한하는 생각이 당신을 가로막는 유일한 요소일까?

코칭이 만들어내는 상호의존적 문화는 기업이 직면한 불안한 변화의 물결에 적응하고 번영할 가능성을 한껏 높여준다. 코칭을 일상화하는 이 기업들은 하향식 코칭, 동료 간 코칭은 물론 심지어 상향식 코칭까지 하며, 서로 지원하는 사람 중심의 문화를 조성한다. 이런 문화 속에서 사람들은 코칭의 도움을 받아 스스로 방향을 찾고 욕구를 충족시키며, 코칭 리더는 그 과정에서 그들의 소원과 희망에 대해 많은 것을 알게 된다.

리더가 진정으로 사람들 말에 귀를 기울이고, 알게 된 사실을 바탕으로 행동하며 스스로 책임지는 팀 문화를 만든다면 사람들은 더 좋은 성과를 내고 이직률도 크게 줄어들 것이다. 반면에 리더가 코칭에 대해 좋은 말만 잔뜩 늘어놓고 실행에 옮기지 않는다면, 직원들은 기대가 높아졌다가 다시 실망하고 결국 상황은 이전보다 더 악화될 것이다.

오늘날 기업은 이러한 리더십 스타일의 변화뿐 아니라 그들이 선언한 원칙과 윤리를 지킬 것을 점점 더 요구받고 있다. 지키지 않으면 직원들과 고객들이 책임을 물을 것이다. 좋은 직원들은 회사를 떠나고 고객들은 그 회사의 제품을 사지 않을 것이다. 사회에 진정으로 공헌하는 상품과 서비스를 공급하는 기업들은 그 자체로 의미 있는 고용을 창출한다. 품질이 의심스럽거나 해로운 상품이나 서비스를 제공하는 기업들은 직장에서 의미와 목적을 추구하는 사람들을 잃을 것이다.

하지만 사회에 공헌만 하거나 해만 끼치는 기업은 거의 없다. 대다수의 기업은 그 중간지대에 있다. 지혜로운 기업들은 지역사회에 공헌한다든지 사회적 프로젝트에 직원들을 보내는 식의 다양한 방법으로 피해를 보상한다.

그러므로 코칭은 목표(미래의 고성과 문화)인 동시에 그 목표에 도달하는데 필요한 핵심요소이다. 외부 권위자에게 가치에 기반을 둔 미래를 결정하게 할 수는 없다. 직원, 주주, 이사, 심지어 고객들도 가치를 공유할 때 성과는 극대화될 것이다. 하지만 그 전에 기업은 그 기업의 가치가 무엇인지 찾아야 한다.

그럼 문화변혁은 어디에서 시작하는가? 사람인가, 조직인가? 답은 사람과 조직이 같이 시작하는 것이다. '강요하는 민주주의'와 '요구하는 협동'은 모순된 표현이다. 몇 가지 문화변혁 지침을 소개하겠다.

- 기업구조를 너무 근본적으로, 급격하게 바꾸려고 하면 사람들보다 너무 앞서나가게 될 것이다.
- 사람들에게 변혁을 강요하면, 설사 그들에게 이익을 줄 의도가 있더라도 그들은 반대할 것이다.

- 임원들과 중간관리자들은 처음부터 솔선수범하여 진심으로 이상적인 태도와 행동을 보여줘야 한다.
- 사람은 강제로 바뀌지 않는다. 사람에게는 변화의 방법을 선택할 기회가 필요하다.
- 사람들이 스스로 개발하도록 도와줘야 하며, 코칭을 통해 조직에서 기대하는 새로운 태도와 행동을 실험해야 한다.
- 사람들이 적극적으로 참여하는 공통비전이 없으면 변화는 성공할 수 없다. 심지어 경영진에게 비전이 없으면 시작조차 할 수 없을 것이다.
- 조직의 모든 시스템에 변화를 일으킬 준비를 해야 한다. 일관된 프로세스와 조직구조, 보상구조 등이 없으면 전면적인 행동 변화는 유지되지 못할 것이다.

살아 있는 시스템 ──────

조직문화의 변화는 조직의 살아 있는 시스템이 가진 모든 요소들 간의 일치와 균형을 모색하는 감성지능 차원의 접근 방법을 요구한다. 여기에는 프로세스, 시스템, 구조와 같은 '하드hard' 요소와, 시스템 중심의 리더십과 사람, 사회적·행동적 요소와 같은 '소프트soft' 요소 모두가 포함된다(그림 17). 조직은 이 모든 요소들에 변화를 줘야만 변혁을 이룰 수 있다.

조직은 종종 하나의 시스템에만 집중하는 실수를 한다. 이것은 성공

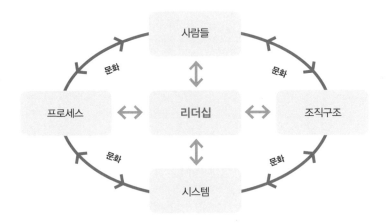

그림 17 | 살아 있는 시스템

리더십은 살아 있는 시스템의 심장부에 있다.

하지 못하는 '거래적' 접근 방법이다. 그 접근 방법은 두 가지로 나뉜다. 첫째로 조직이 전면적 문화변혁이 요구된다는 사실을 인식하지 못한 채 새로운 시스템 도입이나 부서 간 업무조정을 통해 성과를 개선하려고 노력한다. 하지만 새로운 시스템을 작동시키는 데 필요한 새로운 행동과 환경에 집중하지 못하기 때문에 성과는 향상되지 못한다. 다음에는 조직이 문화변혁이 필요하다는 사실을 인식하고 행동과 사람에 집중하는 경우다. 이 경우에도 필요한 새로운 행동을 지원하고 보상하기 위해, 또는 모든 요소들을 한 방향으로 정렬시키게끔 시스템과 프로세스를 조정하지 못한다. 거래적 변화에 대한 전자의 접근 방법은 기업개선 기능을 외부에서 조달할 수 있고, 후자의 접근 방법은 인적자원 기능을 외부에서 조달할 수 있다.

코치가 성과 향상을 위한 변화를 원하는 기업의 운영진과 함께 일하고 있다면, 가장 먼저 그들이 변화를 통해 이루고자 하는 것은 무엇이고 그 변화에는 무엇이 포함되는지를 분명하게 인식하도록 도와줘야 한다. 또한 그들이 변화 과정을 끝까지 지켜보도록 해야 한다. 이것은 오랜 시간이 걸리는 일인데, 이사들은 단기적인 목표의 압박으로 시간 내기를 싫어한다. 하지만 이사회의 의지와 적극적인 노력이 없으면 영속적이고 실질적인 변화는 꿈에 지나지 않는다. 모든 계획이 물거품이 되어 사람들이 환멸에 사로잡히지 않게 하려면 변화를 끝까지 지켜보겠다는 의지를 가지는 것이 무엇보다 중요하다.

운영진에게 다음과 같은 질문을 하게 함으로써 그들이 원하는 것을 분명하게 알 수 있다.

왜?

- 우리는 왜 이것을 바꾸려고 하는가?
- 내부와 외부의 동인은 무엇인가?

무엇을?

- 우리는 무엇으로 바꾸려고 하는가?
- 무엇을 바꾸고 무엇을 남겨야 하는가?

어떻게?

- 그 변화를 어떻게 설계하고 실행하겠는가?
- 누가 무엇을 하는가?

일단 그들의 현재 상태를 파악하고 받아들였으면, 그들과 함께 조직의 전체 시스템에 필요한 변화를 주는 접근 방법을 설계할 수 있다.

리더십 개발 프로그램은 고성과 문화를 만들기 위해 사람과 행동의 측면에서 조직에 필요한 기술, 행동, 사고방식의 개발에 도움을 줄 수 있다. 다음 장에서는 리더십의 기초에 대해 살펴보겠다. 코칭과 리더십 모두 영속적인 변화를 만드는 데 중대한 역할을 하기 때문이다.

21 리더십의 특징

미래의 리더는 가치와 비전이 있고, 진정성과 민첩성을 갖추며,
조직을 한 방향으로 정렬함과 동시에 목적의식이 있어야 한다.

미래의 리더는 리더라는 타이틀을 얻기 위해 자기계발의 여정을 시작
해야 할 것이다. 우리는 즉각적인 만족을 추구하고 회사는 그런 것을
요구하는 시대에 살고 있지만 리더십은 짧은 시간에 형성되지 않고 특
히 투자 없이 만들어지는 것도 아니다.

　이 장에서는 모든 책임 있는 리더들에게 공통적으로 나타나는 중요
한 특징들을, 특히 이 시대와 관련해 살펴볼 것이다. 첫 번째 특징은 가
치다. 여기서 말하는 가치는 회사의 가치가 아니라 개인의 가치다.

가치 ————

'가치'라는 개념은 종교에서 나왔고 종교가 없으면 가치가 없을 거라는
생각이 널리 퍼져 있다. 특히 종교인들이 그렇게 믿고 있다. 이 생각은

틀렸다. 종교적 배경이 없고, 무신론자는 아니지만 불가지론자이면서도 모범적인 가치를 보여주는 사람들이 많이 있다. 현실을 더 깊이 들여다보면 진짜 가치는 우리 내면에 있으며, 그 내면의 가치는 보편적이라는 것을 알 수 있다.

불행한 많은 사람이 머물고 있는 자기계발의 하층부에서, 사람들은 내면의 가치에 희미하게 겨우 연결되어 있을 뿐이다. 위기를 맞으면 그 가치는 갑자기 표면으로 떠오르기도 하지만, 대부분은 부모와 사회와 문화가 형성한 조건반사의 심리구조 속에 파묻혀 있다.

기업의 심각한 범죄와 노골적인 탐욕은 권력을 쥔 많은 사람들이 내면의 가치를 자각할 만큼 정신적으로 성숙하지 못하거나 심리적 발달이 미약하다는 것을 반증한다. 사회적·환경적 지표보다 재정적 지표에 집중하지 않는 것은 마이너리그에서 뛰는 것과 같다고 생각하는 기업풍토는 이런 경향을 악화시켰다. 주주 특히 기관주주는 인적 측면에서 측정된 수익이 아닌 재정적 수익을 요구한다.

이제 그것은 더 이상 지탱할 수 없는 낡은 게임, 낡은 심리이다. 점점 늘어나는 성숙한 가치 지향적 시민들은 그것을 용납하지 않는다. 우리는 우리 아이들과 후손들에게 관심이 있는 미래의 리더들을 받아들이고 그들에게 투표할 것이다.

제대로 교육받는 전문 코치는 새로운 미래를 열망하는 리더들이 의식세계를 넘어 그들 내면의 가치와 다른 중요한 성질에 접근하도록 여러 가지 기술을 사용할 수 있다. 코칭을 통해 사람들의 과거 활동과 열정을 탐구해보면, 보다 정밀해지고 광범위해지는 어떤 패턴이 드러날 것이다. 내 경험을 중심으로 이에 대해 더 자세히 설명해보겠다.

개인적 예

나는 캘리포니아에서 최신 심리학 연구를 시작했던 1970년에 자기계발 여정을 시작했다. 그 당시에 나 자신과 내 가치를 발견하고 그때까지 경험했던 것 이상으로 사회적 문제를 깊이 파고들기 위해 가장 먼저 해야 했던 일은, 부모와 사회와 문화에 의해 형성된 조건반사의 심리상태에서 탈피하는 것이었다. 1차 목표를 달성한 후 나의 관심은 나 자신에서 다른 사람들에게로 옮겨갔다. 하지만 이전부터 현실을 무시해왔던 터라 눈앞에 펼쳐진 현실에 만족하지 못했다.

나는 사람들에게 성공보다는 자기계발에 힘써야 한다고 전파하기 시작했다. 사람들에게 자기계발은 생소한 말이었다. 그리고 나는 베트남 전쟁을 계기로 일어난 반전운동에 참가했고, 세계 곳곳의 불평등과 빈곤에 눈을 돌리면서 수많은 문제들을 마주했다. 그 당시 나는 뚜렷하게 가치지향적 태도를 보였지만 마음의 갈피를 잡지 못하고 있었다. 아직 코칭이 없었을 때라서 한 치료사의 도움의 받아 내가 세상에 기여할 수 있는 일, 열정을 느끼는 일은 정의와 관련되어 있다는 사실을 발견했다. 나는 다른 많은 일에도 관심이 있었고 사람들을 도와주는 것도 좋아했지만, 사회정의야 말로 내가 가야 할 길이라는 게 분명해졌다.

나는 이것이 치료를 받아야 하는 문제인지 확인하기 위해 내 잠재의식을 분석했다. 혹시 어린 시절 정의롭지 않은 일을 경험했거나 그런 일을 저질러서 그 보상심리로 사회정의를 추구하는 것은 아닌지 궁금했다. 다행히 그런 일은 없었다. 그래서 사회정의 실현에 기여하는 것을 목적으로 받아들였다.

하지만 시간이 흐르면서 이 목표가 너무 막연하다는 게 확실해졌고,

더 구체적인 목표가 필요해졌다. 그래서 이번에는 코치의 도움을 받아 내가 깊은 좌절감을 느낀 것, 바꾸려 노력했던 모든 것들에 어떤 특징이 있는지 살펴보았다. 그리고 내가 가장 싫어하는 일은 작은 권력이든 큰 권력이든 아동학대에서 직원, 고객, 납품업체에 대한 횡포에 이르기까지 모든 형태의 권력 남용이라는 사실을 발견했다. 대기업 코칭과 리더십에 마음이 끌리게 된 배경에는 이러한 자기 발견이 있었다. 내가 가장 증오한 것은 작은 국가의 권력자들과 파워엘리트, 리더들의 권력 남용이었다.

내 이야기가 리더인 당신이 어떤 행동을 취해야 하는지를 아는 데 도움이 되기를 바란다. 물론 당신은 그에 앞서 가치지향적인 태도를 선택하고 그 가치에 삶의 초점을 맞추어야 할 것이다.

가치 중심적 리더

우리는 가치를 중시하는 리더가 필요하다. 여기서 가치는 이기적 가치가 아닌 조직의 가치이다. 리더는 구체적인 상황에 대응할 수 있도록 구체적인 가치를 가져야 한다. 기업 임원이 어느 날 아침 눈을 떴을 때 갑자기 내면의 소리가 들려오거나 삶에 대한 허무가 밀려온다면 코치와 함께 자신의 가치를 찾고 싶어질지 모른다. 그 임원은 개인의 가치가 기업의 가치와 일치하는지에 대한 의문이 생겼을 것이다. 물론 그 가치는 기업이 말로만 외치는 가치가 아니라 실천하는 가치를 말한다. 만일 일치하지 않으면 그 임원은 어려운 선택에 직면할 것이다. 회사를 그만둘 수도 있고, 책임감을 가지고 회사의 기존 가치를 개선해 보편적인 가치와 일치시킬 수도 있을 것이다. 만일 젊은 리더라면 회사 내에서 모두에게 이익이 되는 방향으로 자신의 가치를 표현하는 방법을 찾을 수도 있다.

　세계은행의 인사팀에서 일한 적이 있는 리처드 배럿은 기업 내 모든 사람들의 가치를 조사하기 위해 매슬로의 욕구단계론과 비슷한 모델에 근거해 기업변혁도구를 고안해냈다. 조사에 참가한 모든 직원들은 15분 동안 온라인으로 그 기업에 맞춤화된 가치목록에서 가치를 선택했다. 직원들에게는 그들의 가치목록, 그들이 생각하는 기업의 가치목록, 그리고 그 기업이 가졌으면 좋겠다고 생각하는 가치목록이 제시되었다. 결과적으로 각 직원은 자신의 가치목록을 갖게 되었고, 그들이 기업을 어떻게 보는지, 그리고 그 기업이 어떻게 변하길 바라는지 알게 되었다. 직원과 기업의 가치관 차이는 어느 부분이 개선되어야 하는지를 분명하게 보여준다.

　그 기업을 부서별, 급여등급별, 성별, 연령별, 기능별로 더 세분화시켜서 가치관을 비교하면 각 집단의 강점과 약점을 파악할 수 있다. 리더십의 각 영역을 포함해 조사 과정에서 얻는 수많은 귀중한 정보들을 여기서 모두 설명할 수는 없고, 더 구체적인 정보를 얻고 싶으면 리처드의 책(참고문헌을 보라)을 참고하기 바란다. 그 책은 모든 기업 코치들과 인적자원개발 전문가들에게 권하고 싶은 훌륭한 변혁 도구다. 이사회, 특히 재무이사가 내부 정책과 프로세스를 바꿔야 한다고 생각하지 않을 때 그것을 사용하기를 권한다. 그 조사 결과는 명쾌하고, 냉정하고, 문제점을 보여주고, 설득력이 있어서 대부분의 경우에서 유용하게 사용할 수 있다.

　하지만 기업사명서와 가치선언서를 담당하는 이사들이 원하는 방향과 직원들이 원하는 방향이 다르면 이사들은 입장이 곤란해진다. 직원들의 내면의 가치를 억지로 이사회에서 정한 가치에 맞추려 한다면 아무런 효과도 거두지 못할 것이다. 이런 상황에서 이사들은 회사의 가치와 직원들의 내면의 가치를 어떻게 맞출 수 있을지 고민해야 한다. 그것은 사실상 책임의 전환이다. 실제로 모두의 욕구를 충족시키는 표현을 찾을 수도 있고, 협상을 통해 합의에 도달할 수도 있다.

원칙

리더는 가치중심적이어야 할 뿐 아니라, 그 가치를 바탕으로 조직의 사람들에게 원칙적인 지침을 주어야 한다. 어떤 행동이라도 겉보기에는 서로 상관없어 보이는 영역에서 뜻밖의 결과를 초래할 수 있다는 점에서, 총체적 사고는 원칙중심이 되어야 한다. 종종 그런 사태는 전혀 예상할 수 없기 때문에, 이런 상황에서 최선을 다한다는 것은 모든 조직원들이 조직의 경영원칙을 따라야 함을 의미한다. 그리고 그들이 개인적으로 충분히 성장해왔다면, 그것은 리더의 목적과도 일치하는 것이다.

예를 들어보자. ANZ의 전 CEO 존 맥팔레인은 이 책의 추천사에서 "성공하는 기업이 보여주는 리더십의 특징은 원칙에 기반을 두고 있다"라고 말했다. ANZ는 홈페이지에서 자사가 중시하는 가치에 대해 이렇게 말한다.

ANZ에서 우리의 가치는 '옳은 일을 잘하는 것'과 관련된다.

우리가 조직으로서 중요하게 생각하는 가치들을 고객, 주주, 공동체와 공유한다. 그리고 어떤 상황에서도 그 가치들을 타협하지 않고 지켜낸다.

ANZ 가치에 따라 경영하면 우리가 더 나은 성과를 이룰 수 있다. 우리의 가치는 행동 및 윤리 강령과 함께 행동의 지침이 되고 일상업무에서의 결정을 돕는다. 우리의 가치들은 다음과 같다.

- **성실성**: 옳은 일을 한다.
- **협력**: 고객 및 주주들과 하나가 되어 협력한다.
- **책임감**: 행동의 책임을 지고 실행에 옮긴다.
- **존중**: 모든 의견을 가치 있게 생각하고 고객의 견해를 ANZ 경영에 반영한다.
- **탁월성**: 최고가 된다. 사람들의 발전을 돕고, 비즈니스 마인드를 가진다.

여기에서 가치들이 원칙으로 표현되었다는 것을 알 수 있다. 중요한 점은 원칙이 행동과 태도의 지침이 되어 내규에는 없는 일회성 문제도 신속하게 처리할 수 있다는 것이다. 2장에서 논의한 것처럼 원칙은 상호의존적인 고성과 조직문의 핵심이다.

비전 ————

리더가 갖추어야 하는 두 번째 필수 특성은 광범위하고 심오한 비전이다. 경쟁과 불확실성이 심화되면 리더는 수익에 집착하기 쉽다. 수치만 신경 쓰느라 눈이 멀어서 창밖의 세상을 보지 못하고 컴퓨터 화면만 들여다본다. 자신이 내린 결정이 미래 세대에게 미칠 영향을 고려하는 리더는 과연 몇이나 될까? 그런 결정은 옛 방식들을 영속시켜서 환경 훼손이나 사회 불공정을 심화시킬까, 아니면 영구적인 해결책이 될까?

리더는 재정 분야에서만 장기적 비전을 가지면 된다고 말하기는 쉽지 않지만, 고위 경영진이 자주 바뀌고 성과에 따라 보너스를 받는 세계에서 리더는 대개 그의 비전이 아니라 단기 재정적 성과로 선택받는다. 장기적 비전은 성과를 악화시킬 가능성이 있는 것으로 평가절하된다.

혁신과 돌파구는 항상 문제를 다른 혹은 더 넓은 시각에서 볼 때 나타나지만, 과거에 비전은 대체로 범위가 좁고 이미 초점이 맞추어져 있었다. 오늘날 세계는 서로 연결되어 있고 소통이 즉각적이어서 빠른 시간 내에 통합적 사고를 요구한다. 내일이면 이것이 필수가 될 것이다. 개인의 성장이 더 확장되면 이런 사고는 자동적으로 나타난다.

그렇다면 리더십의 특성으로서 비전이란 무엇일까? 비전은 두 부분으로 나눌 수 있다. 첫 번째는 '마음속으로 그리고' 꿈꾸는 능력이다. 즉, 관례적 제약이라는 방해물이 없다는 전제하에 리더가 장기적으로 원하는 상황을 명확하고 대담하게 상상해보는 것이다. 여기에는 장기적이라는 면에서의 깊이, 통합적 사고방식이라는 면에서의 폭넓음이 포함되어 경계를 넘는 연결이 만들어진다. 두 번째는 다른 사람에게 '영감을 불어넣는' 방식으로 이미지를 전달하는 능력이다. 리더에 대한 지지는 비전의 소통과 그에 따른 자극을 통해 형성된다. 지지자가 없다면 리더가 무슨 의미가 있겠는가?

진정성 ————————

리더십의 그 다음 본질적 특성은 진정성이다. 진정성이란 진실한 자신이 되고 타인들 앞에 서는 걸 두려워하지 않는 것이다. 진정성을 갖추는 것은 끝없는 여정이다. 그것은 부모와 사회와 문화에 길들여진 것, 그 과정에서 쌓은 잘못된 믿음, 그리고 두려움에서 벗어나는 것이다. 또 실패, 타인들과 다름, 바보처럼 보이는 것, 다른 사람들의 시선, 거절당하는 것에 대한 두려움, 그리고 더 이기적인 그 외의 많은 두려움에서 벗어나는 것이다.

23장에서 더 자세하게 설명할 부자아subpersonality 모델은 코치들이 진정성 문제를 다룰 때 굉장히 유용하다. 좀 더 발전된 단계의 성장은 노련한 코치의 도움을 받아 학습을 하고 감정에 좌우되지 않는 관찰자가 되는 것이다. 즉, 오케스트라의 지휘자 역할과 비슷하다. 지휘자는 모든 악기와 악기 그룹을 소집하고 교향곡 전체를 관리하지만 직접 연주하지는 않는다. 우리가 자기숙련의 상태라고 부르는 이 단계는 상당한 개인적 힘과 자기 신뢰를 불러일으킨다.

정신통합 용어에서(이번에도 23장을 참조하라) 이런 상태는 '나'라고 불리며, 진정한 우리 혹은 우리의 진짜 자아로 설명된다. 로베르토 아사지올리가 정의한 '나'는 순수 의식(인식)과 순수 의지(책임)의 한 지점이다. 이것은 진정한 리더가 대부분의 시간 동안 있게 되는 이상적인 상태이다. 굉장히 강력하고 두려움이 없으며 진실하고 일관된 상태로, 자기계발에 대한 투자 없이 이 상태에 도달하는 사람은 거의 없다. 이 상태는 짐 콜린스가 그의 저서 《좋은 기업을 넘어 위대한 기업으로》에서 설명한 리더십의 최상위 단계와 동일한데, 이 단계의 주요 특성은 개인적 겸양(자기 인식)과 직업적 의지(공동책임)이다.

코치는 코칭받는 사람들의 인식과 책임감을 높여 작은 도전을 이겨 내도록 돕는 동시에, 이들이 '나'의 특성들을 표현하는 것도 돕는다. 다시 말해 더 자주 '나'로 살고 더욱 진실해지도록 돕는다.

이런 유형의 변화는 하룻밤 새에 일어나거나 두 시간 코칭한다고 나타나는 게 아니다. 이런 변화는 몰두와 끈기의 결과물이며, '영혼의 어두운 밤'을 거쳐야만 나타난다. 하지만 이것은 대부분의 시간 동안 '나' 혹은 진정한 자신이 되기 위해 치러야 하는 작은 대가이다. 다른 사람들을 이끄는 상태가 바로 이런 것이다. 이것은 절대적으로 진실한 상태이며 최상의 가치 및 비전과 함께 존재한다.

민첩성 ─────

리더십의 또 다른 특성은 민첩성이다. 오늘날 세계의 불확실한 상황과 변화속도를 감안하면, 유연하고, 변화하고, 혁신하고, 정든 프로그램과 목표를 포기할 줄 알아야 한다. 새로운 상황의 요구에 따라 방향을 신속하게 바꾸겠다는 의지가 미래사회에서 살아남기 위한 필수조건이 될 것이다. 그러나 이렇게 하는 것이 개인적 가치나 진정한 '나'라는 자아 수준에서 자신을 재창조하는 것은 아니다.

민첩성은 개인 성장 활동 두 분야의 결과물인데, 여기에 대해서는 앞에서 상당히 자세하게 언급했다. 하나는 부모, 사회, 문화의 길들임이라는 속박, 그리고 케케묵은 믿음과 가정에서 벗어나는 것이고, 다른 하나는 두려움, 특히 변화에 마음을 열지 못하게 막는 미지의 세계에 대한 두려움을 떨치는 것이다. 미지의 세계에는 아직 답사되지 않은 바다, 예측하지 못한 타인의 반응, 전체 시스템에서 나타나는 예상 밖의 결과 등 많은 것이 포함된다.

민첩성이라는 용어는 젊음과 신체활동이라는 이미지를 연상시킨다. 이것이 널리 퍼져 있는 인식이며, 나이가 들면 민첩성이 떨어지므로 어느 정도 사실이기도 하다. 몸의 근육이나 관절이 유연성을 유지하려면 운동이 필요하다. 정신도 마찬가지다. 나이가 들어가면서, 보통은 약 서른 살부터 무수한 작은 습관들이 생긴다. 같은 휴가지, 같은 와인, 같은 쇼핑 요일, 같은 옷, 같은 산책길이나 출근길, 같은 식당에서 같은 음식 주문하기, 같은 문구, 같은 반응 등. 이 모두가 정형화의 원인이다. 민첩성과 관련해 다음 과제를 해보자.

활동 | 민첩성 연습하기

처음 한 주 동안 매일 아주 사소한 일부터 큰일까지 당신이 하는 모든 일을 반복하지 않도록 노력한다(조심! 이런 연습 자체가 나중에는 습관이 될 수 있다). 습관적으로 한 일들을 전부 목록으로 작성해 다음 주에 변화시켜본다. 사람들에게 의미 없는 상투적인 인사를 던지는 대신 진심을 담아 인사하거나, 택시를 탔을 때 기사에게 관심사를 물어보거나, 양로원을 방문하거나, 울타리에 버려진 쓰레기를 줍거나, 버스킹하는 연주자 혹은 구걸하는 사람에게 말을 걸고 그들에게 40펜스 대신 5파운드를 주는 것이다. 또 식당에 갔을 때 예전이라면 절대 주문하지 않았을 음식을 한번 먹어본다.

그저 지금까지 해보지 않은 일을 해보라. 한번 시도해보는 것이다. 그러면 정신적 민첩성과 함께 신체적 민첩성도 기를 수 있다. 당신은 지금까지 같은 방식으로 해왔던 일들을 다른 방식으로 할 때 살아남을 수 있다는 걸 깨달을 것이다. 결국 습관이란 두려움을 피하기 위한 행동을 안전하게 반복하는 것이다. 습관을 버리면 새로운 길에 접근할 수 있고 삶이 더 흥미로워진다. 또한 새로운 발견으로 가는 문이 열리고 새로운 친구가 생긴다. 훨씬 더 재미있는 사람이 되고, 심지어 기쁨의 눈물을 흘릴 수도 있다.

어떤 사람들은 직장 밖에서 이런 변화를 실험하기가 더 쉽다고 하지만, 같은 원칙들이 직장에도 적용된다.

한 방향 정렬 ─────────

기업에서의 한 방향 정렬이라고 하면 보통 이사회 위원들이나 업무팀원들 사이에 달성목표나 업무 방식을 한쪽으로 조정하는 것을 말한다. 실제로 이런 조정보다 더 중요한 것은 리더 각자의 내면이나 심리를 한 방향으로 정렬하는 것이다. 그렇지 않으면 직장에서의 외적 연계를 이루기 어렵다. 그러면 내면의 정렬이란 무엇일까?

내면의 정렬은 우리의 부자아들 사이의 정렬과 협력을 말한다. 기업의 리더가 중요한 결정을 할 때 내면의 갈등을 겪으면 이는 결과에 큰 영향을 미친다. 예를 들어 어떤 결정은 합병이나 주식회사로의 전환처럼 의사결정권자에게 개인적 이익이 되고, 다른 결정은 리더에게는 개인적 이익이 안 되지만 기업과 고객들에게 장기적 이익을 제공한다. 또 다른 결정은 공동체, 사회, 환경에 유익한 결과를 낳는다.

리더가 내면의 갈등을 확실하게 해결하지 않으면 무언가를 선택했다 해도 그 선택에 총력을 기울이지 못한다. 선택은 리더가 가장 중요하게 생각하는 것, 혹은 단순히 리더의 가치관에 달려 있을 것이다. 당신 자신의 여러 다른 부분들 혹은 부자아들이 서로 다른 가치를 지지한다면 의사결정 과정은 그 가치들의 내면적 싸움터가 된다. 심리적으로 성장하면서 중요하게 생각하는 것 또한 바뀌기 때문에, 아니 더 정확히는 확장되기 때문에 이런 내면의 갈등은 성숙하는 과정에서 자연스럽게 나타나는 결과이다.

팀원들의 목적이 서로 다르다면 효율과 효과가 훨씬 떨어질 것이다. 그렇다고 나쁜 결과만 내는 건 아니다. 한 팀에 다른 견해들이 있으면 건전한 토론을 가능하게 함으로써 여러 시각을 수용하는 사려 깊은 결과가 도출될 수 있다. 하지만 일단 토론이 끝나면 합의된 결정에 모두가 전력을 기울여야 한다. 따라서 한 방향 정렬은 개인적인 능력이고, 개인의 내면에 달려 있다. 그래서 리더가 되고 싶은 사람은 내면의 한 방향 정렬 능력을 발달시켜야 한다. 그렇지 않으면 다른 사람들이 그를 이랬다저랬다 하는 사람으로 생각할 것이고 그에게 어떤 입장을 취해야 할지, 다시 말해 그를 어떻게 대해야 할지 모를 것이다.

때로는 리더의 한 방향 정렬 의지가 부족한 원인과 그 정도를 아무도 의식하지 못할 수도 있다. 다른 사람들에게 그 리더는 그저 일관성이 없거나, 신뢰할 만하지 않거나, 진실하지 못한 사람으로 비칠 것이다. 이 문제가 얼마나 명백하고 널리 퍼져 있는지 알기 위해 기업이나 정치계 리더들까지 찾아보지 않아도 된다. 우리 모두 많건 적건 이 문제를 가지고 있기 때문이다. 이 문제는 인간이라면 으레 가지고 있는 부분이지만, 이를 더 널리 인식하고 인정하면 육아와 교육, 기술훈련 과정을 통해 상당히 완화될 수 있다.

미래의 리더들 ————

따라서 미래의 리더들은 가치와 비전을 갖고 진실해야 한다. 또한 민첩해야 하고 내면이 정렬되어 있어야 한다. 여기에 인식력과 책임감, 자기 신뢰, 상당한 감성지능이 더해지면 강력한 레시피가 된다. 이 모든 구성 요소들은 유기농이고 자가 재배된 것이며 탄소 중립적이다. 외부에서 들여온 요소가 없기 때문이다. 이 구성요소들은 이미 당신에게 있고, 수확을 기다리는 중이다.

22 숙달에 이르는 사다리

어떤 일을 해내기 위해 꼭 그 방법을 배울 필요는 없다. 우리는 누가 가르쳐주지 않아도 걷고 달리고 자전거를 타며 공 잡는 법을 익혔다.

이 책은 지금까지 학습에 관한 이야기를 많이 다루었다. 스포츠에서 신체적 기술을 배우는 과정은 코칭 과정을 설명하는 예를 제공한다. 하지만 스포츠, 직장, 학교에서 지시적 교육 방법을 광범위하게 사용하고 있다. 이런 현실은 사람이 실제로 배우는 원리에 대한 전반적인 이해가 부족함을 드러낸다. 강사, 교사, 리더가 학습이나 양질의 성과보다 단기적 이익이나 시험 결과, 혹은 일을 끝내는 데 더 관심을 두는 점도 문제의 일부다. 이런 태도는 바뀌어야 한다. 이런 태도에서 나온 결과는 결코 우리를 충족시키지 못하며 경쟁자를 뛰어넘을 만큼 만족스럽지 않기 때문이다. 더 나은 방법을 찾아야 한다.

훌륭한 리더는 만들어지는 게 아니라 타고난다거나, 코칭 스타일이 선천적으로 특정한 자질을 가진 사람의 전유물이라는 오해가 팽배하다. 하지만 우리의 소통 방식은 부모나 어릴 때 영향을 받은 사람들에게서 배운 것이다. 어린 시절에 코칭 기술을 습득하지 않았더라도 나중에 연습을 통해 이를 의식적으로 배우고 발전시킬 수 있다는 데는 의심의 여지가 없다. 시간이 지나면서 이런 행동들을 무의식적으로 하게 될 것이다.

우리 코칭 프로그램에 참여한 사람들은 코칭의 원칙들이 당연하고 상식적이며 반박할 수 없을 정도로 논리적이라는 데 놀란다. 코칭을 통해 지금까지 한 번도 의심하거나 의문을 품은 적 없는 낡고 불필요한 사고방식의 횡포에서 벗어날 수 있다. 많은 사람이 학습에 대한 코칭의 시각이 유용하다는 것을 발견했고, 이런 시각은 기업교육 분야에서 널리 받아들여졌다. 코칭은 학습에 네 가지 단계가 있다고 가정한다.

- **무의식적 무능력:** 낮은 성과, 구별을 못 하고 이해하지 못함
- **의식적 무능력:** 낮은 성과, 결함과 약점의 인식
- **의식적 유능력:** 성과 향상, 의식적이고 다소 부자연스러운 노력
- **무의식적 유능력:** 자연스럽고 통합적이며 자동적인 성과 향상

일반적으로 우리는 이 학습 각 단계를 차례로 밟는다. 학습의 한 부분을 완전히 익히고 더 나아가기 위해 노력하면 사다리의 다음 칸으로 올라갈 수 있다.

그렇다면 항상 이 네 단계를 밟아야 할까? 아니면 어느 단계를 뛰어넘거나 가속화할 수 있을까? 아이는 무의식적 무능력에서 의식적 유능력으로 바로 건너뛰면서 걷기와 말하기, 던지기와 잡기, 달리기와 자전거 타기를 배운다. 나중에 성인이 되어 운전을 배울 때는 운전강사가 주는 인풋이 의식적 무능력과 의식적 유능력 단계에 적용되면서 네 단

그림 18 | 학습 사다리

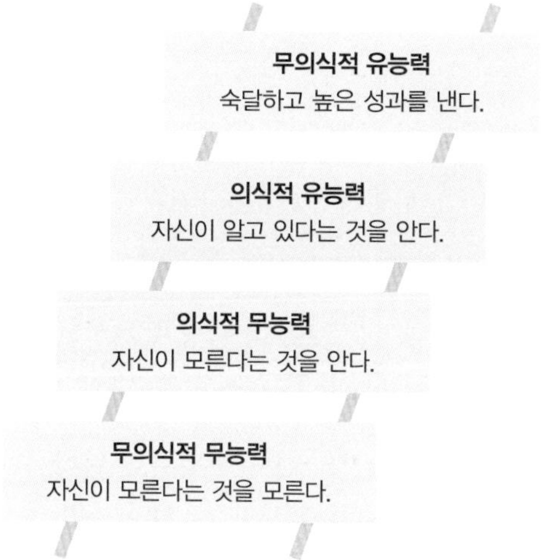

무의식적 유능력
숙달하고 높은 성과를 낸다.

의식적 유능력
자신이 알고 있다는 것을 안다.

의식적 무능력
자신이 모른다는 것을 안다.

무의식적 무능력
자신이 모른다는 것을 모른다.

계들이 분명하게 구별된다. 면허시험을 친 뒤에는 학습이 계속 의식적 유능력 단계에 있다가 운전이 더 몸에 배면 무의식적 유능력 단계로 발전한다. 당신은 곧 생각에 집중하거나 대화를 하거나 라디오에서 나오는 소리를 들으며 비교적 자동적으로 운전할 수 있게 된다. 이렇게 운전 기술은 경험에 의해 서서히 계속 발전한다.

사다리를 의식적으로 재설정해 학습을 가속화할 수도 있다. 2, 3단계를 익히도록 도와줄 뛰어난 운전 강사를 고용하거나 자기코칭 단계를 밟아서 과정을 가속화시킬 수 있다. 첫 번째 방식은 자신이 잘못하고 있는 부분과 앞으로 바꿔야할 부분을 스스로 판단하지 못한다고 가정한다. 그래서 운전실력 향상의 책임을 다른 사람에게 맡긴다.

두 번째 방식에서는 당신이 그 책임을 진다. 그래서 자신의 운전 방식의 여러 다른 측면들을 관찰하거나 인식하기 위해 라디오를 끄고 관련 없는 생각들을 차단한다. 판단을 배제한 채 의식적이고 정직하게 자기코칭을 하면 개선이 필요한 부분이 저절로 드러날 것이다. 예를 들면 기어를 거칠게 바꾸거나, 가끔 속도와 거리를 잘못 판단하거나, 팔과 어깨에 힘이 들어가 빨리 피곤해지는 것 등이 파악된다. 그러면 이제 당신은 의식적 무능력 단계에 있다. 그리고 클러치를 더 부드럽게 작동하고 회전수를 관찰하거나 속도계를 주시하며 앞 차량과 일정한 거리를 유지함으로써 다음 단계로 넘어갈 것이다. 이렇게 개선된 부분이 의식적 반복을 통해 습관이 되고 결과적으로 의식적 유능력 단계에 도달한다.

그러나 이런 자기코칭을 훨씬 더 효과적으로 변형시킨 방법이 있다. 이 방법을 이용하면 의식적 무능력 단계에서 확인한 운전 방식의 특정 결함들을 바꾸려고 애쓰는 대신 노력을 덜 들이면서 더 나은 결과를 얻을 수 있다.

노력하지 않기

가령 '기어를 부드럽게 바꾸기'처럼 당신이 습득하고 싶은 기술을 확인한 뒤, 기어를 부드럽게 바꾸려고 일부러 노력하는 대신 당신이 기어를 어느 정도로 부드럽게 전환하는지 계속 관찰한다. 좀 더 정확한 피드백을 얻기 위해 부드러움의 정도를 1에서 10까지의 수치로 평가한다. 이때 10은 당신이 기어 전환을 전혀 느끼지 못하는 상태를 나타낸다. 그냥 평소처럼 운전하면서 기어를 전환할 때마다 부드러운 정도를 평가하면 된다. 이렇게 하다 보면 노력을 더 들이지 않아도 수치가 올라가고, 놀라울 정도로 짧은 시간에 9에서 10 주위를 맴돌 것이다.

그러면 서서히 관찰을 줄이면서 무의식적 유능력 단계로 슬그머니 넘어가고, 운전 상황이 열악할 때나 익숙하지 않은 차를 운전할 때도 부드럽게 기어를 조종하게 된다. 실수를 하더라도 의식적 유능력 상태에서 1, 2마일 정도 관찰하고 나면 부드러움을 회복할 것이다. 이렇게 노력을 들이지 않은 학습은 놀라울 정도로 빠른 개선과 질 높은 결과를 낳는다.

절차 면에서 보면 이 방식은 의식적 유능력 단계를 거치지 않고 의식적 무능력에서 무의식적 유능력으로 바로 건너뛴다. 운전 강사는 당신을 계속 의식적 무능력과 의식적 유능력 단계에 머물게 해 당신이 시간과 돈을 쓰게 할 것이다. 그들은 비판과 지시로 변변치 않은 의식을 일깨우지만 그 의식은 학습자의 것이 아니다. 강사들이 비판적이고 독재적일수록 학습자의 주인의식은 약화된다.

무언가를 잘하기 위해 노력하는 것과 지금 하고 있는 일을 판단을 배제한 채 계속 관찰하는 것 사이에는 하늘과 땅만큼의 차이가 있다. 양질의 학습과 성과 개선을 낳는 것은 인풋-피드백이 반복되는 후자다. 후자는 강요하지 않고 허용한다. 전자는 스트레스를 주고 효과가 낮음에도 일반적으로 가장 많이 사용된다.

학습과 즐거움 ————

많은 기업들이 직원들에게 동기를 부여하고 지속적인 변화 요구에 대처하려면 학습하는 조직이 되어야 한다는 것을 인식하기 시작했다. 성과, 학습, 즐거움은 불가분의 관계다. 이 세 가지는 모두 코칭의 근본 목표인 높은 인식 수준을 가질 때 향상된다. 그런데 한동안이라도 그중 하나에만 초점을 맞추는 경우가 있다. 셋 중 하나라도 간과하면 곧 다른 두 개도 악영향을 받을 것이다. 학습이 이루어지지 않는 곳이나 즐거움이 없는 곳에서는 성과를 유지할 수 없다.

주로 일에 초점을 맞춘 이 책의 한 챕터를 일이 아닌 즐거움에 전부 할애한다면 일부 독자는 눈살을 찌푸릴지도 모르겠다. 즐거움을 경험하는 방식은 사람마다 다르지만 나는 두 단락으로 핵심을 압축하려고 한다.

7장에서 언급한 AT&T의 사례는 정확성에 있어 즐거움이 필수라는 것을 보여준다. 또 1960년대 후반에 전통 경제학을 뒤엎고 노벨상을 수상한 심리학자 대니얼 카너먼과 동료 아모스 트버스키에게서도 학습과 즐거움의 영향에 관해 많은 것을 배울 수 있다. 학습과 혁신에 초점을 맞춘 조직이라면 두 사람을 본받는 것이 좋다. 노벨상 수상자 전기에서 카너먼은 '학습과 즐거움이야말로 세상을 변화시키는 연구 결과의 열쇠'라고 썼다.

> 마법 같은 경험이었다. 나는 전에도 협력 작업을 즐겼지만 이번에는 뭔가 달랐다. 아모스를 아는 이들은 그가 자신이 아는 가장 똑똑한 사람이라고 말한다. 또한 아모스는 굉장히 재미있는 데다 끊임없이 어떤 상황의 모든 뉘앙스에 딱 맞는 농담을 한다. 아모스와 함께 있으면 나도 덩달아 재미있는 사람이 된다. 그 결과 우리는 계속 흥이 나서 몇 시간이고 보람차게 일할 수 있었다. (…) 아모스와 나는 황금알을 낳는 거위를 공유할 때의 경이를 경험했다. 그 거위는 우리 각자의 정신보다 나은 공동의 정신이다. 통계

기록을 보면 우리의 공동연구가 각자 수행한 연구보다 더 우수하거나 적어도 더 영향력 있다는 것을 확인할 수 있다.

카너먼은 "과정을 즐기니까 무한한 인내심이 생겼다. 그리고 우리는 모든 단어를 정확하게 선택하는 것이 대단히 중요한 문제인 것처럼 보고서를 썼다"고 확인해주었다.

여기에서 알 수 있듯이, 자신의 잠재력을 충분히 발휘하면 즐거움을 얻는다. 노력, 용기, 행동, 유연성, 능숙함, 효과의 측면에서 전에는 닿지 못했던 어딘가로 뻗어나가는 경험을 할 때마다 아드레날린이 분비되고 감각은 새로운 수준으로 발달한다. 코칭은 감각, 특히 신체활동과 관련한 부분에 직접적인 영향을 미치며, 따라서 본질적으로 즐거움을 높인다. 실제로 성과, 학습, 즐거움 사이의 구별이 흐릿해지고 이들이 최대로 합쳐지면 소위 절정 경험peak experience을 한다. 직장에서 절정 경험을 촉진시키라고 할 생각은 추호도 없지만, 여기에는 진지하게 생각해볼 부분이 있다. 코칭, 특히 고급 코칭이 작동하는 방식을 이해해야 한다는 것이다. 다음 장에서 이 주제에 관해 다룰 것이다.

23 고급 코칭

심리적 장애의 대부분은 의미와 목적의 결여에 대한
좌절로부터 나온다.

직장에서의 코칭은 대체로 인지심리학에 갇혀 거래적인 성격을 띄거
나 혹은 인식 자체에 치유력이 있다고 주장하는 인본주의 심리학에 한
정되어 있다. 그러나 이너 게임은 의지, 의도 혹은 책임을 강조하는 자
아초월 심리학을 반영한다. 코칭의 기반이 되는 것이 이런 의식과 책
임의 심리학이다. 수년 전 나는 통합적 시각의 심리학인 정신통합요법
psychosynthesis〔정신분석이론과 명상법을 결합한 치료법〕의 깊이와 포용
성에 끌렸고, 그 이후부터 이 치료법은 나의 코칭에 영향을 미쳤다. 우
리는 이것을 거래적인 코칭과 구분하기 위해 '변화를 일으키는 코칭'이
라고 부른다.

　정신통합은 1911년 로베르토 아사지올리가 창시했다. 프로이트의
제자이자 이탈리아 최초의 프로이트 정신분석학자였던 아사지올리는
친구였던 융과 마찬가지로 인간에 대한 프로이트의 병리학적, 동물학적
시각에 반기를 들었다. 융과 아사지올리 모두 인간에게는 고귀한 본성

이 있다고 주장했고, 아사지올리는 심리적 장애 대부분이 삶의 의미와 목적의 결여에 대한 좌절, 더 나아가 자포자기에서 나온다고 주장했다.

정신통합이 제시하는 수많은 도해와 모델은 심도 깊은 코칭에 매우 유용했다. 그중 하나인 '단순화된 인간개발 모델'은 다른 모든 모델과 마찬가지로 진리가 아니라 하나의 표상이며, 코치와 함께 혹은 마음속으로 혼자 대화를 할 수 있게 돕는다. 이런 유형의 고급 코칭은 삶을 자기계발의 여정으로 재구성하고, 각 문제에 숨은 창의적 잠재력을 알아보며, 장애물을 징검다리로 보도록 유도한다. 또 모두가 삶의 목적을 갖고 있고, 그 목적을 달성하는 과정에서 극복해야 할 도전과 장애물이 있다고 생각하게 해준다. 코치가 던지는 질문들은 코칭받는 사람에게 그가 처한 문제와 선택한 행동의 긍정적 가능성을 상기시켜준다. 고급 코칭은 성과곡선의 정점을 장식한다. 내면과 외면 모두를 보고, 개인과 조직을 사회 및 세계와 연결시키기 때문이다.

성장의 두 가지 차원 ————

자신이나 다른 사람의 삶의 궤도를 2차원적 그래픽 모델로 추적할 수 있다(그림 19). 가로축은 물질적 성공과 심리적 통합을, 세로축은 가치나 영적 열망을 나타낸다. 두 축을 설명하기 위해 매우 다른 유형의 두 사람을 예로 들어보겠다.

한 사업가는 스스로에게 삶에 대한 의미 있는 질문을 던지지 않은 채 개인적 성취와 물질적 세계에서의 성공에 초점을 맞추고 매우 통합적

그림 19 | 성장의 두 가지 차원

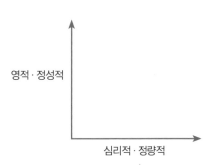

인 사람, 좋은 부모, 사회의 존경받는 일원이 된다. 이 사업가는 자신과 반대되는 유형의 사람을 게으르고 체계적이지 않으며 남에게 빌붙어 사는 사람, 호사가라고 생각할 것이다.

그 반대 유형의 사람은 사색적이고 욕심 없는 삶을 살아가지만 일상 세계의 현실과 기본요소들에 대처할 준비가 돼 있지 않아 보인다. 집, 재정 상태, 심지어 성격마저 약간 혼란스러울지 모른다. 이 사람은 공부나 예술을 추구하는 수도사처럼 살고 타인들에게 기꺼이 도움을 준다.

그림 20 | 균형 맞추기

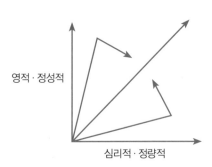

그는 사업가가 추구하는 것들을 의미 없고 자아주도적이며 종종 자신과 타인에게 파괴적이라고 생각한다.

서구문화가 그림 20의 가로축을 따라가는 데 에너지를 집중했고, 열정적으로 이를 추구해 좋은 결과를 낳았다는 것은 논란의 여지가 없다. 서구의 영향력과 경제력이 오랫동안 전 세계에 퍼졌지만 이제 동서양 모두에서 세로축을 여행하는 사람도 많다. 다른 길을 배제하며 한쪽 길로 멀리 나아갈수록 균형 잡힌 길에서 더 멀어지고, 그에 따라 긴장이 증가한다.

그림 21 | 의미의 위기

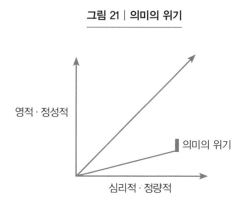

우리를 궤도로 되돌려놓으려는 이 긴장보다 사회적 압력이나 사업상의 과제, 혹은 성취에 대한 맹목적 투지가 우세하면 우리는 결국 각성의 벽wake-up wall에 부딪힌다. 이 벽은 의미의 위기라고 불린다(그림 21). 각성의 벽에 부딪히면 일시적 혼란을 겪고 심지어 성과가 퇴보하는 현상도 나타날 수 있지만, 동시에 더 균형 잡힌 그리고 이상적인 방향으로 나아갈 가능성이 있다. 더 많은 자기성찰을 하고, 그림을 그리거나 시를 쓰고, 아이들과 더 알찬 시간을 보내고 싶어한다.

지식

가로축은 또한 지식과 동일시된다. 우리가 축적한 지식이 가치관에 조율 되는 상태를 벗어나면 의미의 위기가 발생한다. 이 위기에서 우리는 힘에 대한 착각이 낳은 가짜 안정감과 많은 지식에서 얻은 확신이 붕괴되는 경험을 한다.

지혜는 지식보다 더 심오하다. 통찰력을 제공하나 종종 역설적이며 위기를 극복한 사람이 경험할 수 있는 안전한 해결책을 제공한다. 따라서 그래프의 45도 선은 지혜를 나타내는데 한편으로는 지식의 분별없는 활용, 다른 한편은 근거 없는 영적 광신을 나타낸다. 세로축 역시 사람을 위기로 몰고 갈 수 있다. 이상적 비전과 가혹한 현실 사이의 분열을 나타내는 이 위기는 이중성의 위기crisis of duality라고 불린다. 사람들은 이 벽에 부딪히면서 꿈에서 깨어나 현실로 돌아가고 제대로 된 직업을 구하기 위해 자신의 가치들과 타협한다.

나는 이 정신통합 그래프에서 한 가지 요소를 빠트렸다. 45도 화살표 너머에 있는 밝은 점이다. 이 점은 우리의 더 고결한 자아 혹은 영혼을 나타내며 우리의 목적과 지혜의 원천으로 볼 수 있다. 이 점은 세속적인 욕구와 야망에 쉽게 압도당하는 '정상궤도'로 돌아가도록 우리를 부드럽게 끌어당긴다. 과거에는 이런 생각이 합리적, 과학적 사고를 하는 사람들에게 비현실적이라는 이유로 무시당하기 일쑤였다. 그러나 최근 신경생물학의 진보로 뇌의 측두엽에서 '신 감지 영역god spot'이라고 불리는 부위가 발견되었다. 다나 조하르의 말을 빌리자면 이 영역은 '더 광범위한 영성지능의 중요한 구성요소'이다.

기업들은 전 세계에서 여러 종류의 시스템이 처방에서 선택으로 바뀌고 있다는 것을 정확하게 인지한다. 코칭 리더십 스타일도 마찬가지다. 사람들은 미래에 더 많은 선택이 가능하길 원하고 그러길 기대한다. 물론 위기가 정신적 계발의 전제조건은 아니다. 어떤 사람들은 위기나 코칭 없이도 자기계발 여정을 떠난다. 또 어떤 사람들은 일련의 작은 위기를 통해 덜 극적인 결과들을 얻으면서 앞으로 나아가고, 급격한 방향전환을 시도하지 않는다.

부자아 ————

> 내 성격의 다양한 부분들을 보며 당황할 때가 있다. 나는 내가 여러 개인으로 이루어졌고 어느 순간에 우세했던 개인이 필연적으로 다른 개인에게 자리를 내준다는 것을 알아차렸다.
> (서머싯 몸)

이 고급 코칭 모델은 서로 다른 특징과 목적을 가진 우리 자신의 다른 면들을 가리키는 부자아와 관련이 있다. 예를 들어 어느 화창한 날 아침 잠에서 깨어나 '와, 해변으로 산책을 갈까?'라고 생각하다가 이내 '아니, 진정해. 계속 침대에 있어. 너무 따뜻하고 편안하잖아'라고 말하는, 내면의 다른 목소리를 들은 적이 있는가? 누가 누구에게 말을 하고 있을까? 이들은 당신의 두 부자아이다. 그리고 당신에게는 더 많은 부자아들이 있다.

정장을 차려 입고 거울에 비친 자신의 모습에 찬탄하고는, 어깨를 똑바로 편 채 사무실로 걸어가는 지인이 있다. 그 사람이 친구나 자식들과 있을 때, 혹은 할머니를 방문할 때도 그런 식으로 걷고 말할까? 아마 아닐 것이다. 우리는 다른 상황에서 스스로를 어떻게 보는지, 혹은 남들에게 어떻게 보이고 싶은지에 따라 특정한 인격을 채택한다. 수많은 부자아는 부모에게서 원하는 것을 얻으려고 의식적으로 전략을 사용하는 어린 시절에 생겨난다. 아이는 "초콜릿 또 먹어도 돼요? 제발, 오, 제발요"라고 목소리를 높이면서 고개를 조아리고 가련한 자세를 취한다. 이 전략이 효과가 없으면 성공할 때까지 다른 전략을 사용한 뒤 조금씩 다듬고 고친다. 자라면서 이런 전략이 부모가 아닌 사람들에게도 효과가 있고, 성인이 되어서도 효과가 있으며, 꼭 초콜릿에만 해당되지 않는다는 것을 알게 된다. 대부분의 부자아들에는 욕구와 재능이 있다. 예를 들어 누군가를 구해야 하는 영웅에게는 그 상황에서 필요한 용기가 있을 것이다.

내면의 갈등을 해결하기 위한 코칭

코칭받는 사람이 내면의 갈등을 겪는 경우 코치는 "당신의 어떤 부분이 그 일을 하길 원하나요?"라고 물은 뒤 "그 부분에는 어떤 다른 특성이 있나요? 다른 부분은 무엇을 원하나요?"라고 다시 물을 수 있다. 이런 질문의 목적은 코칭받는 사람이 자신의 욕구들, 그리고 욕구들 간의 내적 충돌이 갈등 해결을 위한 전주곡이라는 것을 이해하도록 돕는 것이다. 코칭받는 사람이 코치에게 편안함을 느끼면 그의 부자아들에 이름(초콜릿광, 영웅, 피해자 등)을 붙여보라고 요청할 수 있고, 여기에서 많은 질문을 할 수 있다.

- 그중에서 무엇이 가장 파괴적인가?

- 그 부자아는 어떤 상황에서 나타나는가?

- 최근에 나타난 예를 말해보자.

- 그때 그 부자아가 원한 것은 무엇인가?

- 그것을 얻었는가? 그렇다면 다른 사람은 어떻게 느꼈겠는가?

- 그런 상황에서 당신이 원하는 것을 얻는 다른 방법은 무엇인가?

이런 과정을 통해 코칭받는 사람의 자아인식이 높아져, 상황에 따라 자동적으로 특정 부자아가 되는 대신 스스로를 보여주는 방식을 선택하는 정도가 된다. 책임감이 강해지고 더 큰 자제력을 얻는 쪽으로 나아간다. 두 부자아가 서로 갈등을 일으키면(예: 해변에서 산책하기와 침대에 머물기. 이런 갈등은 종종 반복적 패턴이 될 수 있다) 코칭받는 사람에게 두 부자아 간 가상의 대화를 하고 협상까지 해보라고 요청할 수 있다 (예: 일주일에 사흘은 산책을 하고 나머지 나흘은 침대에 있기 등).

당신은 누구인가?

부자아들을 설명하는 한 가지 방법은 우리가 자신을 특정 설명, 역할, 심지어 목적과 '동일시'하는 본능을 인지하는 것이다. 모르는 사람에게 "당신은 누군가요?"라고 물으면 보통 이름을 말한다. 하지만 사고가 나서 사람들이 모여들었는데 누군가 군중을 헤치고 나아간다면 경찰이나 친척이 "당신은 누군가요?"라고 물을 것이다. 이런 상황에서 그 사람은 "의사입니다"라고 대답할 것이다. 이때 이름을 말하는 것보다 직업을 말하는 것이 더 적절하기 때문이다. 사람들은 다양한 상황에서 자신을 사업가, 아스날 팬, 회계사, 레이서, 페미니스트, 미국인, 부모, 교사, 학자라고 소개한다. 이름을 붙이는 것이다. 그중 어떤 것도 정말로 그 사람이 누구인지는 말해주지 못하지만 그 순간 혹은 그 상황에서 그가 동일시하는 자신의 일부분이다.

어떤 사람들은 하나의 부자아에 꼼짝없이 갇혀 더 흥미롭고 창의적이며 유머러스한 자신의 다른 부분들에 접근하길 거부한다. 심지어 옷이나 자동차 같은 물건과 자신을 동일시하는 사람들도 있다. 그 물건을 소유하는 게 아니라 그 물건이 되어버리는 것이다. 그런 일시적이고 피상적인 동일시 뒤에 있는 자신을 발견하는 것이 중요하다.

사람은 팀원마다 다른 특성과 소망, 기대를 가진 팀에 비유할 수 있다. 팀원들이 마음을 열고 각자의 욕구와 차이를 이야기함으로써 서로 협력하고, 개인의 포부를 충족시키기 위해서는 돕는 것이 중요하다. 코칭은 사람들이 자신과 다른 사람들에게 훨씬 더 통합적이고 일관적이게 되도록 돕는다. 당신은 이 과정이 자아인식과 자기책임감을 높인다는 점을 알아차렸을 것이다.

실제로 직장과 가정에서 한 사람의 어떤 부자아가 다른 사람의 부자아와 대립하여 많은 갈등이 일어나고, 그 갈등은 진을 빼놓는다. 어떤 사람의 한 부분이 다른 사람의 한 부분과 충돌했다는 것을 인식하고 그 갈등에 쏟던 에너지가 진정되면, 두 사람 모두 자신의 부자아들을 관리해 서로 다른 부자아를 취할 수 있다. 심지어 예전에 싸웠던 일들에 대해서도 합의할 수 있다.

부자아는 다양한 방식으로 이용되고 또 많은 형태로 나타난다. 팀도 부자아들을 가지고 있다. 또 다른 비유를 들자면, 부자아들은 마치 교향

악단의 단원들과 같다. 단원들은 각기 다른 악기를 연주하지만 하나의 그룹으로 묶인다. 공연 전에 악기를 조율할 때는 단원들이 저마다 각자의 소리를 내서 전혀 아름답지 않은 소음으로 느껴진다. 하지만 지휘자가 나타나면 곧 조화로운 교향곡으로 탈바꿈한다.

자기 숙달

그러면 이런 의문이 생긴다. '내가 나 자신이라는 오케스트라의 지휘자가 될 수 있을까?' 답은 '그렇다'이다. 탈동일시disidentification를 통해, 혹은 부자아들에서 한 걸음 물러나 관찰자가 됨으로써 가능하다. 물론 이것은 아주 어렵고 하룻밤 사이에 되지 않는다는 말을 급히 덧붙이는 바이지만, 나 자신이라는 오케스트라의 지휘자가 되는 것은 '절제'라고 불리는, 차분하고 강력한 상태다. 정신통합 용어에서 '나'로 불리는 이 지휘자는 순수한 의식과 의지의 중심이다. 이 개념은 인식 및 책임과 정확하게 일치한다.

따라서 당신은 이제 코칭의 순수한 목적이 '나'의 특성과 존재를 구축하는 것임을 알았을 것이다. 또한 이 개념이《좋은 기업을 넘어 위대한 기업으로》에서 콜린스가 밝힌 리더십의 최상위 단계에 속한 리더의 특성들과 일치하는 것은 결코 우연이 아니다. 이 리더의 특성인 겸양은 자기 인식과 의지 혹은 열정의 필연적 동반자이다.

그렇다면 한 방향 정렬에 이르려면 어떤 단계를 밟아야 할까?

- 1단계는 자신에게 부자아들이 있음을 인정하고 가장 활발한 부자아들이 자신을 장악하는지 확인하는 것이다. 이를 위해서는 정직한

자기반성이 필요한데, 이럴 때 코치의 지원은 큰 도움이 된다.

- 2단계는 상충하는 부자아상들이 존재한다는 것을 기꺼이 시인하고 그 부자아상들이 언제 당신을 장악하는지, 무엇을 원하는지, 어떻게 당신에게 제약을 가하는지, 어떻게 도움이 되는지 파악하는 것이다.

- 3단계는 부자아상들이 서로 협력하게 하는 것이며, 여기에서 내적한 방향 정렬이 시작된다. '아침에 산책 나가기'와 '침대에 머물기'를 각각 지지하는 서로 다른 목소리의 예로 돌아가보면, 두 목소리가 역할극을 해 일주일에 사흘은 죄책감 없이 늦잠을 자는 대신 이틀은 일찍 일어나 산책을 나가는 것으로 타협을 할 수 있다.

- 마지막 4단계는 전체의 이익이라는 목적을 위해 진정한 통합과 협력을 이루는 것이다. 자기반성, 명상, 시각화를 이용해 집에서도 이런 유형의 발달 과정을 시작할 수 있는 반면, 절차 자체는 사전 경험이나 훈련이 필요하다. 아마도 상급 코치의 도움을 받는 것이 가장 좋으며, 이런 분명한 목적을 위해 설계된 훈련 그룹에 참여하면 또 다른 이점들을 얻을 수 있다.

코치가 되고 싶어 하는 사람들의 이해를 돕기 위해 고급 코칭 영역을 설명했다. 안전한 환경에서 연습하고 피드백을 받는 것이 학습에 중요하므로 고급 코칭에 관심을 느끼는 모든 코치와 리더는 이 기술들을 공식적으로 훈련받아야 한다. 일을 할 때 올바른 방법이 하나만 있는 건 아니지만, 적어도 처음에 당신이 충실하게 따를 수 있을 만한 한 가지 고급 코칭 형태에 대해 지금부터 상세히 설명하겠다.

체계화된 상상 혹은 시각화 ————

많은 고급 코칭 기법은 이성적, 논리적, 제한적 사고의 아래에 있는 통합적인 잠재의식에 도달하려고 노력한다. 예를 들어 3장에서처럼, 유도된 형상화guided imagery 기법을 체계화된 상상이나 시각화에 이용해 코칭받는 사람이 성장이라는 산을 오르는 자신을 상상하게 할 수 있다. 코칭받는 사람에게 산에 올라가는 도중 선물부터 장애물까지, 동물부터 나이 많은 현명한 스승까지 무언가 혹은 누군가를 만난다고 제시하고, 그럴 경우 일어날 일을 상상하라고 요청한다. 일어난 사건, 장애물, 도중에 만난 존재들 모두 코칭받는 사람의 마음에 있는 무언가의 상징이며 그 후의 코칭에서 밝혀진다.

이를 탐구하기 위해 다음 쪽의 시각화 활동을 해보자. 코치가 충분히 자신감이 생겼을 때 자연스럽게 코칭받는 사람과 이 활동을 해보길 권한다. 그래야 더 진실해 보일 것이다.

나는 코칭받는 사람이 이 활동을 끝내면 잠시 휴식을 가진 다음, 장애물이 그에게 무엇을 상징하는지, 장애물을 극복하기 위해 그가 무슨 자질을 사용했는지에 초점을 맞춘다. '동물은 무엇을 나타내고 그는 그 동물에 대해 무엇을 느꼈는가?' '동물과 무슨 대화를 했고 그 대화는 무엇을 상징하는가?' 그 다음으로는 '선물은 무엇이고 누가 주었으며 무엇을 의미하는가?' 하는 것들을 다룬다. 그리고 마지막으로 나이든 현자는 누구이고 무슨 질문을 했으며 어떤 대답을 받았는지, 그리고 더 중요하게는 그들이 무엇을 드러내는지를 살핀다. 물론 그 외에도 이 활동에서 드러나고 탐구해야 할 면들이 많지만, 이렇게 하면 핵심이 파악된다.

다음 시각화 대본을 동료나 코치, 혹은 가족을 대상으로 실행해본다. 그리고 편한 사람에게 이 대본을 당신에게 읽어달라고 부탁한다.

- 잠시 동안 말없이 편하게 앉아 심호흡을 몇 번 하세요.
- 당신이 자연으로 둘러싸인 들판에 있고 앞쪽에는 산기슭이 보인다고 상상하세요.
- 산을 향해 천천히 걸어가서 완만하게 경사진 길을 올라가세요.
- 올라가다 보면 경사는 점점 더 가파르고 험해지기 시작합니다.
- 이제 당신은 울창한 나무들 사이에 있고 주위에 바위들이 있습니다.
- 갑자기 넘을 수 없을 것 같은 장애물과 마주칩니다.
- 당신은 계속 산을 올라가기 위해 그 장애물을 넘을 방법을 생각합니다.
- 힘들지만 결국 장애물을 넘는 데 성공해서 계속 걸어갑니다.
- 뜻밖에 동물 한 마리를 만납니다. 더 예상치 못한 건 그 동물이 당신에게 말을 걸어왔다는 겁니다.
- 당신은 겁을 먹었나요? 그 동물이 무슨 말을 했나요? 그 동물은 겁을 먹었나요? 당신은 무슨 말을 했나요?
- 이제 다시 산을 올라가야 할 시간이므로 동물에게 작별인사를 합니다.
- 나무숲의 끝에 이르자 훤히 트인 산이 당신 앞에 펼쳐집니다.
- 길에 당신을 위한 선물이 있습니다. 당신은 선물을 집어든 뒤 가지고 갑니다.
- 이제 당신은 산꼭대기에 다다르고 있습니다. 주변 경치가 매우 아름답습니다.
- 바위를 돌아가니 나이든 현자가 앉아 있습니다.
- 현자가 당신을 반갑게 맞으며 기다리고 있었다고 말합니다.
- 그는 당신에게 세 가지 질문을 해보라 하고, 그에 대해 대답을 해줍니다.
- 당신은 마음속에 떠오르는 질문을 한 번에 하나씩 묻고 답을 듣습니다.
- 당신은 그 대답들을 충분히 이해합니다. 현자가 작별인사를 하고, 당신은 왔던 길을 되짚어 내려가기 시작합니다.
- 느긋하게 산을 내려가지만 시간이 오래 걸리지는 않습니다.
- 이내 당신은 처음에 출발했던 들판에 도착합니다.
- 활동이 다 끝나면 천천히 현실로 돌아와 눈을 뜹니다.

이제 연필과 종이를 가져와 동물과의 대화, 당신이 던진 질문들, 현자로부터 받은 대답을 포함해 기억나는 것을 전부 씁니다.

시각화 활동의 속도조절에 대해 이야기하자면, 산에 올라갈 때는 문장과 문장 사이에 20초 정도 충분한 시간을 두고 천천히 침착하게 진행해야 하고, 올라갔다 내려오는 데 전부 15분 정도 걸리도록 한다. 보고서의 길이는 가변적이다.

위의 예시를 통해 이런 유형의 절차를 충분히 이해하고 당신이 실험을 해보길 바란다. 이런 활동에 대해 당신만의 스타일을 개발하는 것이 중요하다.

더 많이 알고 싶다면 ─────

국제코치연맹 전문 코치 인증서나 그와 비슷한 인증서를 받은 전문 코치는 이 모든 도구들을 능숙하게 사용할 수 있을 것이다. 전문 코치가 될 계획이 없는 리더에게는 고급 코칭을 가르치는 리더십 코치 훈련을 적극 추천한다. 이런 훈련은 리더에게 다양한 기술을 가르쳐줄 뿐 아니라, 더 중요하게는 리더에게도 성장의 기회가 된다. 시간이 흐르고 사회가 발전할수록 고급 코칭 기술은 점점 더 요긴하게 쓰일 것이다.

부록 1 코칭 용어집

가치|values 당신이 가장 중시하고 기꺼이 지지하는 지침들. 코칭받는 사람이 생각하는 핵심가치들을 확인하고 이해하는 것이 코칭 관계의 기반을 이룬다. 코치는 코칭받는 사람이 자신의 가치들을 분명하게 밝히고 매일 그 가치들에 따라 생활하려고 노력함으로써 즐거움과 성과, 전체적인 행복을 증진하도록 도울 수 있다. 예를 들어 "매일 직장에서 어떻게 진실성이라는 가치에 따라 생활할 수 있을까요?"라고 묻는다.

간격 유지하기|hold the space 노련한 코치는 코칭받는 사람의 동적인 공간을 존중하여 판단이나 과잉반응 없이 감정과 의심, 두려움, 제약적 믿음을 완전히 자유롭게 표현할 수 있도록 한다.

감성지능|emotional intelligence 코칭은 감성지능이 실천된 것이다. 감성지능은 대니얼 골먼이 같은 제목의 책에서 고안한 용어로, 삶의 요구와 압력에 대처하는 우리의 능력에 영향을 미치는 다양한 정서적, 사회적, 개인적 역량으로 설명될 수 있다. 감성지능은 수많은 영역과 역량으로 나

뉘는데, 제각기 우리가 과제, 행동, 상호작용에 접근하는 방식에 영향을 미친다. 코칭은 우리의 감성지능을 계발하고 활용한다. 모든 변화는 내면에서 시작된다. 감성지능을 계발하고 이용하면 자기 인식을 변화시킬 수 있다. 그러면 우리 자신을 더 잘 관리하고 타인을 더 잘 이해하게 되어 더욱 긍정적인 영향을 미치고 책임감이 증가한다.

감정 가라앉히기clearing *감정 해소 참조.*

감정 해소venting 코치는 판단과 애착을 배제한 채 코칭받는 사람이 현재 감정을 해소해 다음 단계로 나아갈 수 있게 돕는다. 코치는 그 감정을 코칭 대화를 시작하는 데 사용하지 않으며, 감정을 배출시킨 뒤에 새로운 코칭을 시작한다.

강력질문하기powerful questioning 코치는 먼저 코칭받는 사람의 주목을 끌고 그 사람이 생각하고 관찰할 수 있게 하는 광범위하고 포괄적인 질문들을 던진 뒤, 초점과 명확성, 구체성, 정확성을 높이고 발견과 통찰력, 새로운 학습, 실행의지, 코칭받는 사람이 원하는 결과로 나아가는 행동을 불러올 구체적인 질문들을 한다. 강력한 질문들은 호기심과 적극적 경청을 반영하고, 애착을 배제한 채 코칭받는 사람의 안건을 따라간다. 또 코칭받는 사람이 가진 가정들에 이의를 제기하고 피드백 루프를 형성한다. 판단이나 비난, 비판은 담겨 있지 않다.

격려하기championing 코치는 코칭받는 사람이 안전지대를 넘어서 잠재능력을 펼치도록 한다. 코치는 자신의 능력을 제한시키는 생각을 관리하고, 코칭받는 사람이 자기 능력을 제한시키면 이의를 제기하고 유능한 챔피언이라고 격려한다.

계약contracting *합의 참조.*

계획 수립planning 코치는 코칭받는 사람의 안건, 관심사, 주요 학습 및 개발 분야를 다루는 효과적인 코칭 계획을 세운다. 이 계획에는 측정 가능하고 성취할 수 있으며 도전적이고 일정이 정해진 목표가 포함되고, 코치는 코칭받는 사람이 원하는 결과를 향해 나아가게 도울 수 있다. *목표 설정 참조.*

고급 코칭advanced coaching 코칭받는 사람이 삶을 자기계발의 여정으로 재구성하고, 현실 속에서의 창의적 잠재력을 알아보며, 의미와 목적과 강력한 자아의식을 발견하도록 유도한다. 고급 코칭은 개인, 물질, 일상을 넘어서는 무언가에 대한 동경을 인지하고 이에 대응하는 자아초월 심리학을 반영하며 의지, 개인적 책임, 그리고 자아보다 더 중요한 무언가에 대한 기여를 더 깊이 느끼게 한다. 고급 코칭은 거래적 활동이 아니며 탐구를 강조하고 변화를 일으킨다. 또 코칭받는 사람의 뛰어난 재능뿐 아니라 제약적 믿음과 경향까지 전부 수용한다. 코치는 코칭 과정을 완전히 신뢰하며, 코칭받는 사람의 숨겨진 욕구와 장애물을 연결시키는 질문을 주저 없이 던진다. 즉, 고급 코칭은 자신이 누구인지 발견하고 개인의 진짜 힘, 창의성, 실현의 원천인 코어core(가장 심오한 가치와 자질의 근원)에서 활동할 수 있게 해주는 성장 과정이다. *코칭 참조.*

관점perspectives 코치는 코칭받는 사람의 시각을 확장하는 다른 관점들을 제시하여 자신의 관점을 검토할 수 있도록 하고, 가능성과 지략이 더 풍부해질 수 있도록 의지를 자극한다. *몸의 지혜, 재구성하기 참조.*

구현하기embody 몸으로 실행의지를 다지거나 이해나 경험을 심화한다. 예를 들어 설득력 있는 발표자가 되기 위해 노력하고 있다면 말하는 것에 그치지 말고 실제로 발표자로 나서본다.

그렘린Gremlin 우리가 앞으로 나아가지 못하도록 방해하는 믿음을 의인화한 것. 코칭에서는 이런 믿음이 우리의 안전을 유지하기 위해 생겨났기 때문에 이를 인식함으로써 우리 삶에 영향을 미치는 방식을 우리 스스로가 선택할 수 있다고 본다. 그렘린 퇴치를 위해서는 릭 카슨의 《작은 악마 그렘린Taming Your Gremlin》을 읽어보면 좋다.

깨어 있기presence 코칭 함께하기 참조.

다른 말로 바꾸어 표현하기paraphrasing 코칭받는 사람이 말한 내용을 본질이나 의미는 그대로 두고 단어를 약간 바꾸어 말해 코치가 상대의 말(내용)을 듣고 있음을 알게 해주고, 말의 의미를 확인할 뿐 아니라 상대가 그 말을 다시 들으면서 수정할 수 있도록 돕는다. 명확하게 하기, 되짚어보기 · 반영하기, 요약하기 참조.

닫힌 질문closed questions 단순하게 '네' 혹은 '아니오'로 대답할 수 있는 질문. 열린 질문, 강력질문하기 참조.

도전하기challenging 코치는 코칭받는 사람이 안전지대를 뛰어넘고 가설과 제약적 믿음, 관점에 이의를 제기해 새로운 통찰과 가능성을 불러오도록 유도한다. 노련한 코치는 판단이나 비판 없이 도전의식을 북돋울 수 있다.

되짚어보기 · 반영하기reflecting · mirroring 코치는 자신이 들은 말의 핵심개념에 관한 표현들을 그대로 사용해 요약한다. 이러한 '반영하기'는 코치가 상대의 말을 이해하고 있는지 확인하고 코칭받는 사람에게는 자신의 말을 다시 듣고 필요할 경우 의미가 정확히 표현되도록 수정할 기회를 준다. 명확하게 하기, 다른 말로 표현하기, 요약하기 참조.

되풀이하기reiterating 되짚어보기 · 반영하기 참조.

듣기listening *적극적 경청 참조.*

마음가짐mindset *코칭 마음가짐 참조.*

마음을 담아 듣기listen with heart 코치는 어조, 문구, 표정, 몸짓 등 비언어적 메시지에 귀를 기울인다. 우리가 느낌과 의미(의도)에 주의 깊게 귀를 기울이면 몸짓과 표정에서 이것이 드러나 말하는 사람이 우리에게 마음을 열게 된다.

멘토링mentoring 전문지식을 공유하고 어느 정도 지도해주기.

명확하게 하기clarifying 코치는 지금까지 말하고 들은 것의 본질·핵심을 간결하게 표현하고, 말에 담긴 감정이나 모순, 표정이나 몸짓을 관찰해 직관적으로 알아차린 점들을 추가해서 코칭받는 사람이 통찰력과 명확성을 갖도록 한다. 예를 들어 "…라는 뜻으로 들리는군요. 어떤가요?"라고 물어서 코치가 코칭받는 사람이 한 말의 의미를 주의 깊게 듣고 이해했는지 확인할 수 있게 한다. 직관이 뛰어난 코치는 코칭받는 사람에게서 종종 "바로 그거예요"라는 대답을 듣는다. *다른 말로 바꾸어 표현하기, 되짚어보기·반영하기, 요약하기 참조.*

목격자witness 코치는 코칭받는 사람의 삶에 대해 판단을 배제한 객관적인 목격자로서 창의성, 가치들과의 재연결, 꿈이 나타날 여지를 만들어준다.

목적purpose 어떤 사람이 무슨 목적으로 혹은 '왜' 행동을 했는지가 그가 '어떻게' 행동했는지 혹은 '무엇을' 했는지 못지않게 중요하다. 목적은 실제 변화의 통합적 요인이다.

목표 설정goal setting 코치와 코칭받는 사람은 코칭에서 원하는 결과가 무엇인지 합의한다. 가령 '매일 30분 일찍 일을 시작하기 위해 효과적인 계획을 세우고 싶다'를 목표로 합의할 수 있다. 이렇게 합의를 하면 코치가 주어진 시간 동안 가능한 최상의 방법으로 코칭받는 사람을 돕기 위해 효과적으로 대화를 진행할 수 있다. *10장 'G: 목표 설정' 참조.*

몸의 지혜body wisdom 신체활동이나 감정적 흥분으로 몸에 나타나는 감각에 대한 인식으로, 코칭받는 사람이 행동하도록 인도하거나 지금 일어나고 있는 일에 호기심을 갖게 한다. *직관 참조.*

반영하기mirroring *되짚어보기 참조.*

브레인스토밍brainstorming 코치는 코칭받는 사람에게 브레인스토밍을 하자고 제안하는데, 이때 제시된 아이디어들에 애착을 가지지 않는다. 코치와 코칭받는 사람 모두 의견을 낸다. 코치가 코칭받는 사람에게 아이디어를 떠올리도록 격려하면 그의 창의성과 지략을 격려할 기회가 된다.

비유analogy 비유는 은유를 담거나 무언가를 다른 무엇과 비슷하다고 비교할 수 있다. 하지만 더 나아가 추론이나 설명을 추가해 어떤 개념이나 과정을 분명히 보여줄 수도 있다. 비유는 익숙한 것을 예로 들어 비교하고 전에는 생각해보지 않았을 유사점과 관계를 살펴봄으로써 코칭받는 사람이 복잡한 무언가를 이해하도록 도울 수 있다. 지그문트 프로이트는 비유에 대해 "사람을 더 편하게 만들 수 있다"고 말했다. 예를 들어 '내 다음 입찰이 돋보이면 좋겠다. 다이아몬드처럼 반짝거리면 좋겠다. 면밀한 검토를 받아도 끄떡없으면 좋겠다. 제안 내용이 맑은 수정 같지만 구매자가 알고 싶어 하는 것에 따라 다른 아이디어들을 반영하면 좋겠다'는 코칭받는 사람의 이해를 도울 수 있는 비유이다. *명확하게 하기 참조.*

상상하기visioning 코칭받는 사람이 원하는 것이 이미 일어났거나 이루어졌다고 상상하도록 돕는 과정. 코칭받는 사람이 '원하는 미래'로 그려볼 수 있는 강력한 미래상을 형성하는 것이 그가 원하는 방향을 향해 추진력을 내는 첫걸음이다.

선언declaration 코치는 코칭받는 사람이 원하는 미래의 성취로 이어질 효과적인 행동을 하겠다고 약속할 수 있는 여지 혹은 환경을 만든다. 선언은 "네, …를 할게요"라고 말하는 것보다 훨씬 효과적이다. 예를 들어 "이 순간부터 나는 내가 되고 싶은 사람에 걸맞은 새로운 리더십 스타일을 도입하겠다고 선언합니다"라고 말할 수 있다. *목격자 참조*

순간을 춤추기dancing in the moment 코치는 코칭받는 사람과 온전히 함께하고 그의 방향과 흐름을 따라가면서 에너지의 변화를 알아차리고 매 순간 양쪽 모두의 인식을 높인다.

시스템 코칭systems coaching 코치는 코칭받는 사람에게 영향을 미치는 시스템의 모든 요소를 인지하고 검토하고 연결한다. 여기에는 업무 흐름, 계층, 관련된 업무부서, 유발요인, 시스템에 나타나는 전체적 유형뿐 아니라 인간역학도 포함될 수 있다. 시스템 코칭은 코칭받는 사람이 자신의 통제권 밖에 있는 시스템의 요소들과 씨름하고 있을 경우에 특히 효과적일 수 있다. *총체적 접근방식 참조*

신경 언어 프로그래밍neurolinguistic programming 성공적인 행동유형들과 그 기저를 이루는 주관적 경험들(특히 사고유형) 간의 관계에 주로 관심을 두는 대인관계 소통모형. 1970년대에 리처드 벤들러와 존 그린더가 공동개발했다.

신뢰trust 코칭은 코치와 코칭받는 사람과의 깊은 신뢰관계에 의지하고 친밀성, 상호존중, 코칭받는 사람의 행복과 미래에 대한 진정한 관심을 바탕으로 이루어진다. 코치와 코칭받는 사람이 신뢰관계를 구축하려면 분명한 합의, 진실성, 정직성, 성실성뿐 아니라 안전하고 힘을 주는 환경이 필요하다. *진정성, 격려하기, 허락 참조.*

실행actions *책임, 브레인스토밍, 축하하기, 실행계획, 행동 검토하기 참조.*

실행계획designing actions 코치는 코칭받는 사람이 자신의 안건과 관련한 대안과 해결책을 탐구하고 목표를 향해 나아가게 해줄 행동들을 정할 수 있게 돕는다. *실행책임, 브레인스토밍, 축하하기, 행동 검토하기 참조.*

안건agenda 코칭받는 사람이 코칭의 주제를 선택하고 코치는 결과에 대한 애착 없이 과정 내내 이 안건에 주의를 기울인다. 코칭의 '큰 그림'이 되는 계획이나 목적, 원하는 결과, 합의된 행동들에 주의를 유지한다. 능숙한 코치는 코칭받는 사람이 진짜 문제와 욕구, 주제를 발견하도록 도전의식을 북돋는다. *파트너 관계 참조.*

애착 배제nonattachment 코치는 코칭받는 사람의 안건에 계속 주의를 기울이고, 결과에 영향을 미치거나 의견을 가지려고 애쓰지 않는다.

열린 질문open question "당신이 정말로 원하는 게 뭔가요?", "어떤 다른 선택권이 있나요?" 등 범위가 넓고 대답을 제한하지 않는 질문으로, 코칭받는 사람으로 하여금 명확성과 통찰력을 불러온다. *닫힌 질문, 강력질문하기 참조.*

열중해서 경청하기engaged listening *적극적 경청 참조.*

요약하기summarizing 코칭받는 사람이 한 말을 본질이나 의미를 바꾸지 않고 좀 더 간추려서 되풀이해 말하면, 코치가 그의 말(내용)을 듣고 있다는 것을 확인시켜줄 수 있고 제대로 이해했는지도 파악할 수 있다. 또 코칭받는 사람이 자신이 했던 말을 듣고 확인하거나 수정할 수 있고,

그가 말을 너무 많이 하거나 똑같은 말을 반복할 경우 코치가 자연스럽게 끼어들 수 있는 기회가 된다. *명확하게 하기, 다른 말로 표현하기, 되짚어보기·반영하기 참조.*

요청request 코치는 코칭받는 사람이 어떤 일에 대해 특정 행동을 취하도록 청한다. 예를 들어 "과제 X를 Y일까지 완료했으면 좋겠어요"라고 제안하고 코칭받는 사람이 "네, 그렇게 할게요", "아니오, 그렇게 못 해요"라고 대답하거나 대안을 제시하도록 허용한다. 요청에 대응하는 방식은 대개 합의하기에서 정해진다. *코칭받는 사람을 앞으로 나아가게 하기 참조.*

육감gut feeling *직관 참조.*

윤리강령code of ethics *윤리지침 참조.*

윤리지침ethical guidelines 코치는 코칭받는 사람에게 윤리적 의무를 지워야 하며, 일련의 윤리지침을 이해하고 전달하며 충실히 지켜야 한다. 윤리지침의 예로는 국제코치연맹 윤리지침과 직업 기준을 들 수 있다. *행동 기준 참조.*

은유metaphor 상징과 이미지(문자 그대로의 뜻이 아닌 비유적 표현)를 사용하는 것은 코칭받는 사람이 연상되는 것들과 감정들을 다른 맥락에서 탐구하고(그들이 아는 것) 자신이 말로 표현하려고 애쓰고 있는 것을 이 은유에 의지해 상상하거나 느끼도록(그들이 모르거나 이해하지 못하는 것) 돕는다. 코치는 은유를 사용할 때 코칭받는 사람에게 단지 무언가를 다른 무언가와 비슷하게 생각하도록 하는 게 아니라, 무언가가 바로 다른 무언가라고 상상하거나 느끼도록 유도해 한 차원 더 나아가게 한다(예를 들어 X=Y, "프레젠테이션을 할 때 나는 무대 위의 다이아몬드가 될 겁니다. 내 메시지는 맑은 수정일 거예요"). *비유, 명확하게 하기 참조.*

이너 게임inner game 1970년대 테니스 코치 티머시 골웨이는 내적 장애물에 대한 인식(종종 저절로 생성되는 우리의 생각, 감정, 신체 반응)의 중요성을 포함, 코칭의 발달에 기여한 많은 개념을 개발했다. 골웨이는 성과를 제한하는 방해요소들을 줄이는 인식 향상의 힘을 인지했고, "우리의 성과는 우리의 잠재력에서 방해요소를 뺀 것이다", 즉 P=p-i라고 주장했다.

인식awareness 정신, 감각, 감정을 통한 적절한 인풋으로 얻은 양질의 자각. 인식은 자기 자신, 타인, 일, 상황에 대해 이루어질 수 있다. 코칭은 코칭받는 사람이 성장하고 성과를 내기 위한 역량을 향상시킬 수 있도록 정확한 자각 능력을 촉진시켜 관련 분야들에서의 인식을 높이는 것이다. 인식은 학습과 성취를 향상시키고 즐거움을 높인다. 또한 책임, 자기 신뢰, 자기 동기부여가 나타날 수 있는 기반이다. *감성지능 참조.*

인정acknowledgement 코치는 행동을 취하거나 인식을 발달시키거나 욕구를 가지고 있는 코칭받는 사람 내면의 '자아'를 감지하고 명확하게 표현한다. *진가 인정 참조.*

잠재력에 귀 기울이기listen for potential 코치는 코칭받는 사람의 역량들에 초점을 맞추고, 그 사람에게 문제가 있거나 그 사람 자체가 문제라고 생각하는 대신 유능하고 지략이 풍부하며 잠재력이 가득하다고 믿는다.

재구성하기reframing 코치는 코칭받는 사람이 상황을 새로운 관점에서 보도록 돕는다. 예를 들어 "그렇다면 당신은 자신이 현재 상황의 피해자라고 생각할 수 있어요. 혹은 다른 방식으로 본다면…"이라고 말할 수 있다. *명확하게 하기 참조.*

적극적 경청active listening 코치는 코칭받는 사람이 말, 침묵, 어조, 몸짓, 감정, 에너지로 전달하는 것의 본질을 이해하고, 그 저변에 깔려 있는 믿음과 관심사, 동기, 실행의지를 파악하며, 그의 비전, 가치, 목표, 더 중요한 목적에 귀를 기울인다. 그가 말하고 있지 않은 것까지 듣기 위해 노력한다. 또 판단과 애착을 배제한 채 코칭받는 사람의 안건에 초점을 맞추고, 그들의 생각, 창작, 학습을 바탕으로 그것을 통합하고 발전시켜 나간다. 그리고 스스로를 표현하고 목적의식을 가지고 탐구하도록 격려한다. *핵심 요약하기, 코칭 함께하기, 직관, 다른 말로 바꾸어 표현하기, 되짚어보기, 요약하기, 감정 해소 참조.*

정신요법psychotherapy 장애물과 과거의 영향, 특히 정서와 관련한 과거를 탐구해 해결을 도모하는 활동. 코치는 코칭받는 사람에게 코칭과 정신요법의 차이를 분명하게 알려야 하고, 필요할 경우 정신요법 전문의에게 보내야 한다.

직관intuition 내면으로 곧바로 느껴서 아는 것, 혹은 '육감'을 직접 이용하고 신뢰하기. 직감으로 느낀 것을 소통하는 모험하기. *애착 배제 참조.*

직업 기준professional standards 코치들은 항상 전문적인 자세로 행동하고, 예를 들어 국제코치연맹 윤리지침과 직업 기준 같은 적절한 전문적 기준을 이해하고 모범을 보여야 한다. *윤리지침 참조.*

직접 커뮤니케이션direct communication 코치는 코칭받는 사람의 학습 스타일에 맞는 적절하고 정중한 언어를 사용해 새로운 관점과 생각, 직관, 피드백을 효과적으로 유도하고 공유하는데, 이때 코칭받는 사람의 자기 인식과 안건을 지원하기 위해 애착을 배제한다. 직접 커뮤니케이션은 코칭받는 사람의 분노나 거부감을 일으키지 않는 경우에 한해서만 효과적이다. *비유, 은유, 재구성하기 참조.*

진가 인정appreciation 코치는 코칭받는 사람의 진가를 알게 되면 이를 말해주어 자기 신뢰와 자신감을 높이고 스스로에 대해 더 충분히 알도록 돕는다. 진가 인정은 인정acknowledgment의 진지한 한 형태이다.

진정성authenticity 코치는 자신의 진짜 모습을 편하게 보여주어야 한다. 코치가 대화 도중 다음에 어디로 가야 할지 모르겠다고 솔직하게 인정하거나, 자신이 힘들게 노력하고 있는 무언가에 대해 이야기하면 코칭받는 사람들은 코치가 진실한 사람이라 느끼고 자신의 약한 부분을 보여주거나 노력의 어려움, 의심, 실패를 인정하는 데 더 편해질 것이다.

진행 상황 확인checking in on progress 코치는 코칭받는 사람이 자신의 주제와 코칭 계획에 주의를 유지하도록 하고, 그가 얻은 인식·통찰력 그리고 지금까지 해온 일들을 인정한다. 또한 아직 하지 않은 일들에 대해서는 긍정적으로 도전의식을 북돋우고 조치와 행동을 조절하는 데 거부감이 없다. 코치는 코칭받는 사람의 자기 피드백 능력을 개발한다. *책임, 코칭 피드백, 계획 수립 참조.*

질문하기questioning *강력질문하기 참조.*

책임responsibility 주인의식을 가지고 행동을 취하고자 하는 개인의 선택. 책임은 부과될 수 없고 내면으로부터 나와야 한다. 코칭이란 코칭받는 사람을 성장시키고 성과를 높이기 위해 인식과 책임을 구축하는 것이다. 책임감이 높아지면 잠재력 증가, 자신감, 자기 동기부여로 이어진다. 책임은 독창성, 자기 신뢰, 주인의식이 나타나는 토대이다. *감성지능 참조.*

책임을 지게 하는 것accountability 코치는 코칭받는 사람들을 신뢰하고 그들의 주제와 목적과 관련해 사고, 학습, 행동의 발전에 그들 스스로 책임을 지게 한다. 이때 비난이나 판단을 배제하고, 함께 설계하고 합의한 체계와 방법을 이용해야 한다. 코치는 코칭받는 사람들이 '내 발전의 책임은 나에게 있다'는 마음가짐을 주고 스스로 실행책임의 체계를 짜도록 돕는다. 실행책임을 정하는 질문들에는 '당신은 무엇을 실행할 것인가?', '언제까지 실행할 것인가?', '당신이 그 행동을 했다는 걸 내가 어떻게 알 수 있는가?' 등이 있다. *진행 상황 확인 참조.*

체계화된 · 전략적 몽상structured · strategic daydreaming 코치는 코칭받는 사람에게 목표를 성취하기 위해 노력하도록 동기를 부여할 강력한 미래상을 그려보라고 독려한다. *목표 설정 참조.*

초점focus *초점 유지하기 참조.*

초점 유지하기hold the focus 코치는 코칭받는 사람이 원하는 결과에 계속 에너지를 쏟을 수 있도록 한다. *안건 참조.*

총체적 접근 방식whole-system approach 사람, 절차, 조직 그리고 그들이 접하는 공동체가 서로 연결되어 있다는 것을 인지한다. 전체에 영향을 미치는 내재된 잠재력을 계발하고 발휘할 수 있게 한다.

축하하기celebrating 코칭받는 사람이 자신이 한 일을 인정하고 성공에 대한 축하를 몸으로 느끼며 향후 성장할 수 있는 스스로의 역량을 깨달을 수 있도록 시간을 주고 격려하면, 잇단 도전으로 돌진하는 대신 자신의 성공을 실제로 누릴 수 있다. 칭찬은 극도의 피로에 대한 해독제이다.

카운슬링counseling 문제에 중심을 둔 개인적 상담.

컨설팅consulting 조언과 지침을 주는 것.

코칭coaching 사람들이 스스로를 성장시키고 성과를 높이며, 자신의 목적과 비전을 명확히 하고, 목표를 성취하고, 잠재력을 발휘할 수 있도록 지원하는 것. 코칭에서는 질문, 목적의식을 가진 탐구, 자아실현을 통해 인식과 책임감이 향상된다. 코칭은 현재와 미래에 초점을 맞추며, 코치와 코칭받는 사람은 완전한 파트너 관계를 형성한다. 또한 코칭받는 사람이 온전하고(망가지거나 고칠 부분이 있는 게 아니라) 지략이 풍부하며 스스로 대답을 찾아낼 수 있다고 생각한다. *고급 코칭, 코칭 마음가짐 참조.* 코칭은 성과를 최대화하기 위해 개개인의 잠재력을 끌어내는 것이다. 즉, 사람들을 가르치기보다 스스로 배우도록 돕는다.

코칭에 대한 국제코치연맹의 정의: '개인적, 전문적 잠재력을 극대화하기 위해 사고를 자극하는 창의적인 과정 안에서 파트너 관계를 맺는 것'

코칭 마음가짐coaching mindset 코치는 코칭받는 사람이 유능하고 지략이 풍부하며 잠재력이 가득하다고 믿는다. 누군가의 잠재능력을 믿으면 그는 자기 신뢰를 쌓고 스스로 동기부여를 해서 성공할 수 있을 것이다. 그리고 이런 마음을 가지면 코칭받는 사람이 효과적인 선택을 하고 성과와 성공에서 즐거움을 발견하도록 코칭할 수 있다.

코칭받는 사람을 앞으로 나아가게 하기moving the coachee forward 코치는 핵심 말하기, 목표로 초점을 다시 돌리기, 수행할 행동들을 떠올리도록 돕기, 요청하기 등의 다양한 방식으로 코칭받는 사람이 앞으로 나아가게 도울 수 있다.

코칭받는 사람을 지금 그가 처한 상황 그대로 만나기meet the coachee where they are 코치는 코칭받는 사람이 지금과는 다른 상태가 되도록 영향력을 발휘하려 하지 않고, 지금 그가 처한 상황을 공감하고 현재 있는 그대로를 존중한다. 코치는 코칭받는 사람이 쓰는 언어를 사용하고 그들의 용어로 말한다.

코칭 피드백coaching feedback 코치는 장애물이 아닌 목표에 초점을 맞추어 코칭받는 사람으로부터 자기 피드백을 끌어내 방해요소들이 사라지고 학습과 새로운 통찰력이 생기며 잠재력이 발휘될 수 있도록 한다. 자기 피드백이건 코치의 관찰에서 나온 피드백이건 효과적인 피드백이 이루어지면 코칭받는 사람이 자신의 주요 장점들과 주된 학습 및 성장 분야들을 확인할 수 있다.

코칭 함께하기coaching presence 코칭받는 사람과 자연스럽고 긴밀한 관계를 맺기 위해 코치는 완전히 깨어 있고 유연해야 한다. 이를 위해서는 자신이 모르는 것을 솔직하게 인정하고, 위험을 감수하며, 새로운 가능성들을 실험해야 한다. 코치는 자신 있게 관점을 전환하고, 확고한 감정을 가지고 일하며(감정에 사로잡히는 게 아니라), 직감을 발휘하고, 유머로 쾌활한 분위기를 조성하여 에너지를 높여야 한다. 코칭받는 사람과 온전히 함께하는 것은 코칭의 가장 중요한 역량이다. *순간을 춤추기 참조.*

테라피therapy *정신요법 참조.*

파괴disruption 코칭받는 사람이 없애고 싶은 패턴을 깨트릴 방법을 찾는다. 행동(직원에게 고함지르기)을 깨트릴 수도 있고 사고방식('나는 완벽해야 해')을 깨트릴 수도 있다.

파트너 관계partnering 코치는 코칭을 하는 동안 앞서가거나 반대 방향으로 서지 않고 코칭받는 사람의 옆에 있음으로써 서로 동등한 관계를 유지한다. *주제, 순간을 춤추기, 애착 배제 참조.*

평가evaluation 정성적(행동 변화), 정량적(금전적 영향) 가치 부가의 측면에서 코칭의 결과물을 평가하거나 측정하기.

피드백feedback *코칭 피드백 참조.*

학습심화deepening the learning 코치는 코칭받는 사람이 새로운 행동을 준비하기 위해 이전의 행동이나 현재의 시각에서 배울 점을 발견하도록 돕는다. 코치는 코칭받는 사람과 함께하는 동안 '당장 그 일을 하도록' 유도하고 지원해주며 성공적 행동이나 학습을 해내면 바로 칭찬한다.

합의agreement 코칭받는 사람이 그 과정에서 장기적으로 무엇을 얻길 원하는지, 코칭받는 사람의 욕구와 코치의 접근 방식 및 기법이 효과적으로 연결되는지, 각자의 책임이 무엇인지 결정하기 위해 코치와 코칭받는 사람이 처음부터 합의·상호협력 관계를 함께 설계하고 주기적으로 검토한다. 처음에 코칭받는 사람에게 코칭 절차의 성격을 이해시키고 코치의 요청에 대응하기 위한 선택권들을 주는 것, 적절한 관계를 구축하는 것, 실행계획, 코칭 비용, 일정 등의 구체적인 사항들을 논의하는 것이 중요하다. *주제, 윤리지침, 직업 기준 참조.*

핵심 요약하기bottom-lining 코치는 코칭받는 사람이 설명을 장황하게 늘어놓지 않고 자신이 전하고 싶은 내용의 본질을 신속하게 표현하도록 돕는다. 적극적 경청이라는 핵심 역량을 숙달한 코치는 코칭받는 사람에게서 들은 내용의 '핵심을 정리해' 명확성을 높이고 대화를 진전시킬 수 있다.

행동 검토하기reviewing actions 코치는 코칭받는 사람이 학습과 인식을 높이도록 돕고, 발생 가능한 방해요소들을 확인하고, 목표를 달성하기 위해 더 많은 지원을 하며, 도전의식을 북돋운다. 기대하거나 원하는 결과가 나오지 않을 경우, 코치는 코칭받는 사람에게 자신이 말하고 있는 것과 하고 있는 일 사이에 차이가 있는지 인지하도록 독려한다. 비난이나 비판을 하는 것이 아니라 코칭받는 사람이 현실을 정확하게 인지할 수 있도록 돕는다. *책임, 축하하기, 학습심화, 실행계획 참조.*

행동기준standards of conduct *직업 기준 참조.*

허락permission 민감하거나 사적이거나 새로운 분야에 대해 코칭해도 괜찮은지 물어보거나 냉엄한 진실을 제시하기 전에, 혹은 직관에 따라 말하기 전에 상대의 허락을 구하면 안전한 환경이 조성되고 신뢰를 쌓는 데 도움이 되며 파트너 관계가 유지된다.

현실 명료화articulate the reality 코치는 자신이 보는 현재 상황, 예를 들어 코칭받는 사람이 취한 행동과 그 행동이 미치고 있는 영향을 말해 확인하거나 통찰을 더한다. *되짚어보기·반영하기, 요약하기 참조.*

협력관계alliance *합의 참조.*

효과적인 질문 던지기effective questioning *강력질문하기 참조.*

부록 2 코칭 질문 툴키트

이 툴키트는 퍼포먼스 컨설턴트에서 우리가 코칭에 도움이 되는 모든 질문을 주제에 따라 모아놓은 것이다. 필요에 따라 각 주제를 이용하기 바란다. 질문의 황금률은 명확하고 간결해야 한다는 것이다. 때로는 가장 강력한 질문이 상대의 긴 침묵을 불러올 수 있으므로 한참 동안 말이 멈추어도 다른 질문으로 넘어가야 한다고 느끼지 말길 바란다. 침묵은 금이다. 이 툴키트에 포함된 대부분의 질문에서 '당신', '당신의'를 '우리', '우리의'로 바꾸면 팀에서도 큰 효과를 발휘한다. 질문이 코칭의 전부는 아니지만 초보 코치가 숙달해야 할 가장 중요한 기술임은 분명하다. 이 기술이 다른 사람들의 지혜를 활용하는 시작점이기 때문이다. 또한 모든 것은 상황에 따르기 때문에, 적절한 의도와 정황이라면 어떤 질문도 효과를 발휘한다.

자신감이 높아지면, 직관을 따르고 효과적인 질문들이 흐름을 타도록 하는 게 좋다. 상대의 답을 듣는 동안 다음 질문을 생각하고 싶은 유혹에 넘어가지 말고, 다음에 무엇을 물어볼지 그 순간에 직관적으로 알게 될 것이라고 믿기 바란다.

질문 가방 1: 자기코칭 ─────

개인이나 팀으로서 특정 과제에 노력을 들이고 싶을 때 이 질문들을 이용한다. 질문에 답하는 동안 당신이 일에서 성취, 개선, 또는 해결하고 싶은 부분을 확인한다. 각 질문에 대한 답을 쓰고 당신의 방식으로 해석한다. 다음 질문들은 GROW 프로세스를 따른다.

- 당신은 무엇에 노력을 들이고 싶은가?
- 이 질문들에 답한 뒤 무엇을 얻고 싶은가?(예: 첫 조치·전략·해결책)
- 이 문제와 관련해 당신의 목표는 무엇인가?
- 언제 그 목표를 성취할 것인가?
- 그 목표를 성취했을 때 당신이 얻는 이익은 무엇인가?
- 그 외에 이익을 얻는 사람은 누구이며, 어떤 식으로 이익을 얻는가?
- 당신이 목표를 달성한다면 어떻게 될까?
- 당신은 무엇을 보고, 듣고, 느낄 것인가?
- 당신은 지금까지 어떤 행동을 취했는가?
- 당신이 목표를 향해 나아가도록 해주는 것은 무엇인가?
- 방해가 되는 것은 무엇인가?
- 목표를 성취하기 위해 당신이 가진 다른 유형의 대안은 무엇인가?

- 그 외에 당신은 무엇을 할 수 있는가?

- 각 대안의 장점과 단점은 무엇인가?

- 당신은 어떤 대안들을 선택할 것인가?

- 각 행동을 언제 시작할 것인가?

- 당신을 지원하기 위해 다른 사람이 무엇을 할 수 있는가? 그리고 당신은 언제 지원을 요청할 것인가?

- 각 행동에 대한 당신의 실행의지는 어느 정도인가? 1에서 10까지의 수치로 나타내보라.

- 실행의지가 10이 아닐 경우, 어떻게 하면 10이 될까?

- 당신은 무엇을 하는 데 전력을 기울일 것인가?(아무것도 하지 않고 다음번에 검토하겠다고 하는 것도 하나의 대안이다.)

질문 가방 2: 의식적 업무 합의 ─────

개인이나 팀과 업무 합의를 이루기 위해 다음 순서를 따른다. 각각의 질문에 대답한다. 규모가 큰 팀일 경우 팀원들은 특정 질문에 대한 많은 대답이 나와서 더 이상 추가할 것이 없다고 느낄 때까지 대답한다. 그런 다음 당신에게 효과적인 질문들을 선택해 이 목적에 맞는 당신만의 질문 목록을 만든다.

- 우리가 함께 일할 때의 꿈·성공은 어떤 모습일까?

- 최악의 시나리오는 무엇일까?

- 꿈을 이루기 위해 협력하는 가장 좋은 방법은 무엇인가?

- 악몽을 피하기 위해 염두에 두어야 할 것은 무엇인가?

- 당신과 나는 이 대화에서 어떤 태도를 취하길 원하는가?

- 당신과 나는 어떤 허락을 받길 원하는가?

- 당신과 내가 가진 가정들은 무엇인가?

- 상황이 힘들어지면 무엇을 할 것인가?

- 효과적인 것·효과적이지 않은 것은 무엇인가?

- 관계를 더 생산적·긍정적으로 만들기 위해 바꿔야 하는 것은 무엇인가?

- 우리 두 사람이 이 일에 어떻게 책임을 질 수 있는가?

질문 가방 3: 허락 구하기 ─────

다음은 허락을 구하는 방식이다. 필요에 따라 이용하기 바란다.

- 당신이 방금 한 말에 추가를 해도 되는가?

- 함께 브레인스토밍을 해도 되는가?

- 코칭 접근 방식을 사용해도 되는가?

- 이것을 물어봐도 되는가?

- 당신이 한 말을 내가 어떻게 들었는지 이야기하면 도움이 되겠는가?

- 한 가지 제안을 해도 되는가?

- 이 대화에서 우리는 어떤 허락을 받아야 하는가?

질문 가방 4: 가장 효과적인 10개의 질문 ─────

다음은 내가 가장 효과적이라고 생각하는 질문 열 가지이며, 항상 쉽게 사용할 수 있는 간단하면서도 심오한 질문들이다.

1. 만약 내가 여기에 없었다면 당신은 뭘 했겠는가?(내가 가장 좋아하는 질문으로, 냉소적인 사람에게 코칭에 많은 시간이 소요되지 않고 효과적인 질문 하나면 된다는 것을 입증하기 위해 사용한다!)

2. 당신이 답을 알고 있다면 그 답은 무엇인가?(언뜻 들리는 것처럼 바보 같은 질문은 아니다. 코칭받는 사람이 장애물 너머를 볼 수 있게 해주는 질문이기 때문이다.) 만약 당신이 알고 있다면?(상대가 "답을 몰라요"라고 대답할 경우)

3. 제약이 없다면 어떻게 되겠는가?

4. 당신과 같은 상황에 처한 친구에게 어떤 조언을 해주겠는가?

5. 당신이 알거나 떠올릴 수 있는 가장 현명한 사람과 대화한다고 상상해보자. 그들은 당신에게 무엇을 하라고 말할까?

6. 그 외에는?(이 질문은 더 많은 답을 불러낸다. 또한 이 질문 후에 아무 말을 하지 않아도 코칭받는 사람이 생각을 할 여유가 생겨 더 많은 답을 불러낼 수 있다.)

7. 다음에는 무엇을 탐구하고 싶은가?

8. 이 문제에 있어 다음에는 어디로 가야 할지 모르겠다. 당신은 어디로 가고 싶은가?

9. 진짜 문제가 무엇인가?(코칭받는 사람이 하던 이야기에서 벗어나 '핵심

을 말하도록' 돕기 위해 가끔 사용한다.)

10. 당신의 실행의지는 어느 정도인가? 1에서 10까지의 수치로 나타내보라. 어떻게 하면 10이 될까?

질문 가방 5: GROW ────────

GROW 모형의 각 단계에 던지는 질문들이다. 필요에 따라 이용하기 바란다.

목표

대화의 목표

- 이 대화에서 무엇을 얻고 싶은가?
- 이 대화의 목적이 무엇인가?
- 당신에게는 두 개의 목표가 있는 것 같다. 둘 중 어디에 먼저 초점을 맞추고 싶은가?
- 어떻게 하면 이 시간을 당신을 위해 잘 쓸 수 있을까?
- 대화가 끝났을 때 당신이 얻을 가장 큰 유익은 무엇일까?
- 우리에겐 30분의 시간이 있다. 그 시간 동안 어디까지 도달하길 원하는가?
- 당신에게 마법의 지팡이가 있다면 이 대화가 끝났을 때 당신은 어디에 있고 싶은가?

문제와 관련한 목표

- 꿈이 무엇인가?

- 그 꿈이 어떤 모습이길 원하는가?

- 지금은 어떠한가?

- 자신에게 뭐라고 말할 것인가?

- 그 꿈을 이루면 무엇을 할 수 있을까?

- 다른 사람들은 뭐라고 말할까?

- 지금 가지고 있지 않은 무엇을 갖게 될까?

- 지금으로부터 3개월 뒤에 모든 장애물이 제거되고 목표를 성취했다고 상상해보자.

  - 당신은 무엇을 보고, 듣고, 느끼는가?

  - 상황은 어떠한가?

  - 사람들이 뭐라고 말하는가?

  - 느낌이 어떤가?

  - 어떤 새로운 요소들이 자리 잡았는가?

  - 무엇이 달라졌는가?

- 어떤 목표가 당신에게 자극을 주는가?

- 당신은 어떤 결과를 기대하는가?

- 그것이 당신에게 개인적으로 무엇을 가져다줄까?

- 이 목표를 성취하기 위해 무엇을 준비해야 하는가?

- 일정은 어떠한가?

- 어떤 이정표들을 확인할 수 있는가? 각 이정표들의 타임 프레임은?

- 이 목표를 어떻게 세분화할까?

- 이 목표를 성취하는 것이 당신에게 어떤 의미인가?

- 이 과정에서 당신에게 중요한 것은 무엇인가?

- 당신은 무엇을 더 원하는가?

- 이 목표에서 당신에게 좋은 결과는 무엇인가?

- 성공적인 결과란 무엇일까?

- 성공적인 과제완수란 무엇일까?

- 당신은 무엇을 향해 노력하고 있는가?

- 당신은 이 결과를 언제까지 성취해야 하는가?

현실

- 지금 무슨 일이 일어나고 있는가?

- 이 상황이 당신에게 얼마나 중요한가?

- 1에서 10까지의 기준에서 이상적인 상황이 10이라면 당신은 지금 어디에 있는가?

- 당신은 1에서 10 중 어디에 있고 싶은가?

- 여기에 대해 어떻게 느끼는가?

- 이 상황이 당신에게 어떤 영향을 미치고 있는가?

- 당신이 지고 있는 짐은 무엇인가?

- 이 상황이 당신 삶의 다른 부분들에 어떤 영향을 미치는가?

- 목표를 향해 나아가는 과정에서 무엇을 하고 있는가?

- 당신의 목표를 방해하는 일은 무엇인가?

- 어느 정도?

- 얼마나 많이?

- 다른 누가 이 상황의 영향을 받는가?

- 현재 상황은 어떤가?

- 지금 정확히 무슨 일이 일어나고 있는가?

- 이에 관해 당신의 주요 관심사는 무엇인가?

- 당신 외에 누가 관련되었거나 영향을 받는가?

- 당신은 개인적으로 결과를 어느 정도 통제할 수 있는가?

- 지금까지 어떤 행동을 취했는가?

- 무엇이 더 많은 행동을 하지 못하게 막았는가?

- 행동을 취하는 것에 대해 내면에 어떤 거부감이 있는가?

- 당신이 이미 가지고 있는 자원은 무엇인가?(기술, 시간, 열정, 지원, 돈 등)

- 그 외에 어떤 자원이 필요한가?

- 여기에서 진짜 문제는 무엇인가?

- 여기에서 주된 위험요소는 무엇인가?

- 지금까지 당신의 계획은 무엇인가?

- 여기에서 당신이 자신에게 기대할 수 있는 것은 무엇인가?

- 가장 자신 있는 것과 자신 없는 것은 무엇인가?

대안

- 당신은 무엇을 할 수 있는가?

- 당신에게는 어떤 아이디어가 있는가?

- 당신에게는 어떤 대안이 있는가?

- 그 외에 무엇이 있는가?

- 다른 무언가가 있다면 그게 무엇인가?

- 과거에 효과가 있었던 것은 무엇인가?
- 당신은 어떤 조치를 취할 수 있는가?
- 이 대안과 관련해 누가 당신을 도울 수 있는가?
- 정보를 어디에서 얻을 수 있는가?
- 그 일을 어떻게 할 수 있는가?
- 이 문제에 접근하는 다른 방법들은 무엇인가?
- 그 외에 당신은 무엇을 할 수 있는가?
- 당신에게 시간, 통제력, 돈이 더 있다면 무엇을 할 것인가?
- 백지상태에서 다시 시작할 수 있다면 무엇을 할 것인가?
- 이 일을 잘 해낼 수 있는 사람은 누구인가? 그들은 무엇을 하겠는가?
- 어떤 대안이 최상의 결과를 낳을까?
- 어떤 해결책에 가장 마음이 끌리는가?
- 이 위험을 피하기거나 줄이기 위해 무엇을 할 수 있는가?
- 당신은 이 상황을 어떻게 개선할 수 있는가?
- 그렇다면 이제 당신은 그 일을 어떻게 하고 싶은가?
- 무슨 생각을 하는가?
- 여기에서 그 외에 무엇이 효과가 있을까?
- 여기에서 어떤 아이디어가 효과적일 수 있는가?
- 당신이 기억하는 데 도움이 되는 것은 무엇인가?
- 영구적인 해결책은 무엇일까?
- 재발을 막기 위해 무엇을 할 수 있는가?
- 당신에겐 어떤 선택들이 있는가?
- 내가 이 분야에 약간의 경험이 있는데 제안을 하나 하면 도움이 될까?

의지

1단계: 실행책임 설정 – 행동, 일정, 성취측정기준 정의하기

- 당신은 무엇을 실행할 것인가?
- 그 행동을 어떻게 할 것인가?
- 언제 그 행동을 할 것인가?
- 누구에게 말할 것인가?
- 어디에 갈 것인가?
- 그 전에 준비할 것이 있는가?
- 당신은 그 행동을 실행하는 데 얼마나 전념하고 있는가?
- 그 일에 전념하기 위해 당신에게 필요한 것이 무엇일까?
- 어떻게 하면 당신이 그 행동을 실행할까?
- 당신은 어떤 대안을 선택했는가?
- 그 행동이 당신의 목표를 얼마나 충족시킬까?
- 성공을 어떻게 측정할 것인가?
- 첫 번째 조치는 무엇인가?
- 정확히 언제 시작할 것인가?
- 이전에 무엇 때문에 그 행동을 시작하지 못했나?
- 그 행동을 방해하는 어떤 일이 일어날 수 있는가?
- 그 행동을 취하는 데 개인적으로 거부감이 있는가? 있다면 어떤 거부감인가?
- 그 요인들을 최소화하기 위해 무엇을 할 것인가?
- 그 밖에 누가 당신의 계획을 알아야 하는가?
- 당신은 누구의 어떤 지원이 필요한가?

- 그 지원을 얻기 위해 무엇을 할 것인가?

- 당신을 지원하기 위해 내가 무엇을 할 수 있을까?

- 스스로를 돕기 위해 당신이 무엇을 할 수 있을까?

- 그 행동을 실행하기 위한 당신의 약속은 무엇인가?(1에서 10까지로 나타낸다면)

- 누가 그 행동을 취할 것인가?

- 당신의 다음 조치는 무엇인가?

- 그 첫 번째 조치를 언제 취할 것인가?

- 언제까지 해낼 것인가?

- 그 행동에 대한 당신의 실행의지는 얼마인가?

- 당신이 그 행동을 못하게 막는 어떤 일이 일어날 수 있는가?

- 당신은 또 누구에게 도움을 요청할 수 있는가?

- 그 밖에 당신에게 필요한 것이 무엇인가?

- 당신은 구체적으로 어떤 행동을 취할 것인가?

- 그 행동이 효과가 있다는 것을 어떻게 알까?

- 당신이 책임을 실행했다는 것을 내가 어떻게 알까?

- 가장 좋은 대안은 무엇인가?

- 당신은 어떤 변화를 만들 것인가?

- 그 변화가 일어나도록 당신은 무엇을 할 것인가?

2단계: 팔로업 및 피드백 – 일이 어떻게 진행되었는지 검토하고 학습을 위해 피드백 탐구하기

진행 상황을 확인하기 위한 질문은 질문 가방 6, 학습을 위한 피드백을 하는 질문은 질문 가방 7을 참고한다.

질문 가방 6: 팔로업 ─────────

목표를 정하고 이를 성취하기 전, 코칭의 '의지' 단계에서 확인을 위해 던지는 질문들이다.

- 당신은 이 프로젝트에서 어느 지점에 있는가?
- 지금까지 혹은 지난번에 우리가 여기에 관해 이야기한 이후 무슨 일이 일어났는가?
- 그 일이 어떻게 진행되고 있는가?
- 그 일과 관련해 지금 당신의 상황에 대해 어떻게 느끼는가?
- 당신이 얼마나 진전을 이루었다고 생각하는가?
- 당신은 무엇을 성취했는가?

이렇게 확인을 해보면 세 가지 상황 중 하나가 나타날 것이다. 다음은 각 상황에 따른 질문들이다. 적절하게 활용하길 바란다.

코칭받는 사람이 성공을 거두었을 경우
- 무엇이 효과가 있었는가? 그 이유는 무엇인가?
- 당신이 가장 만족하는 것은 무엇인가?
- 당신이 가장 자랑스러워하는 것은 무엇인가?

- 어떤 성공을 거두었는가?

- 그 성공을 이끈 것은 무엇인가?

- 여기까지 이를 수 있게 한 것은 무엇인가?

- 당신의 어떤 기술, 자질 혹은 강점이 여기에 기여했는가?

- 어떤 행동들이 가장 효과적이었는가?

- 축하한다! 잠시 축하의 시간을 갖자.

- 당신 자신에게 어떤 칭찬을 해주고 싶은가?

- 무엇을 배웠는가?

- 어떤 도전들을 어떻게 극복했는가?

- 어떤 새로운 강점들을 발견했는가?

- 당신의 어떤 역량이 성장했는가?

- 다음 계획은 무엇인가?

코칭받는 사람이 성공을 거두지 못했을 경우

- 무슨 일이 일어났는가?(간단하게 설명)

- 여기에서 무엇을 배웠는가?

- 무엇이 제대로 진행되지 않았는가? 그 이유는 무엇인가?

- 당신은 어떤 도전에 부딪쳤는가?

- 그 도전들을 어떻게 처리했는가?

- 어떤 새로운 강점들을 발견했는가?

- 어떤 개발 분야를 발견했는가?

- 당신 자신에게 무엇을 칭찬해주고 싶은가?

- 다음에는 무엇을 하고 싶은가?

- 여기에서 어떻게 벗어날 것인가?

- 어떤 개발 분야에 노력을 기울이고 싶은가?

- 가장 큰 장애물은 무엇인가?

- 그 장애물을 극복하기 위해 당신이 할 수 있는 가장 효과적인 일은 무엇인가?

코칭받는 사람이 그 행동을 하지 않은 경우

- 무슨 일이 일어났는가?

- 무엇 때문에 그 일을 하지 못했는가?

- 그것은 당신에게 어떤 의미인가?

- 당신 자신에 대해 무엇을 배웠는가?

- 당신은 무엇을 실행할 것인가?

위의 질문들은 배움을 가져와준다. 질문 가방 7은 이렇게 배운 것을 포착하여 심화시키는 질문들이다.

질문 가방 7: GROW 피드백 프레임워크 ─────

다음 질문들을 필요에 따라 활용하기 바란다. 피드백의 황금률은 각 단계에서 코칭받는 사람이 먼저 정보를 공유한 뒤 코치가 견해를 추가하는 것임을 잊지 말라.

목표: 의도 설정

주의를 집중시키고 에너지를 높이는 질문 던지기

- 여기에서 얻고 싶은 것은 무엇인가?
- 무엇이 당신에게 도움이 되겠는가?

코치의 목표 추가하기

- 나는 ~을 원한다.

현실: 인지

긍정적인 것에 초점을 맞춘 질문 던지기

- 잘 진행되고 있는 것 또는 진행된 것이 무엇인가?
- 당신이 한 일 또는 그 일을 한 방식에서 마음에 든 것은 무엇인가?
- 무엇이 효과가 있었는가?
- 가장 효과가 높았던 건 어떤 행동인가?
- 가장 자랑스러운 것은 무엇인가?
- 어떤 구체적인 강점을 이용했는가?
- 성공에 가장 기여한 것이 무엇이라고 생각하는가?

코치가 효과적이라고 느낀 것 추가하기

- 나는 ~을 좋아한다.
- 내가 생각하기에 효과적이었던 건 당신이 ~한 것이다.
- 당신은 ~함으로써 우리가 합의한 목표와 기대를 꾸준히 뛰어넘은 것 같다.

- 목표가 완전히 충족되지는 않았지만 당신이 ~에 쏟은 노력은 인정한다.
- 내가 본 강점에는 ~가 포함된다.

대안: 개선

성과 향상을 위해 책임감 높이는 질문 던지기

- 만약 그 일을 다시 할 수 있다면 무엇을 다르게 하겠는가?
- 앞으로 더 활용하고 싶은 강점은 무엇인가?
- 다음에는 어떤 행동을 바꾸겠는가?
- 어떻게 하면 앞으로 더 자주 일관되게 높은 품질의 성과를 거둘 수 있을까?
- 새로 얻은 기술이나 경험이 지난 1년 동안 구체적으로 어떤 부분에 도움이 되었는가?
- 미래에 올 기회들에 대비시켜줄 중요한 기술이나 경험을 놓친 것이 있는가?
- 무슨 일 때문에 궤도에서 벗어났는가? 이 상황을 개선하기 위해 당신은 무엇을 할 수 있는가?

코치가 코칭받는 사람이 더 많은 능력을 발휘하기 위해 해야 한다고 느끼는 것 추가하기

- 한 가지 제안을 해도 되겠는가?
- 당신이 ~하면 이 목표를 달성할 수 있을 것 같다.
- 당신이 ~하면 더 능력 발휘를 할 수 있을 것 같다.

- ~는 어떤가?

- 당신의 강점을 더 활용할 방법은 ~일 것이다.

- 이 개발 분야가 중요한 이유는 ~이다.

의지: 학습

학습을 강화하고 다음 단계들을 합의하는 질문 던지기

- 여기에서 무엇을 배웠는가?

- 배운 것 중 앞으로 일을 진행하면서 적용할 수 있는 것은 무엇인가?

- 다른 사람들에 관해 무엇을 배웠는가?

- 이 프로젝트에 대해 새로 알게 된 것은 무엇인가?

- 그 외에 우리는 무엇을 배울 수 있을까?

- 다음에 다른 방식으로 할 일은 무엇인가?

- 이번에 배운 것을 그 외 어디에 적용할 것인가?

당신이 배우고 있는 것과 이후에 다른 방식으로 할 일 추가하기

- 나는 ~을 배우고 있다.

- 나는 ~을 할 것이다.

부록 3 9개의 점 연결하기 답안 예

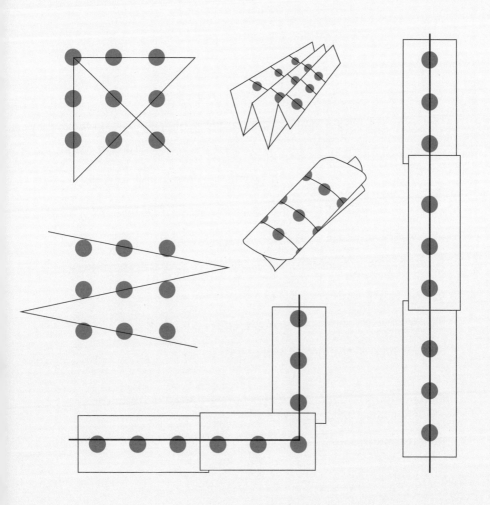

참고문헌

나는 요즘 같은 시대에 책임감을 가진 코치라면 빈 그릇이나 거울 혹은 고객이 가진 안건을 좇는 노예 이상이 되어야 한다고 굳게 믿는다. 코치들은 세계적 사건들과 동향, 특히 환경 훼손과 경제적 퇴보, 사회정의와 사회적 불편, 정신요법과 영성에 대해 훤히 꿰고 있어야 한다. 이것은 아주 강도 높은 요구다. 그래서 나는 이 광범위한 영역들을 다루는 책을 추천도서에 몇 권 추가했다. 코칭에 대한 신간들은 일부러 추가하지 않았는데, 목록에 넣어야 할 책이 너무 많은 데다 대부분 그 내용이 매우 알차기 때문이다. 여기에서는 코치와 리더의 비전을 전통적인 코칭의 경계 너머까지 확장시키는 데 중점을 두었다.

Richard Barrett, *Liberating the Corporate Soul,* Butterworth-Heinemann, 1998.

Richard Barrett, *Building a Values-Driven Organization,* Elsevier, 2006.

Richard Barrett, *Evolutionary Coaching,* Lulu, 2014.

Warren Bennis, *On Becoming a Leader,* Addison-Wesley, 1989.

William Bridges, *Transitions,* Da Capo Press, 2004.

John Browne, *Connect,* WH Allen, 2016.

Canadian Union of Public Employees (CUPE), *Enough Workplace Stress,* Canadian Union of Public Employees, 2003.

Jack Canfield, *The Success Principles,* Element, 2005.

Rick Carson, *Taming Your Gremlin,* William Morrow, 2007.

Richard Chang, *The Passion Plan,* Jossey-Bass, 2001.

Doc Childre, Howard Martin & Donna Beech, *The Heartmath Solution,* HarperCollins, 2000.

Jim Collins, *Good to Great,* Random House Business, 2001.

Geoff Colvin, *Talent Is Overrated,* Nicholas Brealey, 2008.

Conference Board, *The Conference Board CEO Challenge®* 2016, Conference Board, 2016.

Cristiane Correa, *Dream Big,* Kindle edition, Primeira Pessoa, 2014.

Stephen Covey, *The Seven Habits of Highly Effective People,* Simon & Schuster, 1989.

Laura Day, *Practical Intuition,* Broadway Books, 1987.

Joseph Dispenza, *Evolve Your Brain,* Health Communications, 2009.

DuPont, 'The DuPont Bradley Curve infographic,' www.dupont.com/products-and-services/consulting-services-process-technologies/articles/bradley-curve-infographic.html, 2015.

DuPont Sustainable Solutions, "The DuPont Bradley Curve丨DuPont Sustainable Solutions," https://www.youtube.com/watch-?v=tMoVi7vxkb0, 2015.

Hetty Einzig, *The Future of Coaching,* Routledge, 2017.

David Emerald, *The Power of TED (The Empowerment Dynamic)*, Polaris, 2016.

European Foundation for the Improvement of Living and Working Conditions(Eurofound) and the European Agency for Safety and Health at Work(EU-OSHA), *Psychosocial Risks in Europe*, Publications Office of the European Union, 2014.

Boris Ewenstein, Bryan Hancock, & Asmus Komm,"Ahead of the curve: The future of performance management," *McKinsey Quarterly*, May, 2016.

Debbie Ford, *The Right Questions*, HarperOne, 2004.

Foster, Patrick & Stuart Hoult, "The safety journey: Using a safety maturity model for safety planning and assurance in the UK coal mining industry," *Minerals*, 3: 59–72, 2013.

Timothy Gallwey, *The Inner Game of Golf*, Pan, 1986.

Timothy Gallwey, *The Inner Game of Tennis*, Pan, 1986.

Timothy Gallwey, *The Inner Game of Work*, Texere, 2000.

Malcolm Gladwell, *The Tipping Point*, Little, Brown, 2000.

Malcolm Gladwell, *Outliers*, Little, Brown, 2008.

Daniel Goleman, *Emotional Intelligence*, Bloomsbury, 1986.

Daniel Goleman, *Working with Emotional Intelligence*, Bloomsbury, 1999.

Daniel Goleman, *Social Intelligence*, Random House, 2006.

Daniel Goleman, Richard Boyatzis, & Annie McKee, *Primal Leadership: Learning to Lead with Emotional Intelligence*, Harvard Business School Press, 2002.

Daniel Goleman, Richard Boyatzis, & Annie McKee, *The New Leaders*, Little, Brown, 2002.

Richard Hackman, Ruth Wageman, & Colin Fishe, "Leading teams when the time is right," *Organizational Dynamics*, 38(3): 192–203, 2009.

Alma Harris, "Teacher leadership, heresy, fantasy or possibility?" *School Leadership and Management,* 23(3): 313–324, 2003.

Thom Hartmann, *The Last Hours of Ancient Sunlight,* Three Rivers Press, 1998.

Harvard Business School, "Jorge Paulo Lemann, A.B. 1961; Carlos A. Sicupira, OPM 9, 1984; Marcel H. Telles, OPM 10, 1985," *Alumni Stories,* https://www.alumni.hbs.edu/stories/Pages/story-bulletin.aspx?num=1990, 2009.

Paul Hawken, *Blessed Unrest,* Viking, 2007.

Paul Hawken, Amory B. Lovins & Hunter Lovins, *Natural Capitalism,* Earthscan, 2000.

Hay Group, "Growing leaders grows profits," *Developing Leadership Capability Drives Business Performance,* November, 2010.

Ronald Heifetz & Marty Linsky, *Leadership on the Line,* Harvard Business School Press, 2002.

David Hemery, *Sporting Excellence,* Collins Willow, 1991.

Andrew Hill, "Power to the workers: Michelin's great experiment," *The Financial Times,* 11 May, 2017.

Francisco S. Homem de Mello, *The 3G Way,* 10x Books, 2015.

Andrew Hopkins, *Failure to Learn,* CCH, 2008.

International Coach Federation and Human Capital Institute, *Building a Coaching Culture,* Human Capital Institute, 2014.

Oliver James, *The Selfish Capitalist,* Vermilion, 2008.

Daniel Kahneman, "Daniel Kahneman – Biographical," www.nobelprize.org/nobel_prizes/economic-sciences/laureates/2002/kahneman-bio.html, 2002.

Jon Katzenbach & Douglas Smith, *The Wisdom of Teams,* Harvard Business Press, 1993.

Robert Kegan & Lisa Laskow Lahey, *Immunity to Change,* Harvard Business School Publishing, 2009.

Robert Kegan, Lisa Laskow Lahey, Matthew L. Miller & Andy Fleming, *An Everyone Culture,* Harvard Business Review Press, 2009.

Henry Kimsey-House, Karen Kimsey-House, Phillip Sandahl & Laura Whitworth, *Co-Active Coaching,* Nicholas Brealey, 2011.

Nancy Kline, *Time to Think,* Octopus, 1998.

Sue Knight, *NLP at Work,* Nicholas Brealey, 2002.

Frederic Laloux, *Reinventing Organizations: A Guide to Creating Organizations Inspired by the Next Stage in Human Consciousness,* Nelson Parker, 2014.

Max Landsberg, *The Tao of Coaching,* HarperCollins, 1997.

Graham Lee, *Leadership Coaching,* Chartered Institute of Personnel & Development, 2003.

Abraham Maslow, "A Theory of Human Motivation," *Psychological Review,* 50, 370–396, 1943.

Abraham Maslow, *Motivation and Personality,* Harper, 1954.

Albert Mehrabian, *Silent Messages,* Wadsworth, 1971.

Arnold Mindell, *Dreambody,* Lao Tse Press, 1998.

Ian Mitroff & Elizabeth A. Denton, *The Spiritual Audit of Corporate America,* Jossey-Bass, 1999.

George Monbiot, *Heat,* Penguin, 2006.

Richard Moss, *The Mandala of Being,* New World Library, 2007.

Michael Neill, *You Can Have What You Want,* Hay House, 2009.

Michael Nicholas, *Being the Effective Leader,* Michael Nicholas, 2008.

Bruce Peltier, *The Psychology of Executive Coaching,* Routledge, 2009.

John Perkins, *The Secret History of the American Empire,* Dutton, 2007.

John Pilger, *Hidden Agendas,* Vintage, 1998.

Jane Renton, *Coaching and Mentoring,* The Economist, 2009.

David Rock & Linda Page, *Coaching with the Brain in Mind,* John Wiley, 2009.

Anita Roddick, *Business as Unusual,* Thorsons, 2001.

Jenny Rogers, *Coaching Skills,* Open University Press, 2016.

Peter Russell, *The Global Brain,* Floris Books, 2007.

William C. Schutz, *FIRO: A Three-Dimensional Theory of Inter-Personal Behavior,* Rinehart, 1958.

Martin Seligman, *Learned Optimism,* Vintage Books, 2006.

Ricardo Semler, *Maverick,* Random House, 2011.

Peter Senge, *The Fifth Discipline,* Random House Business Books, 2006.

Peter Senge, Otto Scharmer, Joseph Jaworski & Betty Sue Flowers, *Presence,* Nicholas Brealey, 2004.

Raj Sisodia, David Wolfe & Jag Sheth, *Firms of Endearment,* Pearson Education, 2014.

Kerry Spackman, *The Winner's Bible,* HarperCollins, 2009.

James Speth, *The Bridge at the Edge of the World,* Yale University Press, 2008.

Eckhart Tolle, *The Power of Now,* Mobius, 2001.

Eckhart Tolle, *A New Earth,* Penguin, 2005.

Diana Whitmore, *Psychosynthesis Counselling in Action,* Sage, 1999.

Danah Zohar & Ian Marshall *SQ: Spiritual Intelligence,* Bloomsbury, 2001.

감사의 말

이런 성격의 책은 저자가 많은 경험과 많은 사람을 접하며 배운 것들의 산물이다. 코칭의 기반이 된 이너 게임의 창시자 팀 골웨이에게 당연히 가장 먼저 감사를 보내야 할 것이다. 나는 이 책의 이전 판들에서, 코칭에 기여하고 지원을 해준 많은 사람에게 감사를 표했다. 하지만 이번 판에서는 그분들을 다시 언급하지 않을 생각이며, 대신 이번 판을 준비하는 동안 큰 영향을 미친 두 부분에 주목해서 이야기하겠다.

첫 번째는 우리 고객들이다. 퍼포먼스 컨설턴트에서는 "우리는 고객들을 통해 성장한다"고 말한다. 우리가 이 산업에서 선두를 지키는 것은 우리 고객과의 파트너 관계 덕분이다. 우리는 고객들의 세계를 탐구하고 저마다의 필요에 맞는 해결책을 도출한다. 이 작업에 대해서는 이 개정판에 많은 정보를 담았다. 나는 비전을 품고 그것을 현실화하기 위해 우리를 불러준 모든 분에게 항상 감사한 마음을 갖고 있다. 내 생각에 이분들은 애벌레의 몸속에서 나비로의 탈바꿈을 이끄는 '성충 세포'

와 비슷한 것 같다. 결국 코칭은 행동을 변화시키는 것이지, 미봉책이 아니다. 비전과 장기적인 파트너 관계가 조직을 변화시킨다.

나는 여기에서 우리와 오랫동안 함께 일한 몇몇 협력업체들을 언급 하겠다. 메드트로닉과 우리의 협력관계는 존 콜링우드와 패멀라 실리 아토의 비전에서 시작되었다. 이후 두 분은 메드트로닉 바깥에 있을 새 로운 기회를 찾아 떠났고, 우리는 새로 설립된 세계적 학습 및 최고 리 더십 전문기술센터Global Learning and Leadership Excellence Center of Expertise의 한 부분으로 셰릴 도겟, 캐런 마트리와 협력작업을 계속했다. 두 사람의 임무는 조직 전체에 코칭 역량을 심화, 확장하고, 뛰어난 성과를 바탕 으로 조직의 토대를 온전하게 유지하는 것이다. 린데의 제임스 티메와 카이 그랜시의 비전은 코칭 스타일을 가르쳐서 안전 성과를 변화시키 는 것이었고, 이 작업은 성과곡선에 영감을 주었다. 루이비통의 리나 글 렌홈스와 로드리고 아벨라 드 수자는 코칭 접근 방식을 적용해 전 세계 고객의 소매 경험을 변화시키고 있다.

두 번째는 전 세계에 걸쳐 우리 고객들과 함께 일하는 퍼포먼스 컨 설턴트의 뛰어난 인재들이다. CEO인 데이비드 브라운은 아주 오래전 에 나를 발탁해 이전의 안일한 삶에서 끌어내고, 주저하는 내게 도전의 식을 북돋워 무한한 가능성의 영역과 전 세계의 많은 나라로 나를 밀어 넣었다. 티파니 개스켈이 이끄는 팀의 전문기술과 지식은 이번 판에 최 신정보를 담는 데 큰 도움이 되었다. 티파니는 성과곡선과 우리의 평가 도구인 '성과 향상을 위한 코칭'의 창시자로, 코칭이 조직에 미치는 영 향에 대한 그녀의 시각은 우리의 일을 완전히 새로운 차원으로 올려놓 았다.

출판 쪽 경력을 가진 최고 학습관리자 프랜시스 맥더못은 이 책에 실린 모든 자료에 놀라운 사고와 정밀함을 부여하고 엄청난 깊이를 더했다. 케이트 왓슨은 글로벌 팀이 소프트한 요소뿐 아니라 하드한 요소까지 포함해 조직변화의 최첨단에 초점을 맞추도록 이끌고 있고, 우리는 이를 감성지능적 변화관리라고 부른다. 캐롤라인 도슨은 실제로 직장에서 코칭 스타일이 어떤 모습인지 잘 이해할 수 있게 해주는 새로운 대화들을 작성했고, 이 책을 쓰는 내내 귀중한 자문 역할을 해주었다. 공인 마스터코치이자 국제코치연맹에서 오랜 시간 평가자로 일해온 리베카 브래들리는 뛰어난 지식으로 코칭 대화와 용어집 작성에 도움을 주었고, 리베카 존스는 성과곡선 조사서 작성에 재능을 보태주었다. 선시카 게터와 앤마리 곤사우베스 데사이는 팀 코칭에 대한 전문지식을 적용해 16장을 굉장히 현실성 있게 만들었고, 아디나 브래테스쿠가 이를 솜씨 있게 편집했다.

존 윌리엄스는 고객사인 로이즈 은행 출신으로 지금은 우리와 함께 일하고 있으며, 17장과 18장에서 코칭 대화와 함께 간략하게 설명한 안전 성과를 높이는 코칭과 린 성과를 높이는 코칭의 전문가이다. 나와 가장 오래 함께 일했고 동년배 중 최고로 재능 있는 헤티 아인지그는 숙련된 편집자의 눈으로 원고를 검토해주었으며, 심리학에 대한 그의 배경지식은 이 원고에 정확도와 깊이를 더했다. 또 우리 모두가 결과물을 내놓을 수 있도록 도와준 탐신 랭그리시는 이 프로젝트를 이끌고 적절한 부분에서 내용에 이의를 제기해주었다.

그리고 나는 코칭을 하며 만났던 수천 명의 사람들, 우리의 모든 기관과 삶에 코칭이 얼마나 중요한지 알리기 위해 내가 시도했던 역할을 믿어준 분들에게 고마움을 전하고 싶다. 국제코치연맹 회장상과 이스트런던대학교의 명예박사 학위를 포함해 그들이 내게 준 상에 몸 둘 바를 모르겠다,

마지막으로, 나의 출판 관계자들에게 특별한 감사를 보내고 싶다. 니콜라스 브릴리는 내 책을 출판해야겠다고 마음먹은 첫 번째 사람이다. 이전 판들에서 함께 작업했던 샐리 오즈번은 이번 판에서도 내용을 매끈하게 다듬어주었다. 홀리 베니언, 벤 슬라이트, 캐럴라인 웨스트모어, 그리고 니콜라스 브릴리 출판사의 팀은 이번 개정판이 세상에 나오도록 도와주었다. 나는 이번 개정판이 내가 1980년대 초에 처음 코칭을 소개한 이후 직장에서의 코칭이 어떻게 발전해왔는지 보여주고, 미래의 코칭의 중요성에 대한 토대를 마련할 것이라고 믿는다.

한국코칭센터의 사업 분야

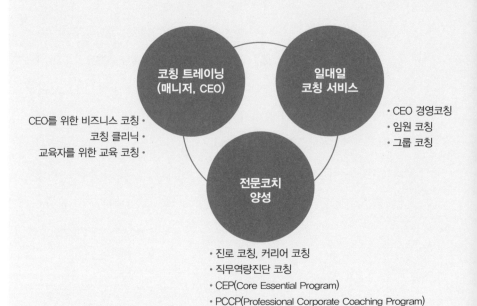

코칭 트레이닝
(매니저, CEO)

일대일
코칭 서비스

전문코치
양성

CEO를 위한 비즈니스 코칭 •
코칭 클리닉 •
교육자를 위한 교육 코칭 •

• CEO 경영코칭
• 임원 코칭
• 그룹 코칭

• 진로 코칭, 커리어 코칭
• 직무역량진단 코칭
• CEP(Core Essential Program)
• PCCP(Professional Corporate Coaching Program)

한국코칭센터는

2001년 전문 코칭기관으로 출범하여 설립 이후 지금까지 한국에 세계적인 수준의 코칭 교육과 훈련을 제공해왔으며, "개인과 조직이 잠재력을 발휘하여 위대함을 발휘하도록 돕는다"는 사명을 실현하기 위해 현재 20여 명의 컨설턴트와 50명의 코치가 함께 일하고 있습니다.

국제코치연맹에서 인증하는 코칭기관의 양대산맥, CCU(Corporate Coach U)와 세계적인 진단기관인 HA(Harrison Assessments)의 한국 파트너로서 검증된 코칭 프로그램을 한국화하고 이를 보급하고 있습니다. 특히 CEP, PCCP 과정은 한국어 과정으로는 최초로 국제코치연맹의 인증을 획득하여 프로그램의 우수성뿐 아니라 국제코칭계로부터 한국의 코칭 위상을 인정받고 있으며, HA 진단 교육 프로그램 또한 2018년부터 ICF 정식 인증교육으로 선정되어 양질의 콘텐츠를 지속적으로 개발 및 제공하고 있습니다.

한국코칭센터는 일회적 교육이 아닌 실천하는 코칭, 고객 니즈에 맞춘 다양한 형태의 코칭교육, 전문코치 양성과 코치와의 지속적인 파트너십 구축을 통하여 개인과 조직의 성공을 돕고 있으며, 지난 2001년부터 여러 조직 및 기관을 대상으로 5천여 명의 코치형 리더와 200여 명의 전문코치를 배출하였습니다.

지난 25년간 리더십 분야에서 명성을 쌓아온 한국리더십센터그룹의 코칭전문교육 사업부문인 한국코칭센터는 매니저와 CEO를 위한 코칭 트레이닝 분야, 전문코치 양성 분야, 조직의 임직원과 개인 대상의 일대일 코칭 서비스 분야 등을 통해 개인과 조직이 잠재력을 개발하고, 성장할 수 있도록 지원하고 있습니다.

전화 02-2106-4000 홈페이지 www.eklc.co.kr 이메일 klgs@eklc.co.kr

COACHING for
PERFORMANCE